초등학생을 위한
캔바 무작정 따라하기
완독 인증서

_____ 초등학교 ____ 반 ____ 번

이름 _____

위 학생은《초등학생을 위한 캔바

무작정 따라하기》를 성실하게 이수하였기에

이 인증서를 수여합니다.

년   월   일

(주)도서출판 길벗

 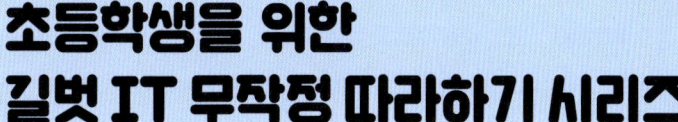

초등학생을 위한 길벗 IT 무작정 따라하기 시리즈

코딩 공부의 힘!
블록코딩부터 인공지능까지 혼자서도 척척

곽혜미, 에이럭스 미래교육연구소 지음
280쪽 | 20,000원

전현희, 주희정, 최민희 지음
강희숙 감수 | 328쪽 | 19,000원

수행 평가 걱정 끝!
교과 연계 예제로 학교 수행 평가 완벽 대비

이상권, 김형지 지음
340쪽 | 20,000원

이상권, 권동균 지음
208쪽 | 18,000원

이상권, 권동균 지음
240쪽 | 20,000원

이런 AI 음악 앱도 있어요!

앞에서 살펴본 'MelodyMuse' 앱과 'AI Music' 앱 외에도 AI를 기반으로 음악을 만들어 주는 앱이 많으니 나의 상황에 맞게 선택하여 활용해 보세요.

음악 앱	기능
Music Maker	• 몇 가지의 단어를 넣어 음악을 생성해 주는 앱이에요. • 다양한 장르의 소리뿐만 아니라 만들어진 소리와 음악을 제공하고 이것들을 조합해서 자신만의 음악을 만들 수 있어요. • 내가 직접 음악을 제작하는 과정에 참여하면서 창의성을 표현할 수 있어요. • 음악 제작에 관심이 있거나 자신만의 독특한 음악을 만들고 싶다면 이 앱을 추천해요.
Soundraw	• 간단한 조건을 이용해서 음악을 만들 수 있는 앱이에요. • 원하는 스타일(무드, 장르, 테마, 길이)을 선택하여 음악을 만들 수 있어요. • 음악이 필요한데 어떤 음악을 넣을지 고민스럽다면 이 앱을 이용해 간단히 클릭해서 음악을 만들어 보세요.
Snapmuse	• 창작자의 허락을 받거나 대가를 지불하지 않아도 무료로 사용할 수 있는 음악 추천 앱이에요. • 직접 음악을 만들 자신이 없다면 이 앱에서 제공하는 다양한 음악 중에서 선택할 수 있어요. • 빠르게 음악을 찾아야 하거나 내가 만든 디자인 콘텐츠에 알맞은 음악을 찾고 싶다면 이 앱을 추천해요.

07 스크롤바를 아래쪽으로 드래그해 이동하면 곡을 좀 더 정교하게 다듬을 수 있는 'Refine music parameters' 항목이 있어요. 아래쪽의 영어 설명을 참고해서 각 항목의 슬라이드바를 좌우로 드래그하여 조정한 후 [Compose] 버튼을 클릭해서 페이지에 곡을 삽입하세요. 이때 곡의 길이는 최대 300초(6분)까지 지정할 수 있어요.

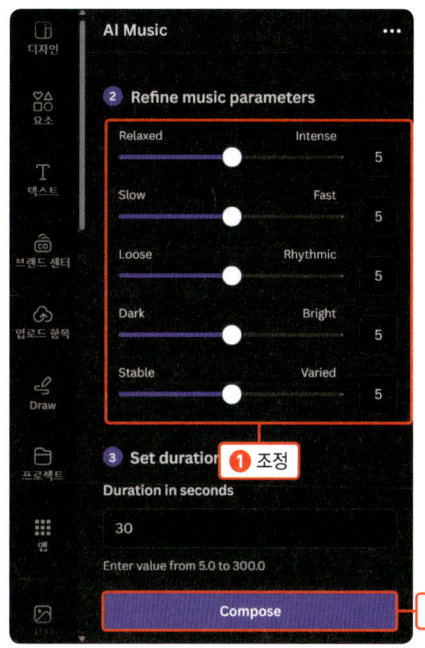

- Relaxed(편안한) - Intense(긴장된)
- Loose(느슨한) - Rhythmic(율동적인)
- Stable(안정적인) - Varied(변화가 많은)
- Slow(느린) - Fast(빠른)
- Dark(어두운) - Bright(밝은)

08 곡을 삽입했으면 길이와 재생 위치를 편집하고 [전체 화면 프레젠테이션] 아이콘( )을 클릭하여 들어 보세요. 생성된 곡이 마음에 들지 않으면 키워드와 'Refine music parameters' 항목을 수정하여 다시 생성해 보세요.

TipTalk 오디오의 길이와 재생 위치를 편집하는 방법은 129쪽을 참고하세요.

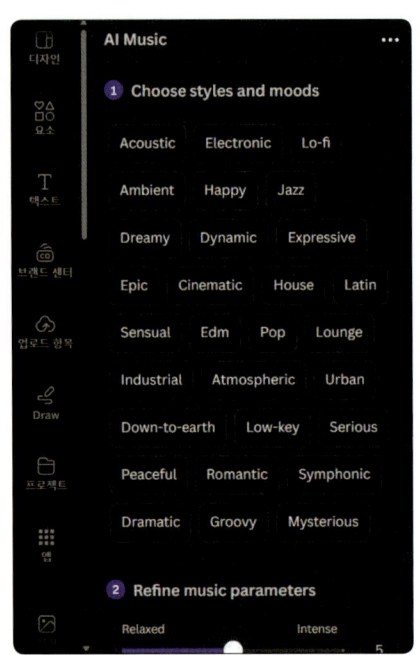

06 화면의 왼쪽에 [AI Music] 앱 화면이 열리면 명령어를 입력하지 않고 곡의 장르와 분위기 등과 관련된 키워드를 선택하여 음악을 만들 수 있어요. 키워드가 영어로 되어 있어서 어려운가요? 아래쪽에 몇 가지 영어 추천 항목을 한글로 설명했으니 참고해서 내가 원하는 노래와 관련된 키워드를 클릭하세요.

- **Ambient**: 조용하고 평온한 분위기
- **Cinematic**: 영화나 드라마 느낌의 음악
- **Edm**: 소리가 강한 전자 음악
- **Electronic**: 전자 악기 음악
- **Epic**: 웅장한 분위기
- **Happy**: 밝고 즐거운 분위기
- **Jazz**: 재즈풍
- **Latin**: 정열적이고 활기찬 남미 음악
- **Lo-fi**: 차분하지만 잡음이 들리는 힙합
- **Mysterious**: 신비한, 알 수 없는 분위기
- **Peaceful**: 평화로운 음악
- **Pop**: 요즘 가수 노래
- **Romantic**: 사랑 노래
- **Serious**: 진지함
- **Symponic**: 오케스트라 분위기

04 원하는 노래를 만들었으면 페이지의 아래쪽에 소리 파형이 나타나요. 파형을 클릭하고 화면의 오른쪽 위에 있는 [재생]이나 [프레젠테이션]을 클릭하면 생성한 노래를 확인할 수 있어요.

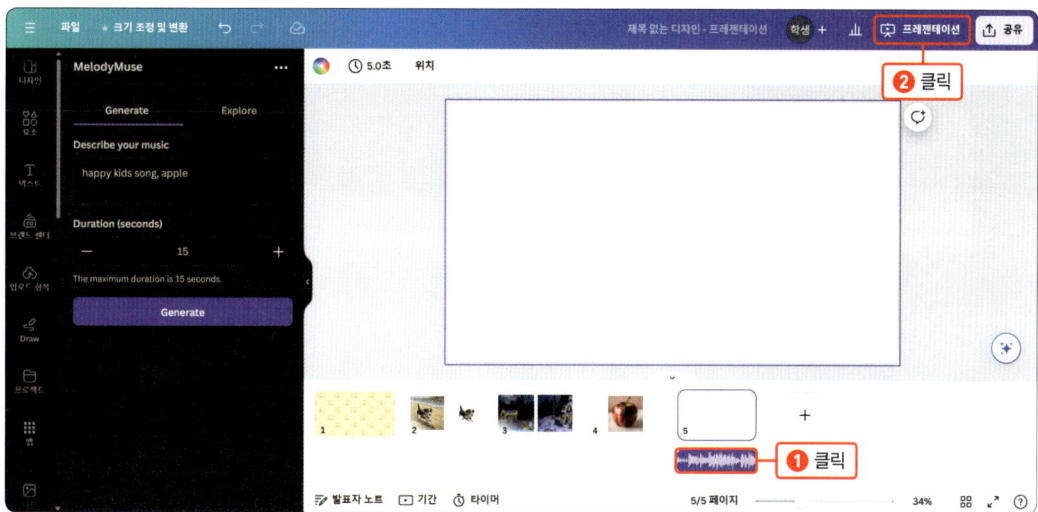

05 이번에는 키워드를 활용하여 음악을 만들어 볼게요. [앱] 탭의 검색 창에 'music'을 검색한 후 [AI Music] 앱을 클릭하세요.

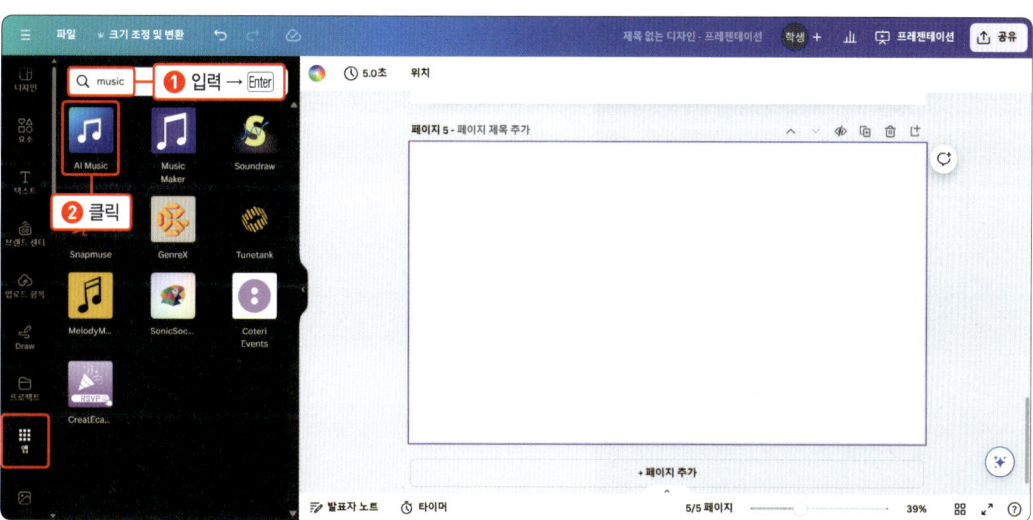

02 화면의 왼쪽에 [MelodyMuse] 앱 화면이 열리면 [열기] 버튼을 클릭하세요.

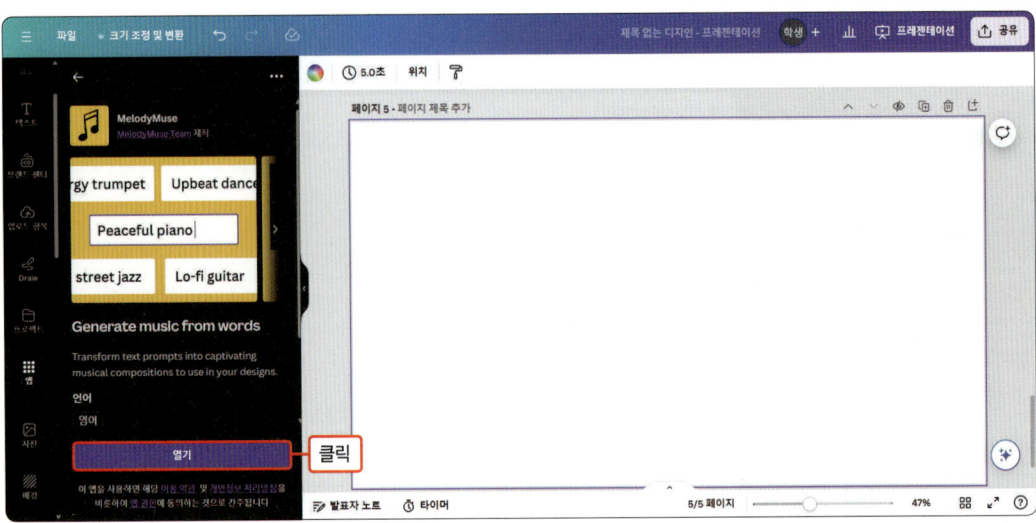

03 218쪽에서 이미지를 만들 때 입력했던 명령어(프롬프트)처럼 내가 만들려는 노래를 문장이나 단어로 설명하고 [Generate] 버튼을 클릭하세요. 이때 'Duration (seconds)'의 숫자를 조정하여 원하는 곡의 길이를 설정하는데요, 노래는 최대 15초까지 만들 수 있어요.

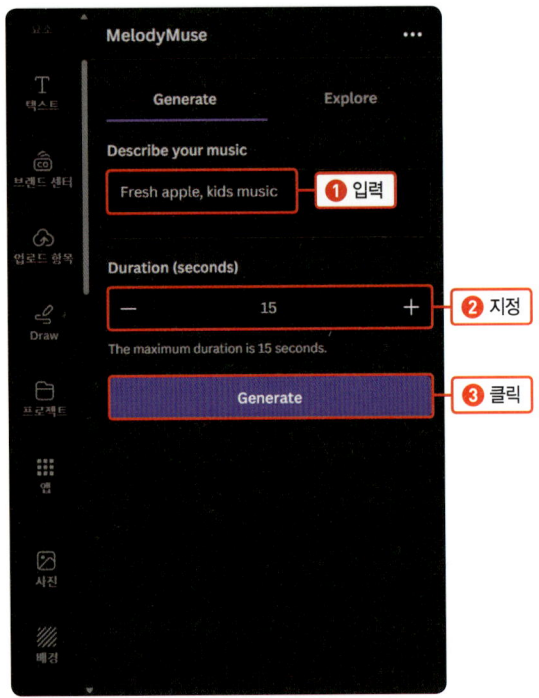

TipTalk 이미지를 생성할 때처럼 한글보다 영어로 원하는 노래를 설명하는 것이 좋아요. 영어가 어려우면 한글로 쓴 후 파파고나 구글 번역과 같은 번역 프로그램을 활용해 보세요.

07 내가 그린 그림과 설명을 바탕으로 AI가 이미지를 만들었어요. 결과물을 확인하고 변경하고 싶은 사항이 있으면 다시 만들어 보세요.

STEP 04 음악을 만들어 주는 AI 앱 활용하기

내가 만든 콘텐츠에 직접 작곡한 음악을 넣는 일은 무척 어려워요. 하지만 몇 개의 단어만으로도 AI가 음악을 생성해 준다면 내가 준비한 콘텐츠의 내용과 잘 어울리는 음악을 만들 수 있을 거예요.

01 우선 내가 입력하는 음악을 만들어 볼게요. [앱] 탭의 검색 창에 'MelodyMuse'를 검색한 후 [MelodyMuse] 앱을 클릭하세요.

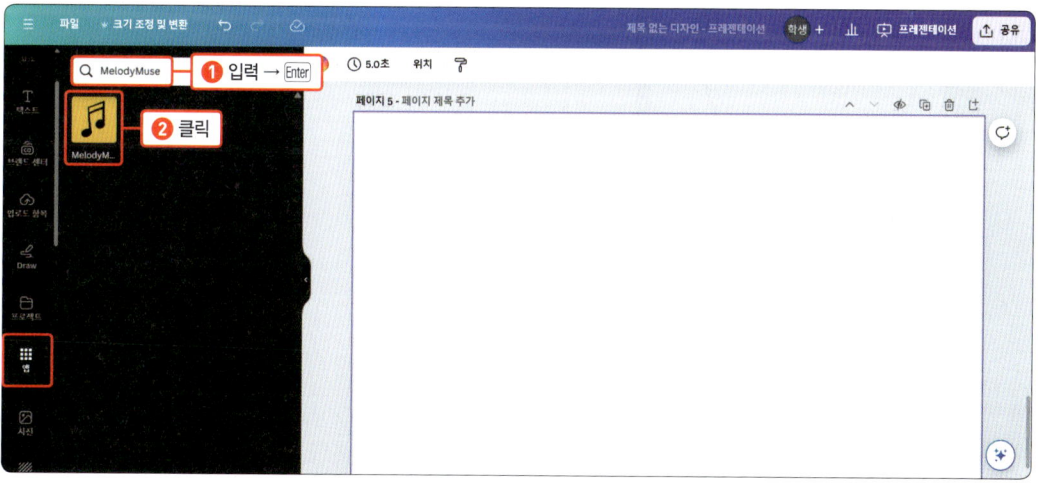

TipTalk 캔바에 연동하여 사용하는 앱들은 회사의 정책에 따라 유료로 변경되는 경우도 있어요. 이럴 땐 비슷한 기능을 지원하는 다른 앱을 찾아 보아요.

05 이번에는 내가 손으로 직접 그린 그림을 기반으로 완벽한 이미지를 만들어 볼게요. [앱] 탭의 검색 창에 'Sketch To Life'를 검색한 후 [Sketch To Life] 앱을 클릭하세요.

06 화면의 왼쪽에 [Sketch To Life] 앱 화면이 열리면 패널의 흰색 캔버스에 마우스로 그림을 그리고 그림에 대한 설명을 추가한 후 [Generate] 버튼을 클릭하세요. 아래에 글로 설명을 덧붙이면 되니까 대충 그려도 괜찮아요. 여기에서는 사과 그림을 그리고 'Red apple'이라는 설명을 덧붙였어요.

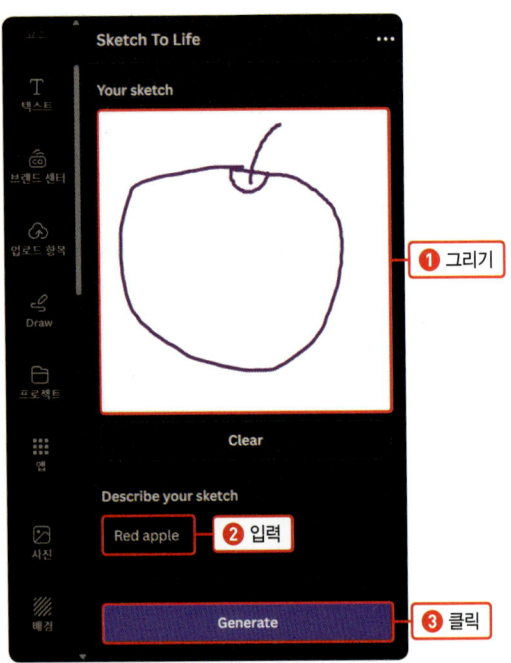

TipTalk AI는 한글보다 영어를 잘 이해해요. 따라서 파파고나 구글 번역을 이용해서 내가 원하는 명령어를 영어로 입력하면 이미지를 더욱 정확하게 그릴 수 있어요.

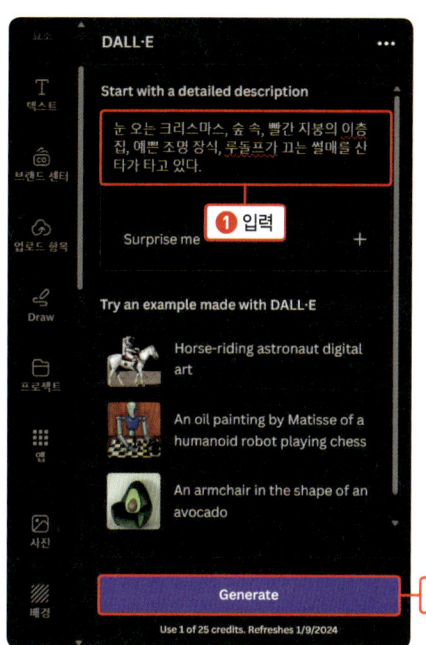

03 내가 머릿속에 그려 놓은 그림을 AI에게 말로 설명하는 것을 '명령어'라고 해요. 명령어는 문장으로 만들어도 되고 여러 단어를 나열해서 만들 수도 있어요. 명령어를 입력하고 [Generate] 버튼을 클릭하세요.

 여러 단어를 나열하여 명령어를 작성할 경우에는 단어 뒤에 쉼표(,)를 붙여서 입력하세요.

04 잠시 기다렸다가 AI가 이미지를 생성해 주면 마음에 드는 그림을 선택하세요. 마음에 드는 이미지가 없으면 [Generate again] 버튼을 클릭하여 다시 이미지를 만들어 보세요.

 AI에게 이미지를 만들게 하는 글을 '명령어' 또는 '프롬프트'라고 해요. 프롬프트가 구체적이고, 정확하고, 자세할수록 내가 원하는 이미지에 가까운 결과물을 얻을 수 있어요. 특히 그림의 스타일이나 느낌을 자세히 알려 주는 것이 좋아요. '디즈니 풍의 그림체'나 '지브리 스튜디오 풍의 그림체' 등 원하는 느낌을 AI에게 구체적으로 알려 주면 재미있는 결과물을 볼 수 있어요.

> **STEP 03** 그림을 만들어 주는 AI 앱 활용하기

내가 원하는 그림을 찾지 못해 당황스러운 경험이 많지요? 이럴 때는 AI에게 직접 요청하여 내가 원하는 그림을 찾아보세요. 내가 좀 더 구체적이고 명확한 그림을 원할수록 AI는 내가 머릿속에 그린 그림과 비슷하게 만들 수 있다는 사실을 꼭 기억하세요.

01 우선 명령어로 그림을 만들어 볼게요. 사이드 패널에서 [앱] 탭을 클릭하고 스크롤바를 아래쪽으로 드래그한 후 [DALL·E]를 선택하세요.

02 DALL·E 화면이 열리면 [열기] 버튼을 클릭하세요.

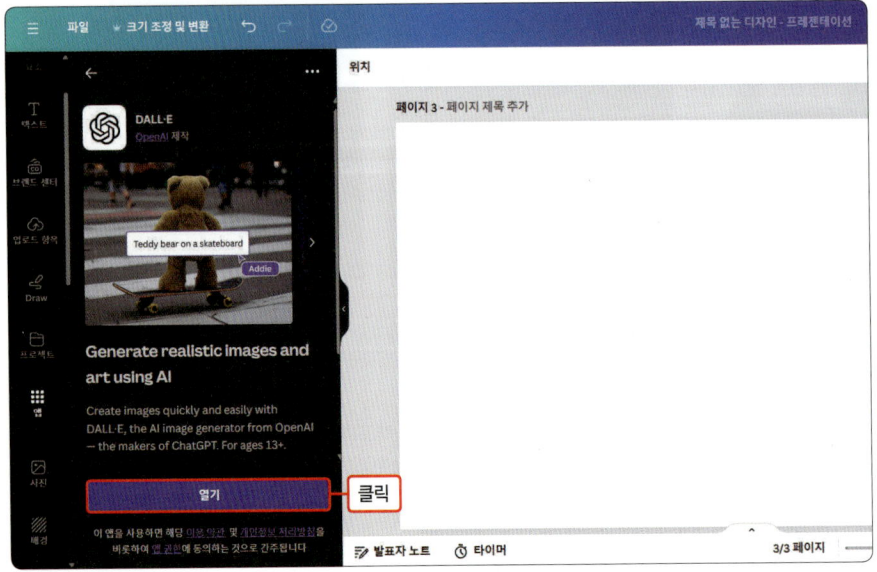

06 스크롤바를 아래쪽으로 드래그해 이동하면 잘린 이미지의 미리 보기(Preview)를 확인할 수 있어요. 원하는 대로 잘 잘렸는지 확인한 다음 [Add to design] 버튼을 클릭하여 페이지에 삽입해요.

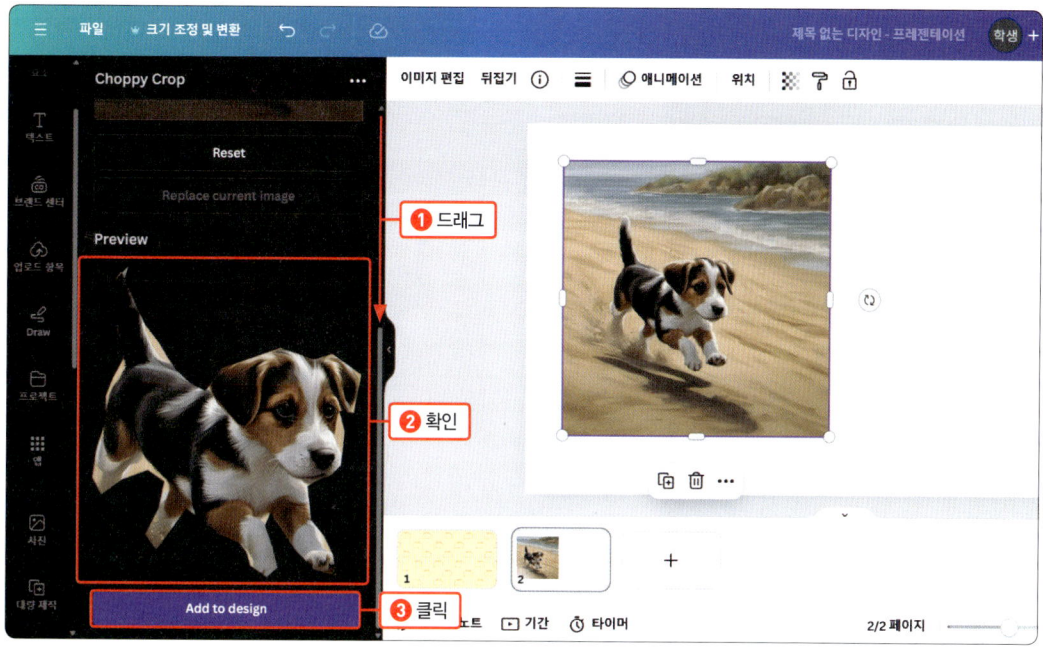

07 잘린 이미지는 자동으로 [업로드 항목] 탭에 추가되어 언제든지 내 디자인에 삽입할 수 있어요.

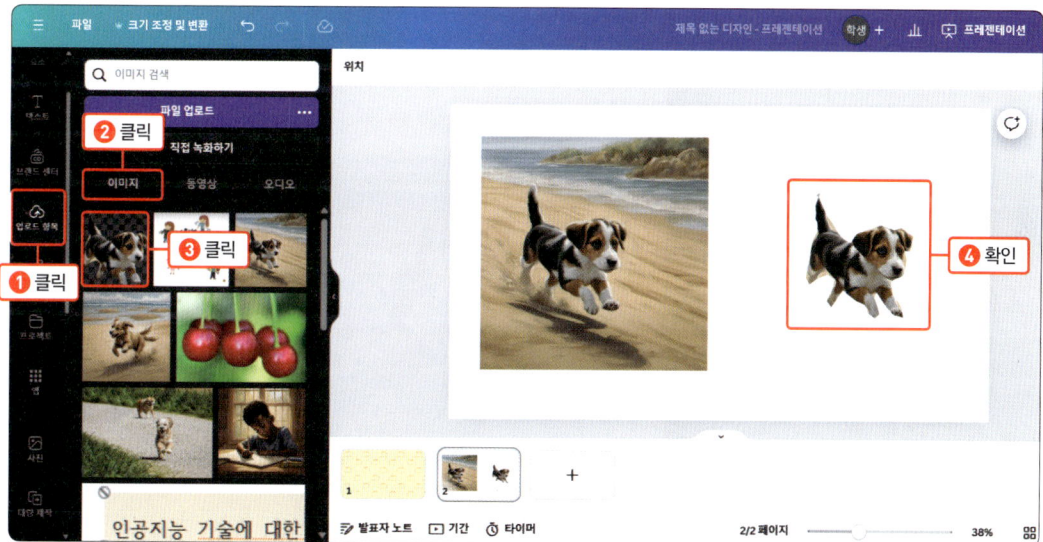

04 [Choppy Crop] 패널에서 자르려는 이미지의 경계를 차례대로 클릭하면 점이 생기면서 점과 점이 연결되어 경계선이 돼요.

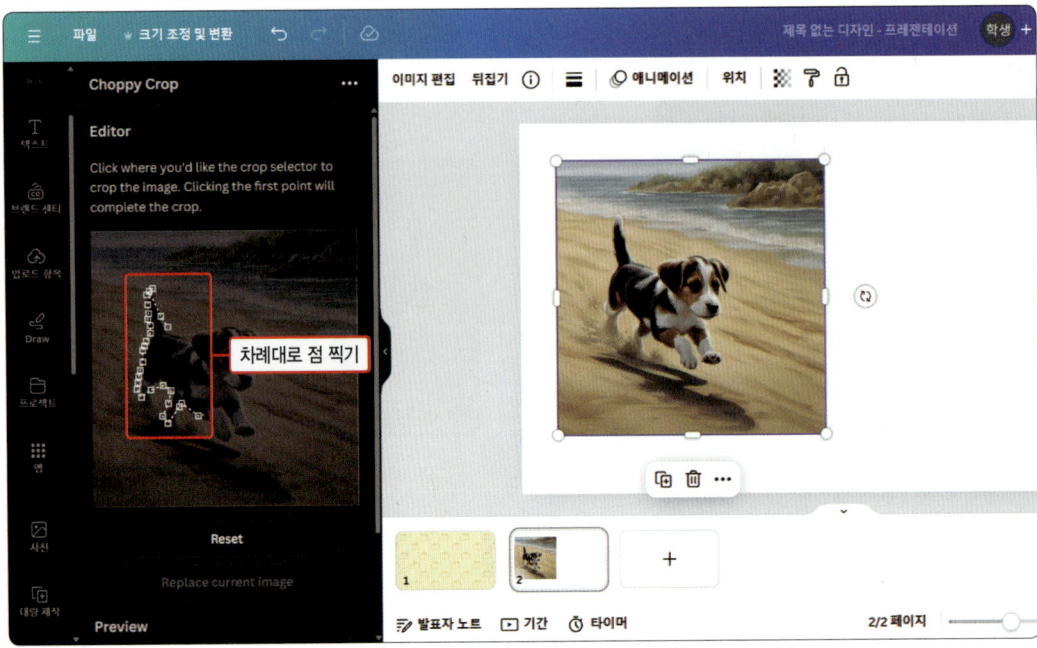

05 꼼꼼히 점을 찍어 자르려는 이미지를 모두 선택한 후 처음 찍었던 점을 한 번 더 클릭하여 마무리하세요.

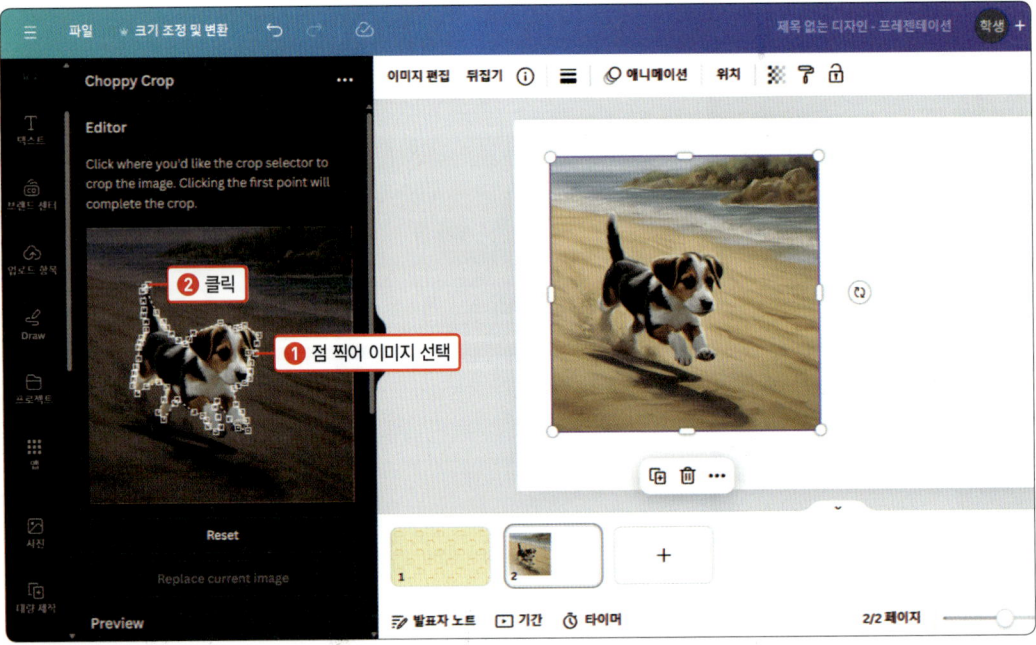

02 [Choppy Crop] 화면이 열리면 [열기] 버튼을 클릭하세요.

03 자르려는 이미지를 클릭하면 [Choppy Crop] 패널에 이미지가 추가됩니다.

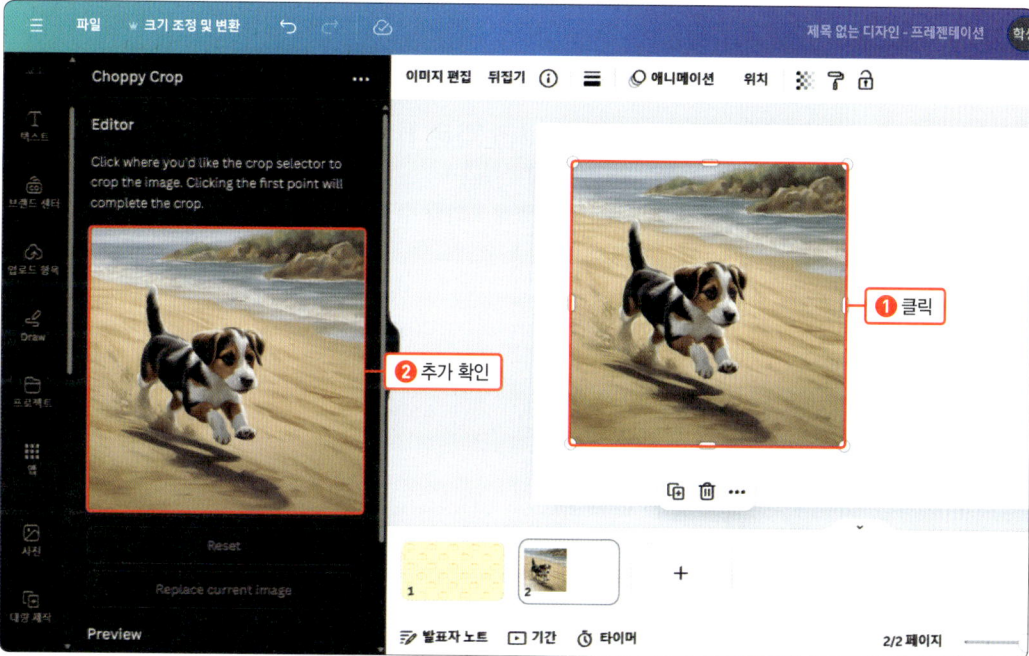

03 'Canva의 다양한 기능'에 있는 항목들을 살펴보고 필요한 것을 활용하세요.

차트( )	사진( )	대량 제작( )
• 데이터를 시각적으로 표현할 수 있어요. • 라인형 차트, 파이형 차트, 막대형 차트 등 다양한 차트를 쉽게 만들 수 있어요.	• 내가 첨부한 사진을 편집할 수 있어요. • 최근에 사용한 사진을 확인할 수 있어요.	• 한 번에 다양한 디자인을 만들 수 있어요. • 소셜 미디어 포스트, 비즈니스 카드 등을 대량으로 제작할 때 매우 유용해요.
자동데이터( )	오디오( )	배경( )
• 스프레드시트(엑셀)를 업로드하여 그 안의 데이터를 디자인에 자동으로 적용할 수 있어요.	• 다양한 음악과 효과음을 찾아 디자인에 추가할 수 있어요. • 프레젠테이션과 비디오 등에 동적인 요소를 추가할 때 매우 유용해요.	• 다양한 배경 이미지와 패턴을 찾을 수 있어요. • 찾은 이미지와 패턴을 활용하면 디자인에 색상과 텍스처를 추가해서 더욱 독특하게 만들 수 있어요.
동영상( )	자동 번역( )	Magic Media( )
• [동영상] 탭에서 수백만 개의 프리미엄 동영상 클립을 무료로 사용할 수 있어요. • 디자인에 생동감을 더할 수 있어요.	• 디자인에 있는 언어를 자동으로 다른 언어로 번역할 수 있어요. • 다국어를 대상으로 하는 프레젠테이션을 만들 때 매우 유용해요.	• 디자인에 멋진 미디어 효과를 추가할 수 있어요. • 이미지, 그래픽, 동영상 등을 제작할 수 있어요.

STEP 02 'Choppy Crop' 앱으로 사진 자르기

'Choppy Crop' 앱은 이미지를 쉽게 자르고 편집할 수 있게 도와줄 수 있어요. 이번에는 이 앱을 이용해 이미지에서 원하는 부분만 자른 후 크기와 모양을 조절해 볼게요.

01 [앱] 탭에서 [검색하기]를 선택하고 앱 목록에서 아래쪽으로 이동한 후 [Choppy Crop]을 선택하세요.

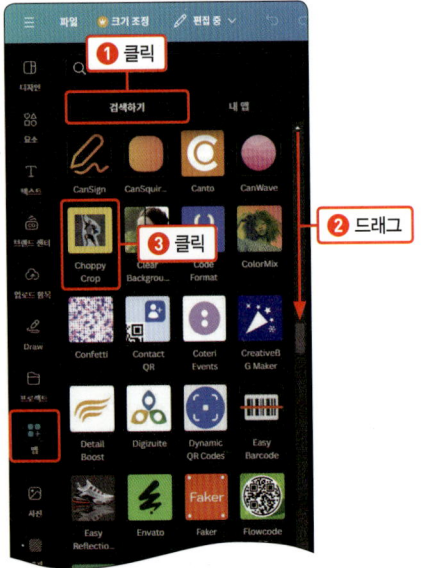

AI와 앱을 활용해 멋지게 디자인하기

STEP 01 캔바에서 유용한 앱 살펴보기

앱을 따로 다운로드하지 않아도 캔바에서 바로 활용할 수 있는 앱이 있어요. 캔바의 [앱] 탭에는 그림이나 동영상 뿐만 아니라 모든 요소에 맞게 카테고리가 잘 구분되어 있으니 즐겁게 탐색해 보세요.

01 사이드 패널에서 [앱] 탭을 클릭하세요.

02 스크롤바를 아래쪽으로 드래그하면 'Canva의 다양한 기능', '인기' 앱, 'AI 기반' 앱 등 다양한 앱을 살펴볼 수 있어요.

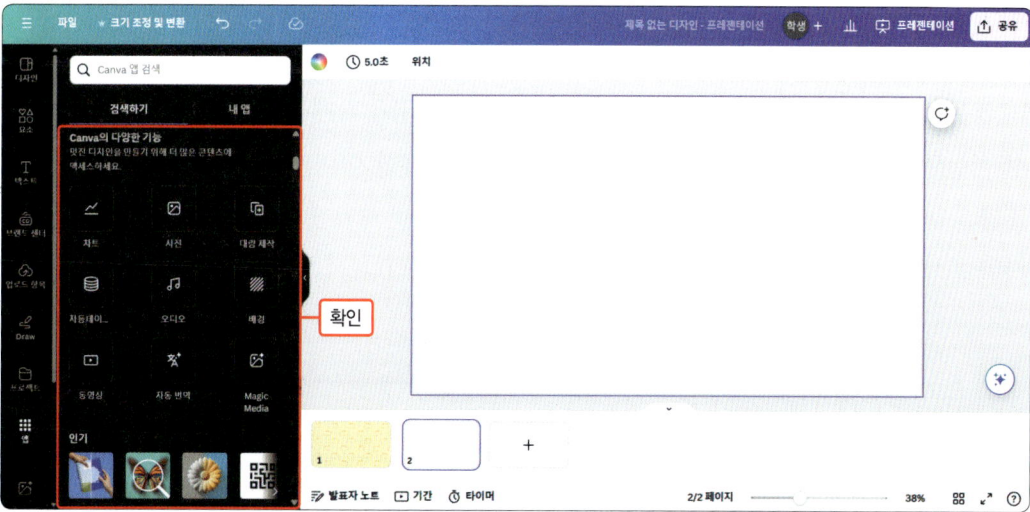

AI가 무엇인가요?

▲ 스스로 생각하고 새로운 것을 만들어 내는 AI

AI는 '인공지능(Artificial Intelligence)'의 약자로, **기계가 인간처럼 공부하고 이렇게 공부한 내용을 통해 다른 것들을 생각해 낼 수 있는 능력을 가지게 하는 기술**이에요.

기계는 수많은 데이터를 통해서 많은 것을 배우고, 이것을 활용하여 문제를 해결하며, 다양한 현상의 패턴을 알아내고, 인간의 서로 다른 언어를 이해하는 등 인공지능을 이용해서 많은 작업을 할 수 있어요.

캔바에서는 AI를 활용하여 다양한 디자인을 할 수 있어요. 특히 내가 원하는 이미지를 만들어 주는 '이미지 생성 기능'을 활용하면 디자인을 더욱 풍부하게 만들 수 있어요. '이미지 생성 기능'은 내가 입력한 간단한 명령어를 바탕으로 고유한 이미지를 만들어 줘요. 모두에게 똑같은 이미지를 제공하는 게 아니라 명령어에 따라 매번 새로운 이미지를 제작하기 때문에 나만의 개성 있는 디자인 작업물을 만드는 데 도움을 줍니다.

> 인공지능은 단순하게 인간처럼 많은 것을 아는 컴퓨터가 아니구나! 아는 것을 통해 스스로 만들어 내기까지 하는 인공지능이 어디까지 발전할지 무척 기대가 돼. 내가 원하는 것을 정확하게 전달하여 인공지능을 잘 활용해야겠어.

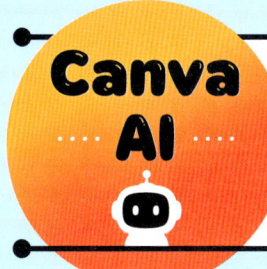

AI 앱을 200% 활용해요

캔바는 내가 직접 요소를 삽입하여 멋지게 디자인할 수도 있고, 다양한 앱을 활용하여 나만의 디자인 요소를 개발하거나 편집할 수도 있어요.

앞에서는 내가 직접 그려서 디자인했지만, 앱을 활용하면 크게 노력하지 않아도 정교한 디자인을 만들 수 있어요. 특히 인공지능을 활용한 앱을 사용하면 더욱 쉽게 콘텐츠를 생성하고 편집할 수도 있어요. 이번에는 캔바에서 사용할 수 있는 앱의 종류를 알아보고 내가 필요한 앱을 선택하여 사용해 볼게요.

요즘에는 그림이나 동영상, 오디오 편집을 돕는 다양한 앱이 많은데요, 이들 앱을 따로 사용해서 캔바에 불러와야 하나요? 혹시 더욱 쉽게 앱을 사용하는 방법이 있을까요?

캔바에서는 다양한 앱을 사용할 수 있어요. 그래서 요소의 종류에 따라 적절한 앱을 탐색하거나 활용할 수 있고, 특히 인공지능을 활용한 앱을 사용하면 내가 원하는 콘텐츠를 쉽게 생성할 수 있지요.

- 인공지능(AI)이 무엇인지 알 수 있어요.
- 캔바에서 활용할 수 있는 앱을 탐색하고 선택할 수 있어요.
- AI 앱을 활용하여 콘텐츠를 만들거나 편집할 수 있어요.

06 'SNS에 공유'에 나타난 다양한 SNS 중에서 원하는 플랫폼을 선택하세요. 여러분이 사용하던 플랫폼을 선택해도 좋고 일상툰을 집중적으로 올릴 계정을 새로 만들어도 좋은데요, 여기에서는 [Instagram]을 선택했어요.

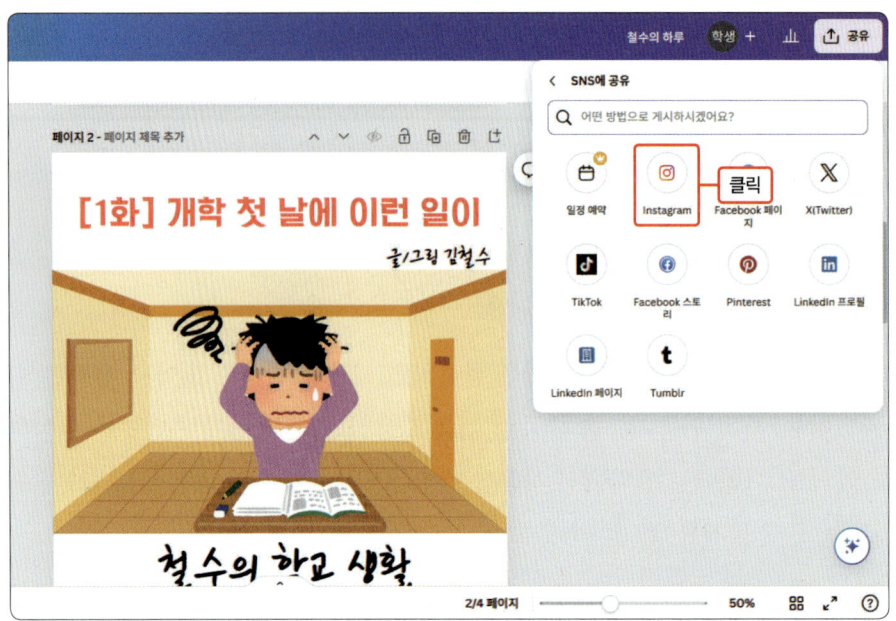

07 인스타그램에 어떻게 게시하겠느냐고 물으면 [모바일 앱에서 바로 게시]를 선택하고 [계속] 버튼을 클릭하세요.

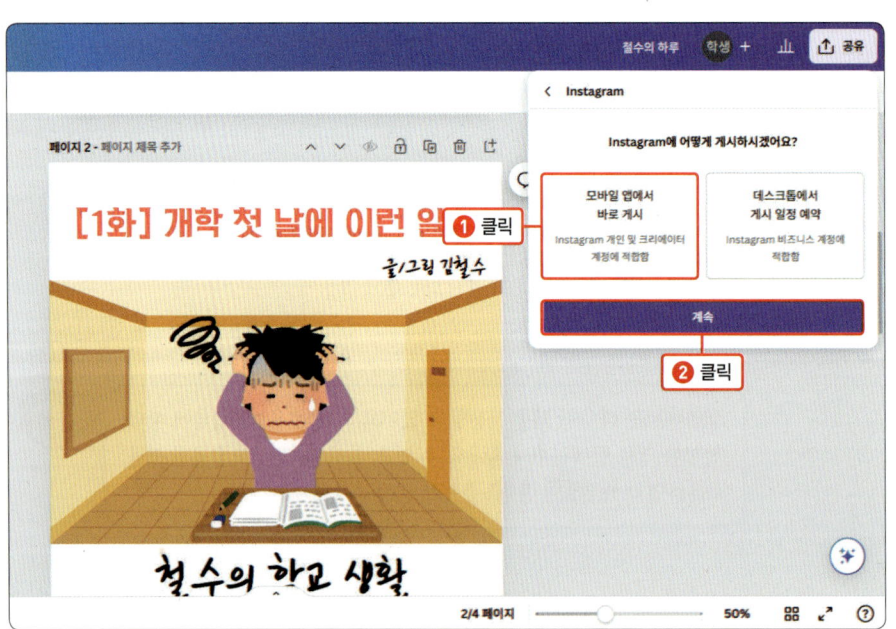

> **TipTalk** 'SNS에 공유' 기능을 사용할 경우에는 SNS 계정을 연결하는 복잡한 절차가 필요할 수도 있어요. 이럴 때는 **01~04**단계처럼 다운로드하여 직접 업로드하는 것이 더 편해요.

04 그림 파일을 더블클릭하여 일상툰을 제대로 완성했는지 확인하세요.

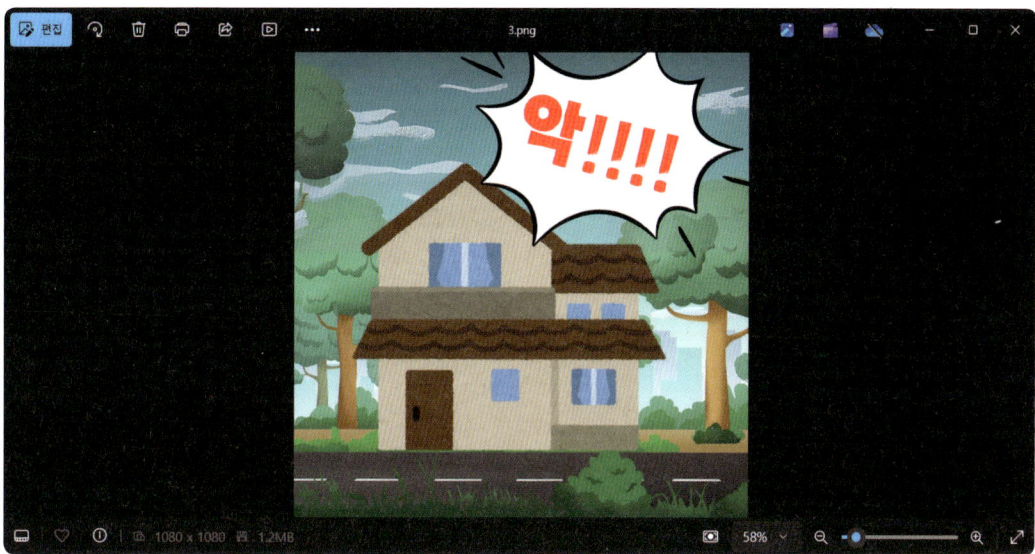

TipTalk 그림 파일을 열었으면 화면을 확대하면서 화질을 확인해요. 내가 다운로드한 그림 파일을 확대하거나 축소하여 100% 크기로 확인해야 화질이 선명한지 정확하게 알 수 있어요.

05 이번에는 나의 SNS 계정에 바로 일상툰을 올려 볼게요. 캔바 작업 화면으로 되돌아와서 화면의 오른쪽 위에 있는 [공유] 버튼을 클릭하고 [SNS에 공유]를 클릭하세요.

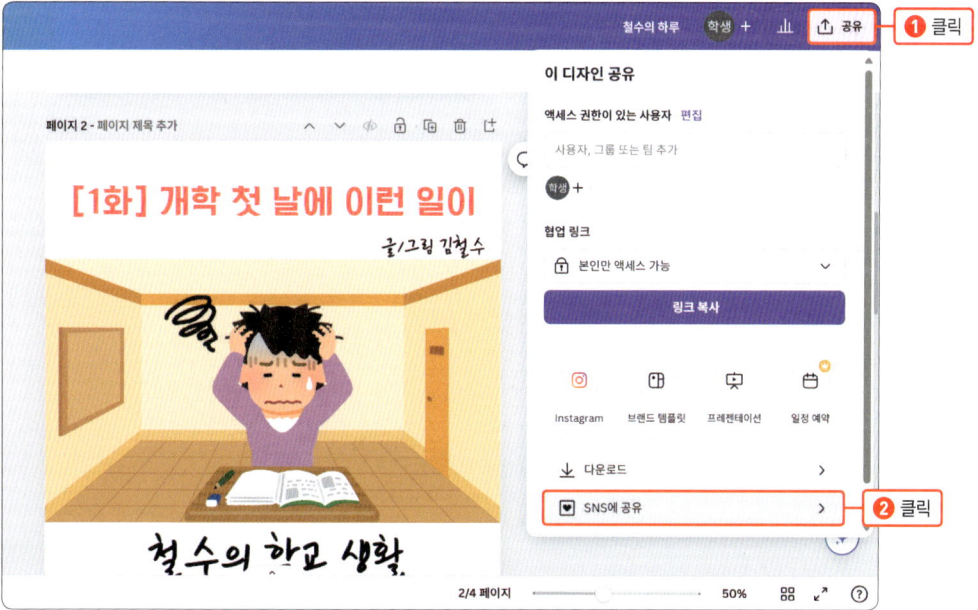

잠깐만요 — PNG와 JPG 그림 파일을 사용하면 좋은 경우

소셜 미디어(SNS)에 업로드하거나 콘텐츠에 글자가 많다면 PNG 형식을 사용하는 것이 좋아요. JPG 그림 파일 형식을 사용할 때는 해상도가 500×500픽셀 이하가 되지 않도록 확인하세요. 그리고 가능하면 '품질'이 300 이상인 고품질 사진을 업로드하는 것이 좋습니다.

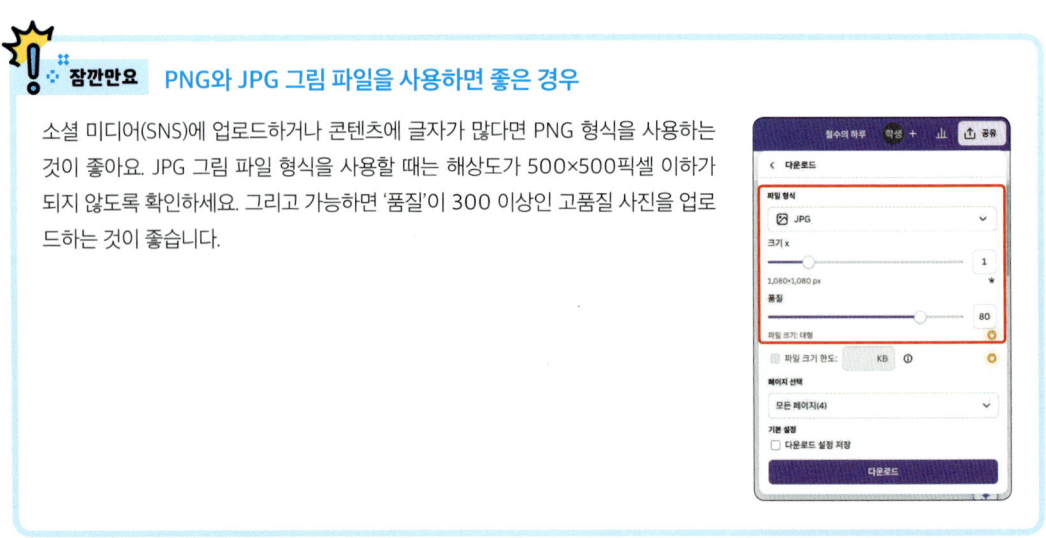

03 일상툰은 여러 페이지로 구성되어 있으므로 내 컴퓨터의 '다운로드' 폴더에 압축 파일로 저장되었어요. 압축 파일을 선택하고 [압축 풀기]를 클릭하면 압축 파일과 같은 이름의 폴더가 만들어지면서 압축했던 그림 파일들을 확인할 수 있어요.

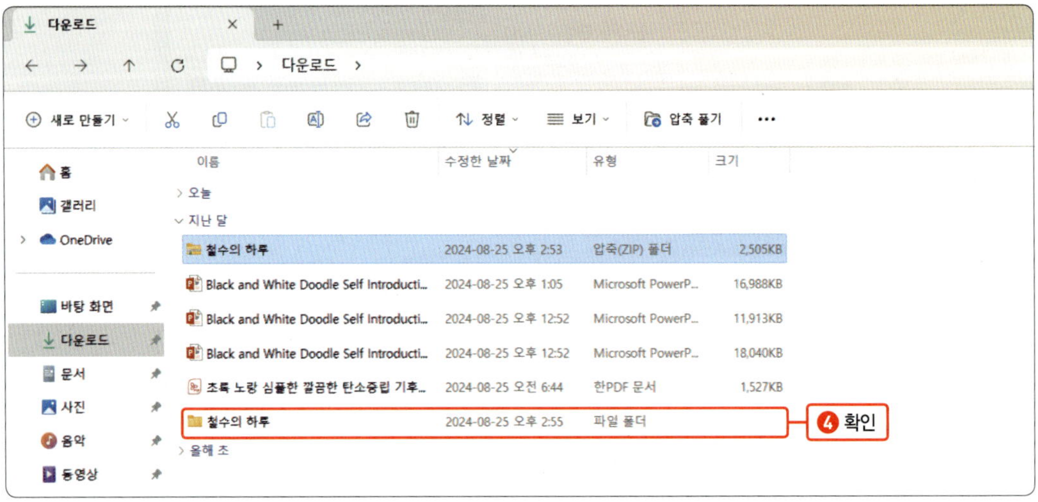

STEP 04 일상툰 공유하기

일상툰을 다른 사람들에게 소개해 보세요. 처음에는 큰 관심을 끌기 어려울 수 있지만요, 꾸준히 제작하면서 공유해 봐요. 어쩌면 여러분의 일상툰에 팬이 생길지도 몰라요.

01 우선 툰 파일을 다운로드해 볼게요. 화면의 오른쪽 위에 있는 [공유] 버튼을 클릭하고 [다운로드]를 클릭하세요.

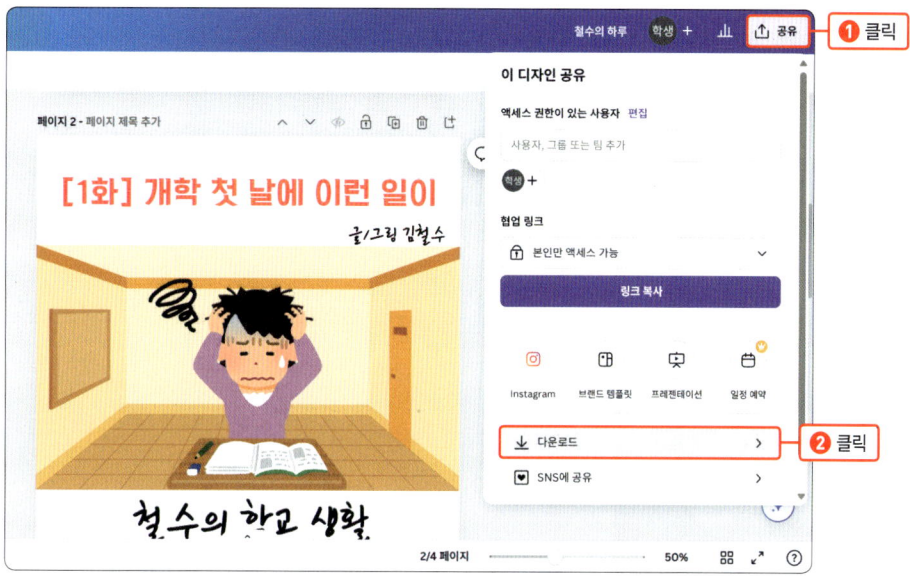

02 '파일 형식' 항목에서 [PNG]를 선택하고 크기(화질)를 지정하세요. 내가 업로드할 페이지를 선택하고 [다운로드] 버튼을 클릭하세요.

04 텍스트 상자에 원하는 텍스트를 입력하고 드래그하여 말풍선 안에 넣으세요.

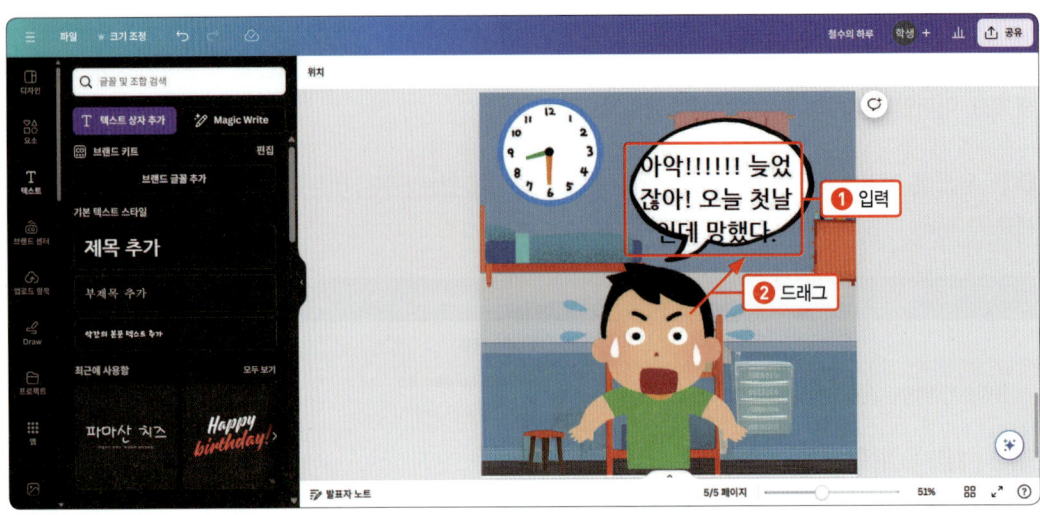

05 말풍선 안에 텍스트가 잘 들어갈 수 있도록 말풍선과 텍스트 상자의 크기를 알맞게 조절하세요.

TipTalk # 말풍선이나 텍스트를 띄어쓰기 단위로 끊어서 수정하면 가독성을 높일 수 있어요. 텍스트의 정렬 방식도 '왼쪽 정렬', '가운데 정렬', '오른쪽 정렬', '양쪽 정렬' 중에서 읽는 사람이 편한 정렬 방식을 선택하세요. 또한 독자의 호기심을 자극하는 페이지와 어떤 일이 일어났는지 궁금하게 만드는 장면도 추가해서 몰입도를 크게 높여 보세요.

02 원하는 말풍선을 클릭해서 페이지에 삽입하세요.

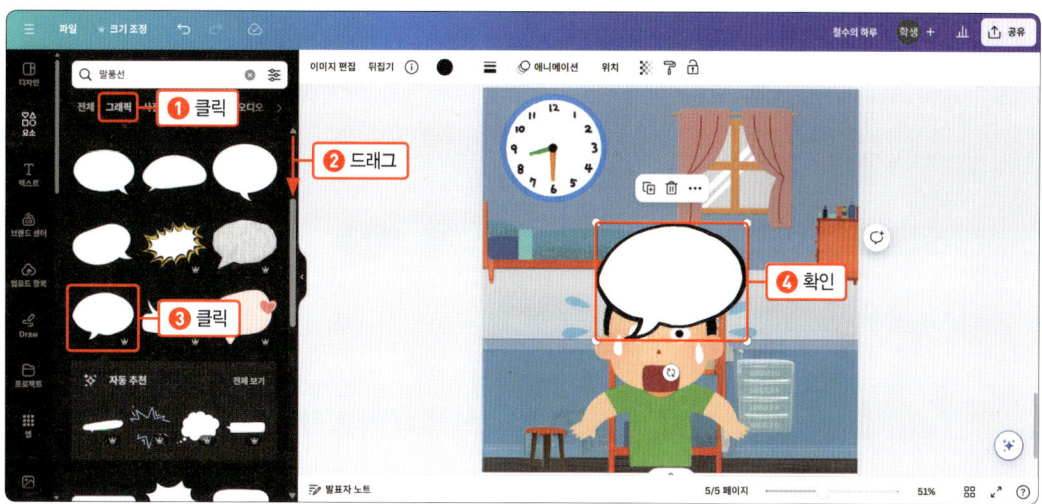

03 [텍스트] 탭에서 [텍스트 상자 추가] 버튼을 클릭해서 텍스트 상자를 추가하세요.

04 모든 페이지에 적절한 요소를 잘 넣었으면 독자의 시각으로 작품을 바라보고 고칠 점이 있는지 확인하세요.

TipTalk 여기에서는 제목을 '쉬는 시간에 생긴 일'에서 '개학 첫 날에 이런 일이'로 바꾸고 텍스트 색도 다르게 표현하여 강조해서 독자의 관심을 끌었어요. 웹툰의 이름도 '철수의 일상'에서 '철수의 학교 생활'로 바꾸었는데요, 이렇게 변경하니까 일상툰이 어떤 내용으로 진행될지 명확하게 알 수 있어서 좋지요?

STEP 03 말풍선으로 대사 추가하기

01 [요소] 탭에서 '말풍선'을 검색하세요.

203

02 사이드 패널에서 [요소] 탭을 활용해서 발표자 노트에 적은 내용을 바탕으로 필요한 요소를 추가하세요.

> **TipTalk** [요소] 탭에서 요소를 추가하는 방법은 61쪽을 참고하세요.

03 일상툰이 펼쳐지는 장소에 맞춰 배경 요소도 추가하세요. [요소] 탭에서 '학교'나 '교실' 등 사건이 벌어지는 장소를 검색하여 알맞은 배경 이미지를 선택하면 돼요.

03 내가 선택한 디자인 페이지 비율을 눈으로 직접 확인해요. 원하는 페이지 비율이 아니면 다시 선택하세요.

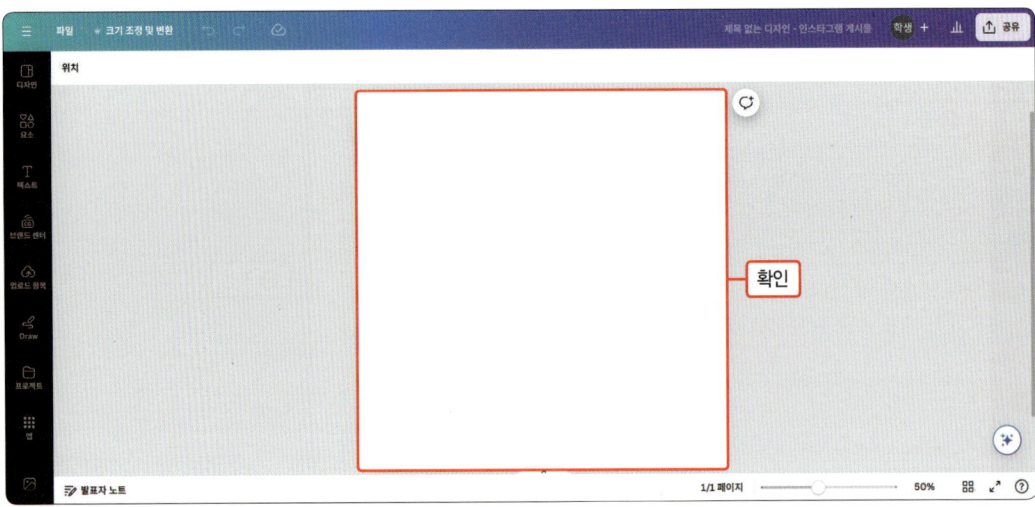

STEP 02 요소 추가하고 수정하기

일상툰은 한 페이지 안에 하나의 순간을 간략하게 표현해야 하므로 페이지별로 어떤 내용을 넣을지 구조를 짜는 것이 매우 중요해요. 따라서 각 페이지마다 어떤 내용이 들어가면 좋을지 간단히 메모를 남기고 그 메모에 맞는 요소를 검색하여 추가해 보세요.

01 화면의 아래쪽에 있는 [발표자 노트]를 클릭하여 각 페이지마다 담을 내용을 간단히 정리하세요.

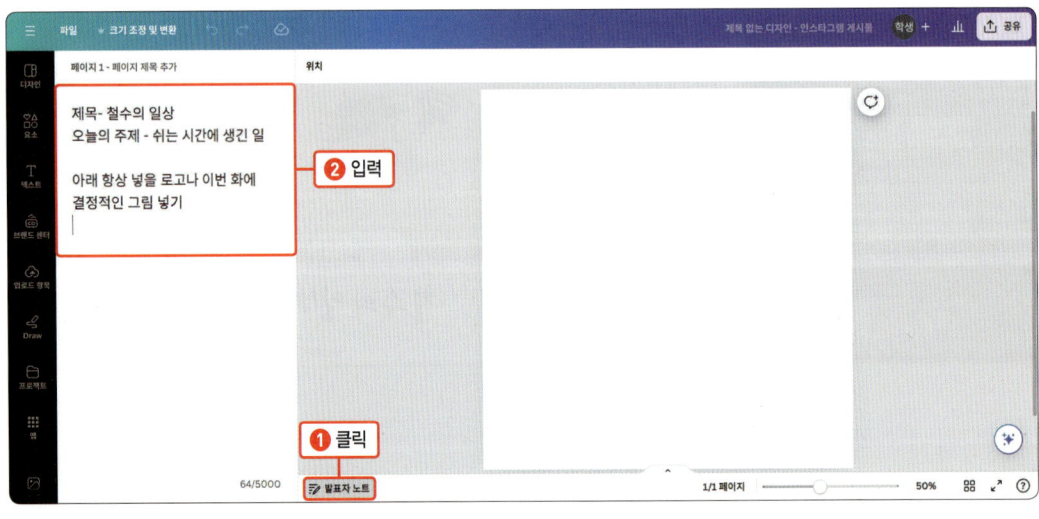

TipTalk 발표자 노트는 프레젠테이션 결과물에 보이지 않으니 마음 편하게 정리해도 돼요.

나만의 일상툰 만들기

STEP 01 디자인 화면 비율 선택하기

일상툰은 사람들이 간단하고 쉽게 볼 수 있게 짧은 형식으로 제작하는 경우가 많아요. 그래서 복잡하게 화면을 나눌 필요 없이 한 페이지에 하나의 사건을 표현하면 돼요. 요즘에는 스마트폰을 이용해서 일상툰을 많이 보니까 스마트폰에서도 잘 볼 수 있는 화면 비율을 선택하여 디자인하는 것이 좋아요.

01 홈 화면에서 [디자인 만들기] 버튼을 클릭합니다.

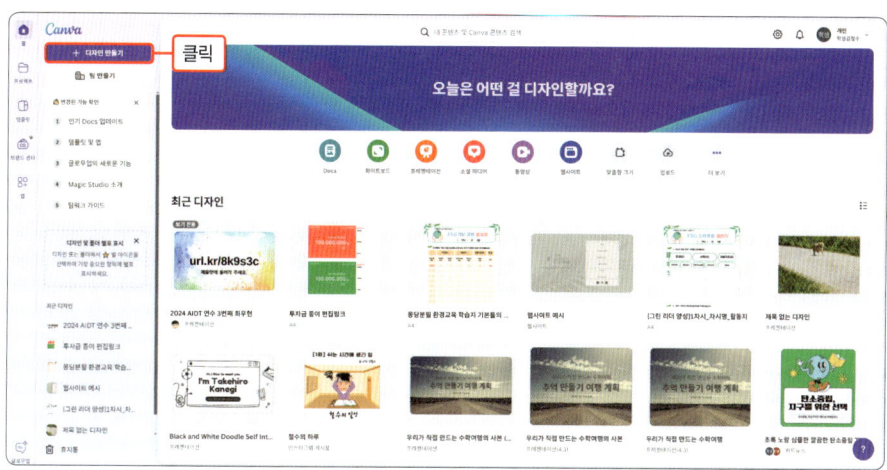

02 내가 공유하고 싶은 플랫폼의 형식이나 특징에 따라 화면 비율을 다양하게 설정할 수 있어요. '게시물'을 검색하면 SNS별 화면 비율을 선택할 수 있는데요, 내가 공유하고 싶은 SNS에서 자주 활용하는 화면 비율에 맞게 일상툰을 만들면 됩니다.

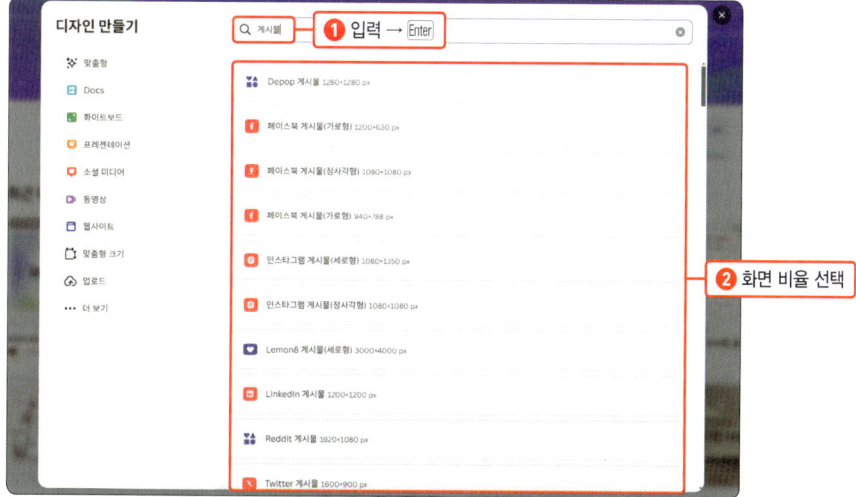

디지털 리터러시 UP! 일상툰에 친구 이름을 그대로 써도 될까요?

어느 날 친구들과 함께 경험한 재미있는 일을 직접 만화로 그려서 사람들에게 웃음을 선사하기로 마음먹은 나. 실감 나는 이야기를 전달하기 위해 친구들의 이름을 직접 쓴 이야기를 일상툰으로 만들었어요.
그런데 어느 날, 한 친구가 이렇게 이야기하네요.

"내 이야기를 이렇게 많은 사람에게 그대로 이야기하면 어떡해?"

친구가 이렇게 당황할 줄은 몰랐어요. 그래서 다른 친구들에게도 물어 보기로 했어요.

"너희의 이름을 일상툰에 그대로 써도 괜찮아?"

그런데 친구들은 자신이 일상툰에 나오는 것이 좋지 않을 수도 있다면서 조금 걱정하는 표정을 짓네요.

친구들의 이름을 웹툰이나 일상툰에 그대로 써도 괜찮을까요? 일반적으로 친구들의 이름을 그대로 일상툰에 사용하면 법적으로 문제가 될 수 있어요. 특히 그 친구들이 공개적으로 노출되기를 원하지 않거나, 부정적인 내용을 담고 있다면 학교 폭력이 될 수도 있어요.

이 경우 **친구들의 이름을 바꾸어 사용하는 것이 가장 안전해요.** 예를 들어, 뉴스나 다큐멘터리에서는 실제 인물을 보호하기 위해 '가명'을 사용해요. 실제 이름을 사용하지 않고 가짜 이름을 만들어서 방송하는 것이지요. 그러므로 일상툰을 그릴 때는 친구들의 이름을 바꾸어 표현하는 것도 좋은 방법이에요. 물론 친구가 동의한다면 일상툰에 친구 이름을 그대로 사용할 수 있지만, 나중에는 기분이 나쁠 수도 있어요. **내가 만든 일상툰은 영원히 온라인에 남아 있으니까 안전하게 만드는 것이 무척 중요해요.**

많은 사람을 즐겁게 하기 위해서 나만의 일상 이야기를 온라인에 작품으로 만들어서 올리는 것은 좋은 일이에요. 하지만 개인의 권리를 가장 먼저 존중해야 한다는 것을 꼭 기억하세요.

내가 만든 작품에 책임감을 가지고, 나중에 발생할 수 있는 문제를 예방하는 게 중요하겠어! 어떤 이름을 지어볼까?

〉일상툰을 만든 후 – 비주얼 요소 〈

일상툰을 모두 만든 후에는 색상이나 배경, 아이콘, 글꼴 등을 점검하세요. 내가 최초로 만든 작품을 계속 수정할수록 일상툰의 질이 좋아져요. 감정을 직관적으로 '대사'로 표현했다면 그 뒤에 그림 요소를 더해서 인물의 감정을 하나의 요소가 아닌 다양한 요소로 표현할 수 있어요. 이러한 과정을 통해 보는 사람이 시각적으로 더욱 몰입하면서 매력을 느끼는 일상툰을 만들 수 있어요.

> **TipTalk** 모든 작가가 좋은 작품을 만들기 위해서 수없이 많이 수정한다고 해요. 여러분의 작품도 수많은 경험과 수정 작업을 거쳐 걸작이 탄생하기를 바라요.

여러분은 어떤 내용의 일상툰을 만들고 싶나요? '학교 생활', '친구와 있었던 일', '가족과의 에피소드' 등 다양한 일상의 소재를 일상툰에 활용할 수 있어요. 예를 들어, 친구와의 소소한 에피소드를 일상툰으로 만들면 보는 사람의 공감을 불러일으킬 수 있어요. 특히 수업 시간에 배운 내용을 재미있게 설명하는 형식으로 일상툰을 만들면 배운 내용을 복습할 수 있을 뿐만 아니라 다른 사람들이 공부하는 데 도움이 될 수도 있어요.

본격적으로 일상툰을 만들기 전에 어떤 툰을 그리고 싶은지 자유롭게 적어 볼까요?

일상툰을 만들기 전에 알면 좋은 세 가지 포인트

일상툰은 웹툰의 한 장르예요. 웹툰을 만들기 전에 알아 두면 좋은 세 가지 팁을 알려 줄게요. 일상툰을 만들기 전과 만드는 중에, 그리고 만든 후에 이 세 가지 팁을 꼭 실행하면 더욱 완성도 높게 만들 수 있어요.

> 일상툰을 만들기 전 – 스토리텔링 <

내가 만들려고 하는 일상툰의 간단한 이야기를 구성하는 단계예요. 이야기에는 시작, 중간, 끝이 있어요. 이러한 이야기 구조는 보는 사람을 긴장하게 만들어서 감정을 극대화하고 마지막에는 시원한 해소감을 주기도 해요.

먼저 자신의 경험을 간단하게 글로 쓰거나 말로 녹음하여 기록한 후 처음 부분, 중간 부분, 끝부분으로 나누어 보세요. 어떻게 하면 흥미롭게 이야기를 풀어 낼 수 있을지 고민하면서 스토리텔링의 구조를 짜는 것은 이야기의 완성도를 높일 수 있는 매우 좋은 방법이에요.

> 일상툰을 만드는 중 – 캐릭터와 감정 <

일상툰에 등장하는 인물을 정했다면 그 인물의 감정을 표현하는 방법을 알아보세요. 이때 다음 세 가지 방법을 통해 인물의 감정을 표현할 수 있어요.

하나! 인물의 표정을 변화시켜 보세요. 예를 들어, 웃는 얼굴, 찡그린 얼굴, 놀란 표정으로 기쁨, 슬픔, 놀라움을 표현할 수 있어요.

둘! 몸짓과 자세를 바꿔 주세요. 예를 들어, 팔짱을 끼고 있는 모습은 불만이 있다는 것을, 몸을 앞으로 숙인 모습은 관심이 있다는 것을 보여 줄 수 있어요.

셋! 색상과 배경으로 표현해 보세요. 일상툰에 사용하는 색상과 배경으로 인물의 감정을 표현할 수 있어요. 밝고 따뜻한 색상은 행복함이나 사랑스러움을, 어두운 색상은 슬픔이나 두려움을 상징해요. 또한 배경을 바꾸어서 감정의 분위기를 강조할 수도 있어요.

WEEK 18
웹툰 작가가 되어 일상툰을 만들어요

네이버 웹툰이나 인스타그램에서 작가의 삶을 담은 웹툰을 본 적이 있나요? **'일상툰'은 웹툰 작가의 일상을 그림과 글로 담아 카드뉴스 형식으로 간단히 볼 수 있게 만든 인터넷 만화로, 자신의 하루 일상과 감정을 표현할 수 있는 훌륭한 방법이에요.** 글로 쓰는 일기도 일상툰으로 대체할 수 있어서 나를 되돌아보고 주변 사람들과의 관계를 다시 생각해 볼 수 있는 기회를 주기도 해요. 이렇게 일상에서 겪는 소소한 사건이나 다른 사람에게 알려 주고 싶은 재미있는 이야기를 그림과 글로 풀어내는 과정을 통해 창의력과 상상력을 높일 수도 있어요.

캔바를 이용하면 일상툰에 대한 전문 지식이 없어도 쉽게 일상툰을 만들 수 있어요. 캔바가 제공하는 다양한 템플릿과 요소, 글꼴을 이용하여 원하는 스타일을 쉽게 선택할 수 있기 때문이에요. 흰 종이에 직접 그리는 것보다 훨씬 쉽고 빠르면서도 멋진 일상툰을 만들 수 있어요.

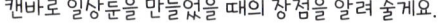

캔바로 일상툰(웹툰)을 만들면 어떤 점이 좋아요?

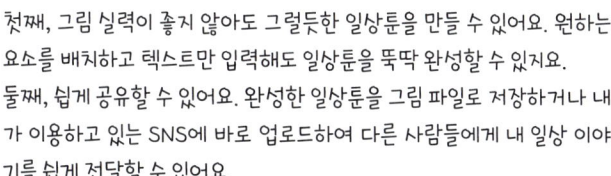

캔바로 일상툰을 만들었을 때의 장점을 알려 줄게요.
첫째, 그림 실력이 좋지 않아도 그럴듯한 일상툰을 만들 수 있어요. 원하는 요소를 배치하고 텍스트만 입력해도 일상툰을 뚝딱 완성할 수 있지요.
둘째, 쉽게 공유할 수 있어요. 완성한 일상툰을 그림 파일로 저장하거나 내가 이용하고 있는 SNS에 바로 업로드하여 다른 사람들에게 내 일상 이야기를 쉽게 전달할 수 있어요.

- 일상툰을 만드는 과정을 이해할 수 있어요.
- 일상툰을 만드는 과정에 따라 나만의 일상툰을 만들 수 있어요.
- 내가 만든 일상툰을 SNS에 공유할 수 있어요.

STEP 03 프레젠테이션 파일 공유하기

완성한 자기 소개 프레젠테이션을 파일로 저장하여 파워포인트(PowerPoint)에서 더 편집하거나 다른 컴퓨터에서 발표할 수 있도록 공유해 볼게요.

01 화면의 오른쪽 위에 있는 [공유] 버튼을 클릭하고 [다운로드]를 클릭하세요. '파일 형식'에서 [PPTX]를 선택하고 [다운로드] 버튼을 클릭하세요. 다운로드한 파일은 내 컴퓨터의 '다운로드' 폴더에 저장돼요.

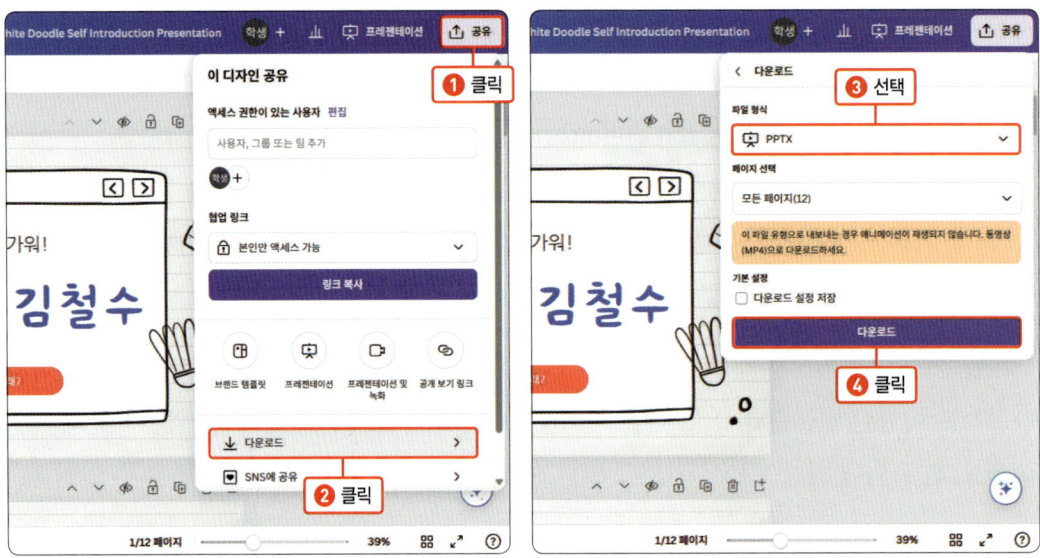

02 파워포인트에서 다운로드한 파일을 열고 프레젠테이션 문서에 이상이 없는지 확인하세요. 만약 프레젠테이션 문서를 수정하고 싶으면 수정해도 좋아요.

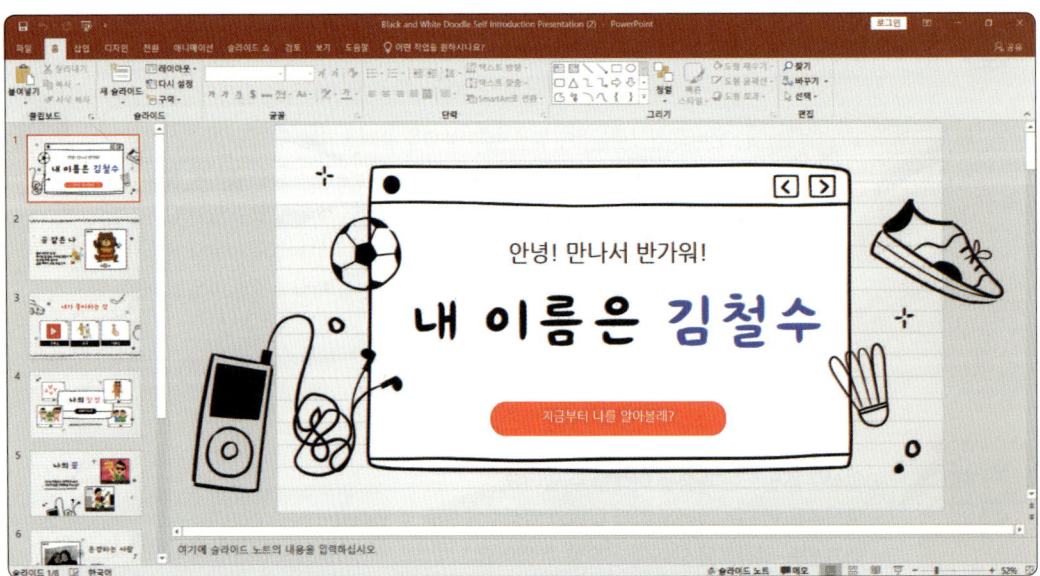

06 다음 페이지의 내용도 원하는 대로 수정하세요. 사이드 패널의 [요소] 탭을 활용하여 적절한 이미지를 찾아 넣으면 프레젠테이션의 완성도를 더욱 높일 수 있어요.

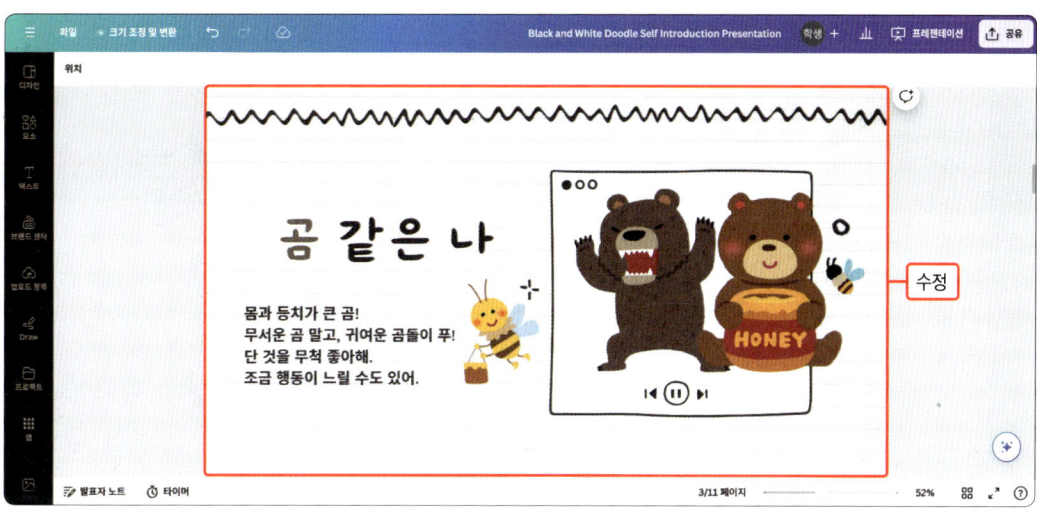

07 도구 모음에서 [애니메이션]을 클릭하여 이미지나 텍스트에 적절하게 애니메이션을 추가하세요. 여기에서는 무서운 곰 위에 귀여운 곰 이미지를 올려놓고 귀여운 곰 이미지에 [나타내기] 애니메이션을 설정했어요. 이렇게 설정하면 무서운 곰이 먼저 등장했다가 귀여운 곰이 등장하면서 나의 친근한 이미지를 강조할 수 있어요.

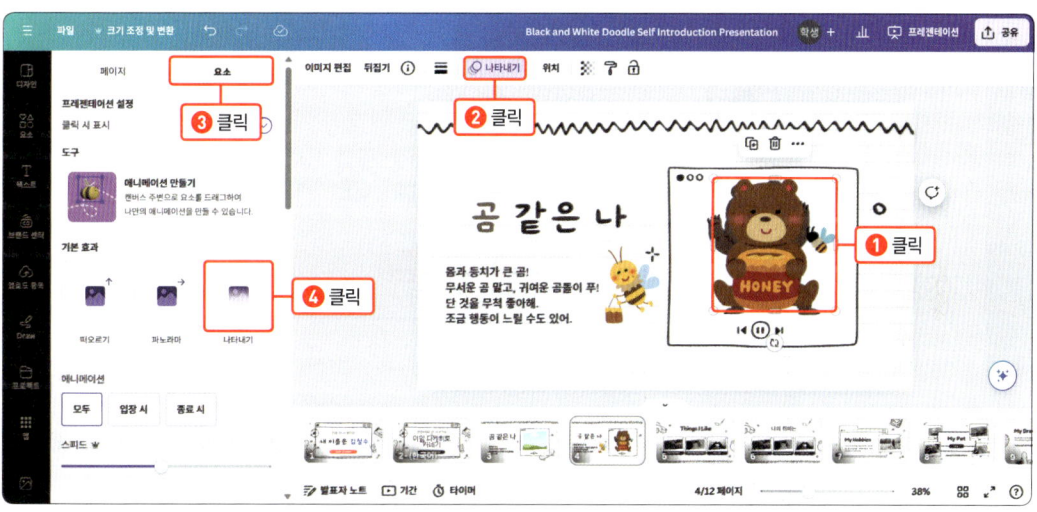

TipTalk 적절하게 반전을 주는 애니메이션을 활용하면 듣는 사람이 더욱 집중하고 오래 기억할 수 있어요. 그리고 두 개의 곰 이미지 레이어를 설정하고 싶나요? 레이어 순서를 변경하는 방법은 89쪽을 참고하세요.

04 번역된 텍스트를 참고하여 나에게 맞게 내용을 수정하세요.

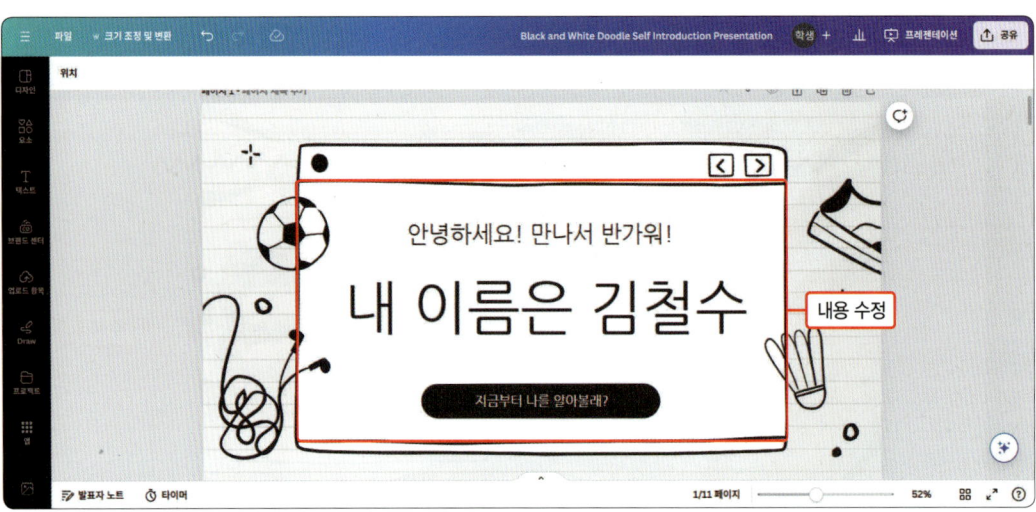

05 텍스트의 글자 크기와 색깔, 배치, 글꼴 등 서식을 보기 좋게 수정하세요.

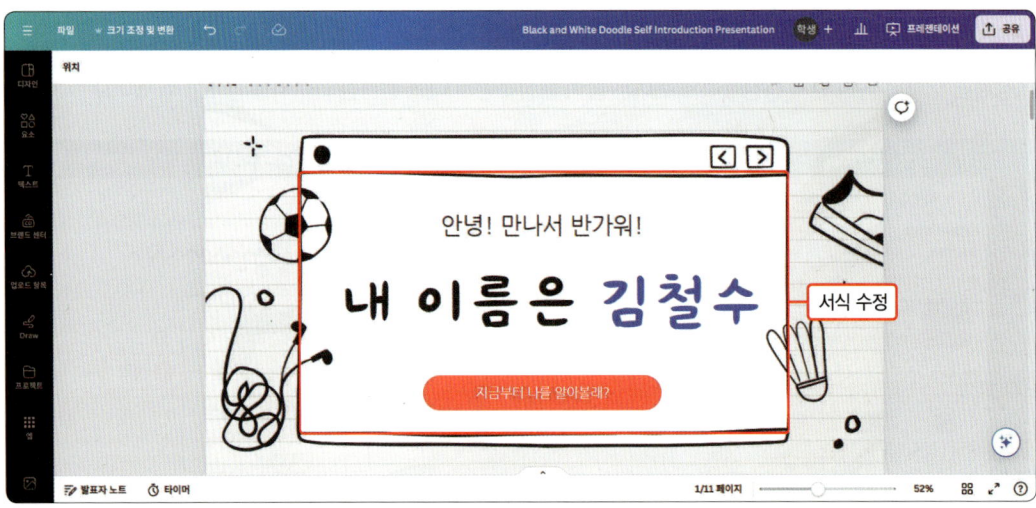

> **TipTalk** 프레젠테이션의 제목 페이지는 뒤에 이어질 내용의 주제나 소재를 간단하고 명확하게 보여줄 수 있어야 해요.

02 [자동 번역]의 '도착어' 항목에서 [한국어]를 선택하세요. 어조는 말투를 의미하는데요, 우리는 친구들에게 자기 소개를 해야 하니까 '어조' 항목에서는 [친근한]을 클릭하면 되겠지요?

03 [설정]을 클릭하고 [글꼴 크기를 줄여 맞추기]에 체크 표시하세요. 이렇게 하면 영어를 번역한 후 문장이나 단어의 길이가 달라져도 디자인에 맞게 자동으로 길이를 수정할 수 있어요. [번역 시 페이지 복제]에 체크 표시하면 다른 나라 언어로 되어 있는 기존 페이지는 그대로 남아 있는데요, 원본 페이지가 필요 없다면 체크 표시하지 않는 게 좋아요.

TipTalk 자동 번역한 자료는 100% 완벽하지 않으므로 일부 어색한 부분은 알맞게 수정하는 센스가 필요해요.

03 자기 소개 프레젠테이션 템플릿은 여러 페이지로 구성되어 있어요. 페이지를 쭉 살펴보면서 필요한 페이지는 추가하고 필요 없는 페이지는 삭제하세요.

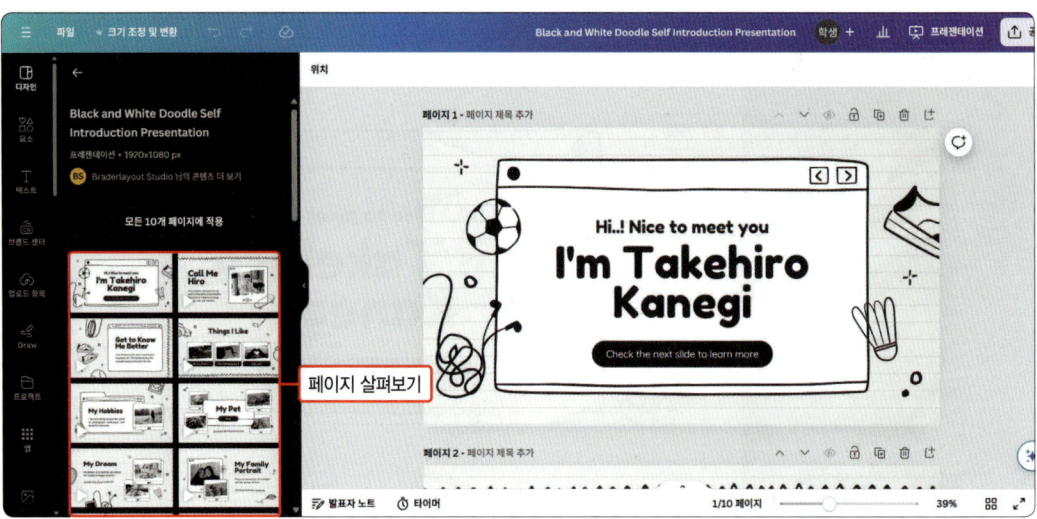

STEP 02 템플릿 수정하기

선택한 템플릿을 나의 소개에 맞게 편집해 볼게요.

01 영어로 되어 있는 템플릿을 한 번에 한글로 바꿔 볼게요. 사이드 패널에서 [앱] 탭을 클릭하고 [검색하기]에서 [자동 번역]을 클릭하세요.

자기 소개 프레젠테이션 자료 만들기

> **STEP 01** 기본 템플릿 고르기

자기 소개 프레젠테이션을 만들기 전에 가장 먼저 해야 할 일은 '나의 어떤 것을 소개할 것인가?'예요. 아이디어를 얻었다면 그에 맞는 템플릿을 선택하세요. 템플릿을 직접 디자인하는 것도 좋지만, 잘 만들어진 템플릿을 고르는 것도 효율적으로 좋은 프레젠테이션을 만드는 꿀팁이에요.

01 홈 화면에서 '자기소개'나 '프레젠테이션'을 검색하세요. 다양한 템플릿이 검색되면 잘 살펴보면서 내 취향과 분위기에 어울리는 템플릿을 찾은 후 클릭하세요.

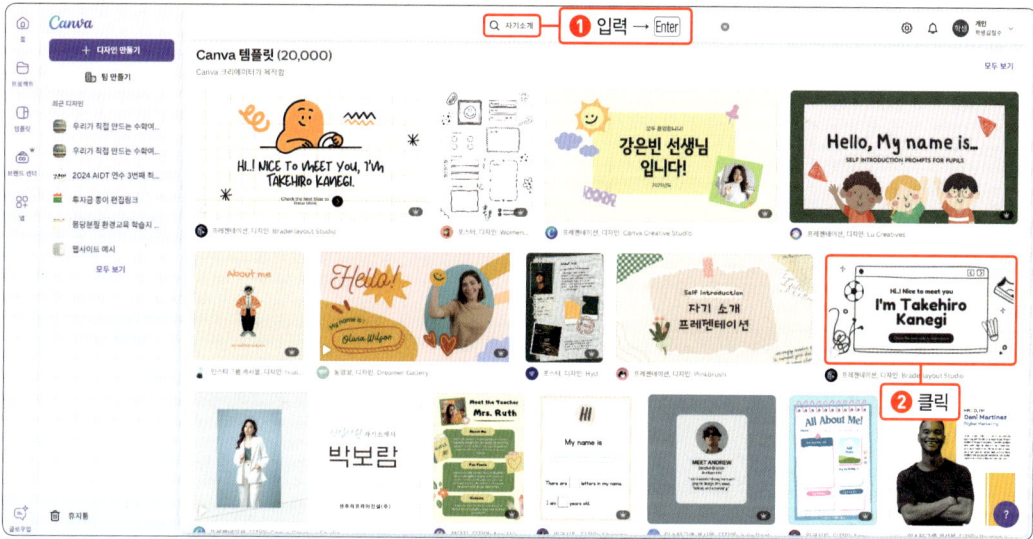

02 [이 템플릿 맞춤 편집하기] 버튼을 클릭해서 편집을 시작하세요.

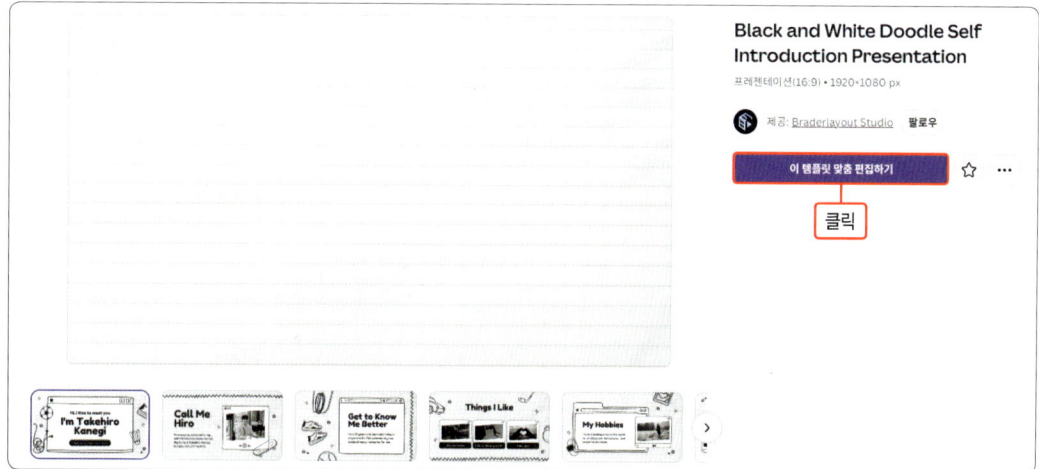

〉일관성 있게 디자인하세요 〈

페이지마다 느낌이 다른 템플릿을 활용한다면 화려할 것 같지만 실제로는 그렇지 않아요. 일관되지 않은 색상과 템플릿을 사용한다면 프레젠테이션의 분위기가 어수선해질 수 있어요. 따라서 하나의 템플릿을 정하여 통일성이 있는 프레젠테이션을 만드는 것을 추천해요.

〉적절한 애니메이션을 넣으세요 〈

애니메이션을 너무 많이 사용하면 듣는 사람이 오히려 불편할 수 있고 심하면 정신이 어지러워져서 집중을 방해하게 돼요. 따라서 필요하거나 강조할 곳에만 애니메이션을 적절하게 사용하여 청중이 프레젠테이션에 더욱 집중하도록 도와주는 역할을 하는 게 핵심이에요.

〉듣는 사람과 소통하세요 〈

일방적인 내용 전달은 기억에 오래 남지 않아요. 그러므로 청중에게 질문을 하거나 듣는 사람의 참여를 유도하는 퀴즈나 설문을 만들어 보세요. 듣는 사람과 상호 작용하면서 프레젠테이션을 발표한다면 오랫동안 기억에 남는 발표가 될 수 있어요.

〉충분히 연습하세요 〈

캔바로 디자인이 멋진 프레젠테이션을 만들었어도 발표를 모두 성공할 수는 없어요. 왜냐하면 디자인 콘텐츠는 발표를 보조하는 '자료'에 불과하니까요. 내 앞에 듣는 사람이 있다고 상상하면서 자신감을 가지고 발표해 보세요. 특히 발표하는 환경과 비슷한 곳에서 연습할수록 실전에서 덜 긴장하고 실수를 줄일 수 있어요.

잘 만든 프레젠테이션이란?

자기 소개 프레젠테이션을 만들기 전에 알아 두면 좋은 여덟 가지 팁을 알려 줄게요. 아래 내용을 참고하여 프레젠테이션을 어떻게 구성할 것인지 자유롭게 정리해 보세요.

〉 주제를 명확하게 표현하세요 〈

내가 발표하려는 발표의 주제가 무엇인지 확인하고 그 주제와 관련된 내용으로 페이지의 내용을 일관성 있게 유지하세요. 친구와 대화하다가 갑자기 다른 주제로 바꾸면 안 되는 것처럼, 공식적인 자리에서 청중에게 발표할 때 발표 주제를 명확하게 표현하는 것은 기본이에요.

〉 한 페이지에 너무 많은 글을 담지 마세요 〈

화면에 글자가 너무 많으면 프레젠테이션을 보는 사람의 시선이 분산되어 핵심 내용을 파악하기가 어려워요. 너무 많은 글을 한 페이지에 담는 것보다 글로 간단히 풀어 내면서 사진이나 그림, 동영상 자료를 추가해 보세요. 그러면 내용을 간결하게 유지하면서 핵심을 명확하게 전달할 수 있어요.

〉 알맞은 곳에 시각적 요소를 사용하세요 〈

이미지, 그래프, 아이콘을 요소에서 검색하거나 앱을 활용하여 만들어 보세요. 프레젠테이션에서는 글이나 표 대신 이런 시각적 요소로 표현해야 더욱 뚜렷하게 보여서 발표를 듣는 사람이 호기심을 가지고 오랫동안 집중할 수 있어요.

〉 보기 좋은 글꼴을 사용하세요 〈

보기 좋은 글꼴을 사용하면 가독성을 높일 수 있어요. 가독성이란 글자나 그림이 얼마나 쉽게 읽히는지를 의미해요. 글꼴, 글자 크기, 줄 간격, 색상 등 여러 가지 요소가 가독성에 영향을 미치니 보기 좋은 글꼴을 사용해서 텍스트를 편집하세요.

프레젠테이션 화면에 비율이 있나요?

학교에서 프레젠테이션을 발표하는데 화면에 검은색 빈 공간이 생기고 내가 만든 것보다 작게 보여 곤란했던 경험이 있나요? 내 컴퓨터에서는 프레젠테이션 화면이 전체 화면으로 꽉 차게 만들었는데 말이에요.

프레젠테이션은 모든 화면 표시 장치에 꽉 차게 '전체 화면' 형태로 나오지는 않아요. 왜냐하면 **모니터나 TV처럼 화면을 표시하는 장치의 화면 비율에 따라 프레젠테이션의 크기가 결정되기 때문이에요.** 예를 들어, 4:3 비율로 만든 프레젠테이션을 16:9 비율의 화면에서 보여 주면 양쪽에 검은색 빈 공간이 생겨요. 비율이 맞지 않는 액자에 내가 만든 화면을 모두 보여 주기 위해서 축소해 버렸기 때문이에요.

▲ 4:3 비율의 프레젠테이션 화면

▲ 16:9 비율의 프레젠테이션 화면

따라서 **프레젠테이션을 보여 줄 장치의 화면 비율에 맞춰서 프레젠테이션 디자인을 선택하는 것이 매우 중요해요.** 4:3 비율은 인쇄용 프레젠테이션에 좋은데요, 비교적 옛날에 만들어진 TV 화면이 4:3 비율에 속해요. 하지만 현대의 TV 화면은 대체로 16:9 비율의 와이드스크린 형식이므로 대부분의 장치와 호환되는 16:9 비율의 온스크린 프레젠테이션이 표준 형식이 되었어요.

만약 내가 만든 16:9 프레젠테이션 화면을 급하게 4:3 비율로 바꾸어야 한다면 어떻게 해야 할까요? 현재 캔바 프로(Canva Pro) 구독자라면 'Resize & Magic Switch' 기능을 사용해서 프레젠테이션의 화면 비율을 쉽게 변경할 수 있어요. 하지만 일부 디자인의 경우 요소의 크기나 위치를 다시 지정해야 하기 때문에 번거로울 수 있어요. 따라서 발표할 화면의 비율을 미리 확인하고 처음 프레젠테이션을 디자인할 때부터 적절한 페이지 비율을 잘 선택하는 것이 좋아요.

WEEK 17 자기 소개 프레젠테이션을 만들어요

새 학기가 되면 친구들 앞에서 매번 하는 것이 있지요? 바로 '자기 소개'! 그러면 왜 자기 소개를 할까요? 새로운 친구들에게 나를 소개하면서 내가 어떤 아이인지 알려 주기 위해서예요. 또한 친구들의 소개를 들으면서 친구들에 대해서도 알게 되지요. 1년 동안 같은 반에서 친구들과 잘 지내려면 자기 소개가 무척 중요해요.

그렇다면 친구들이 나를 잘 알 수 있게 하려면 어떻게 소개하는 것이 좋을까요? 나에 대한 이야기를 말로 길게 설명하는 것도 좋지만, ==시각 자료를 활용하여 적절하게 나를 강조하면서 소개한다면 친구들이 더욱 오랫동안 나를 기억할 수 있을 거예요.==

캔바에서 미리 디자인해 제공하는 템플릿을 활용하면 손쉽게 자기 소개 프레젠테이션을 만들 수도 있고, 내가 원하는 분위기나 색감의 템플릿을 한눈에 볼 수도 있어요. 자, 그러면 캔바로 자기 소개 프레젠테이션을 만들어서 성공적인 새 학기를 시작해 볼까요?

\학생/
저는 학기 초에 하는 자기 소개가 무척 부담스러워요. 그래서 매번 똑같은 말을 반복해서 하고 있는데요, 어떻게 하면 친구들에게 나를 잘 소개해서 1년 동안 친하게 지낼 수 있을까요?

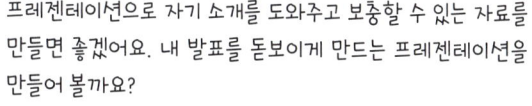

\선생님/
프레젠테이션으로 자기 소개를 도와주고 보충할 수 있는 자료를 만들면 좋겠어요. 내 발표를 돋보이게 만드는 프레젠테이션을 만들어 볼까요?

학습 목표
- 자기 소개 프레젠테이션을 만드는 과정을 이해할 수 있어요.
- 프레젠테이션을 만드는 과정에 따라 나만의 자기 소개 자료를 만들 수 있어요.
- 완성한 프레젠테이션 파일을 파워포인트에서 확인할 수 있어요.

뉴스와 카드뉴스는 무엇이 다른가요?

〉공통점 〈

뉴스와 카드뉴스의 공통점은 무엇이 있을까요?

① 사람들에게 정보를 전달해요.
② 적은 수가 아닌 많은 사람에게 정보를 제공해요.
③ 이미지나 그래프와 같은 시각적인 요소를 활용하여 정보를 제공해요.
④ 사회, 경제, 스포츠, 문화 등의 다양한 주제에 대한 정보를 제공해요.
⑤ 소설과 같은 상상이 아니라 사실을 바탕으로 한 내용을 담고 있어요.

〉차이점 〈

뉴스와 카드뉴스의 차이점은 무엇이 있을까요?

	뉴스	카드뉴스
목적	깊이 있는 정보 제공 및 분석	빠르고 간결한 정보 전달 및 주목 끌기
형식	텍스트 중심, 신문, 방송, 인터넷 기사 형식	이미지와 짧은 텍스트가 결합한 카드 형식
전달 방식	텍스트, 영상, 음성 등 다양한 매체로 전달	주로 이미지와 텍스트가 결합한 카드 형태로 SNS 등에서 전달
제작 시간	취재, 작성, 편집 등 상대적으로 긴 제작 시간 필요	비교적 짧은 시간에 제작 가능
길이	긴 문장이나 기사로 작성하고 깊이 있는 설명 가능	짧은 문장과 간결한 설명을 중심으로 핵심만 전달
독자의 몰입도	깊이 있는 정보를 제공하므로 독자가 시간을 들여서 읽어야 함	짧고 간결해서 빠르게 소비됨

03 나만의 카드뉴스를 완성했어요.

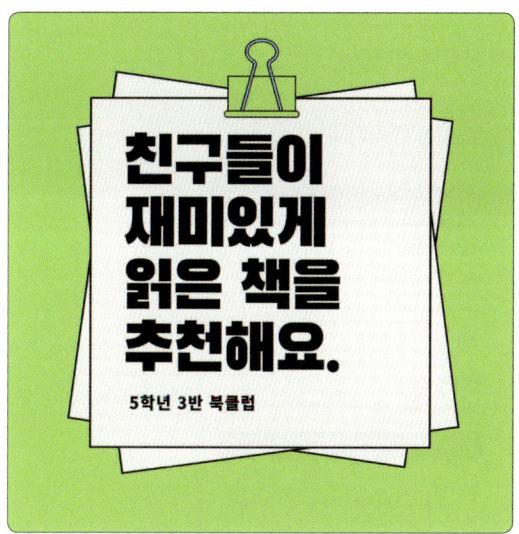

▲ 1페이지

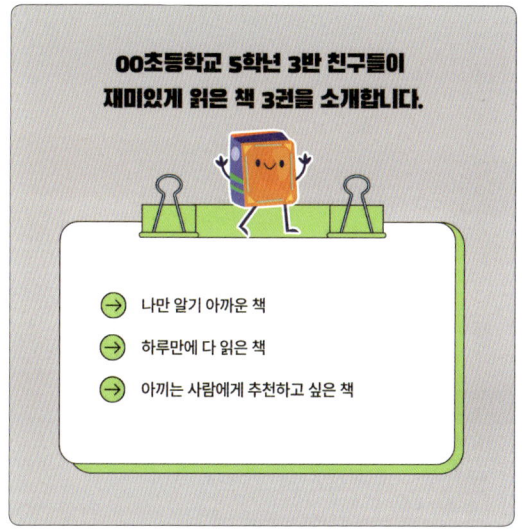

▲ 2페이지

▲ 3페이지

STEP 03   내가 만든 카드뉴스를 이미지 파일로 공유하기

완성한 카드뉴스를 이미지 파일로 저장하여 다른 사람들에게 공유해 볼게요.

01   화면의 오른쪽 위에 있는 [공유] 버튼을 클릭하고 [다운로드]를 클릭하세요.

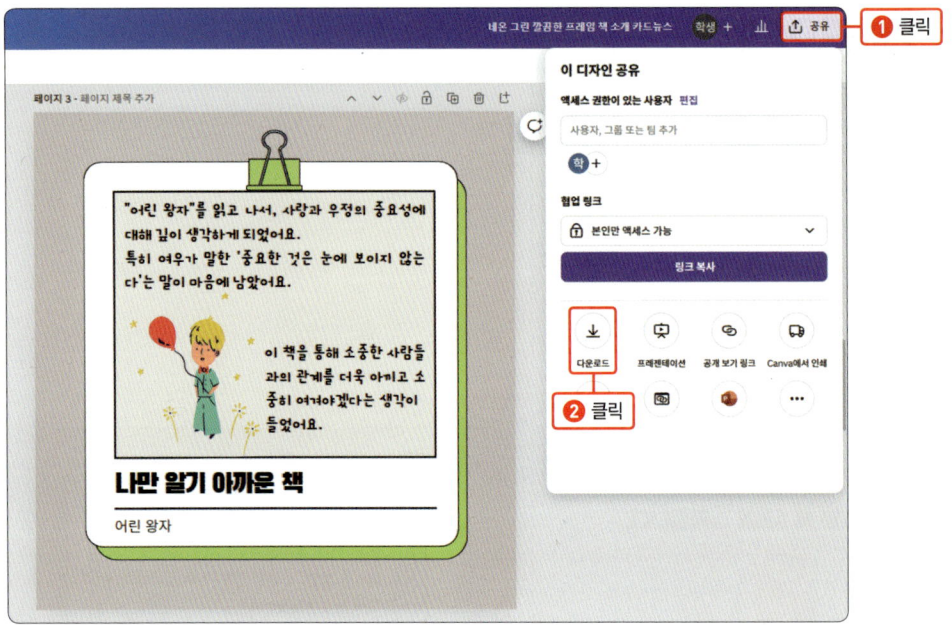

02   파일 형식을 지정하고 [다운로드] 버튼을 클릭해서 이미지 파일로 저장하세요. 여기에서는 PNG 파일 형식으로 저장했어요. 다운로드한 파일은 내 컴퓨터의 '다운로드' 폴더에서 확인할 수 있어요.

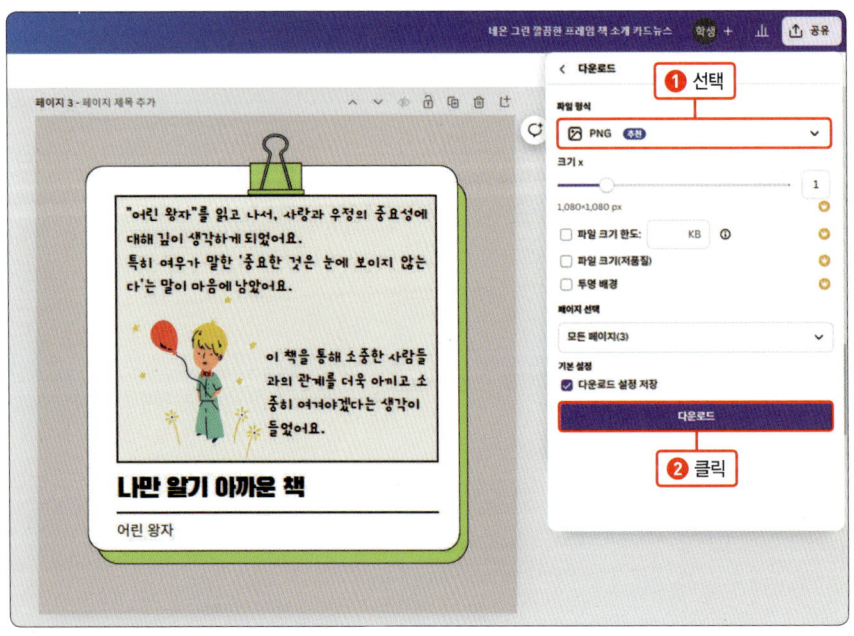

06 이와 같은 방법으로 다음 페이지도 수정하세요. 여기에서는 '어린왕자'를 검색했어요.

07 그림이나 글자의 크기를 키우고 색깔이나 글꼴을 바꿔 눈에 잘 띄게 만드세요.

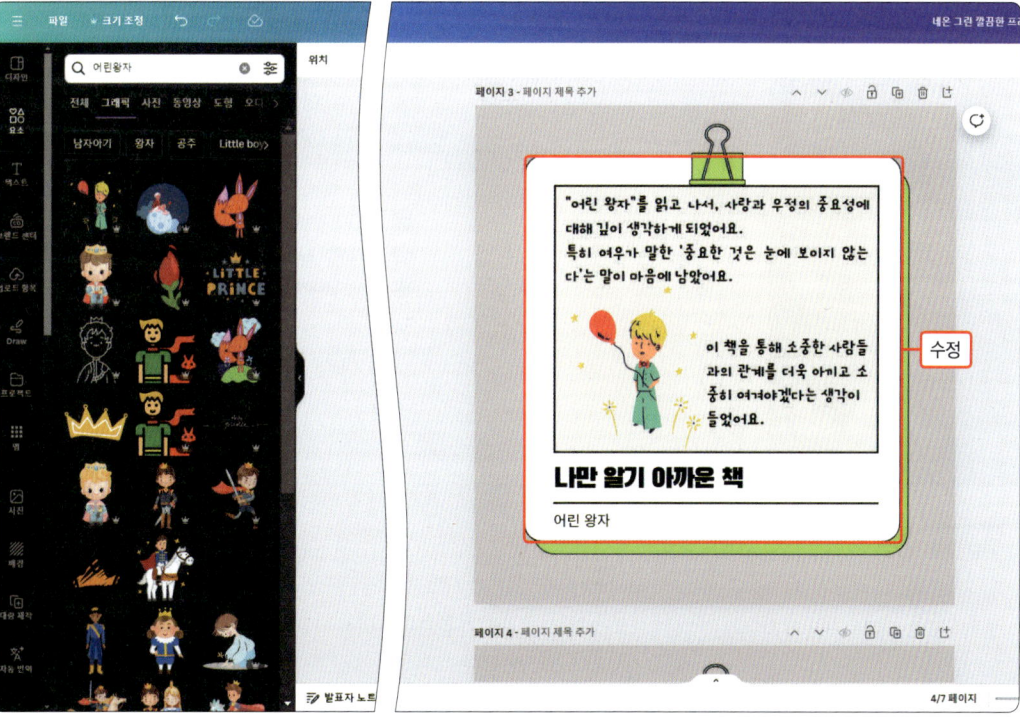

04 책 이미지가 검색되면 마음에 드는 이미지를 클릭하여 페이지에 삽입하세요.

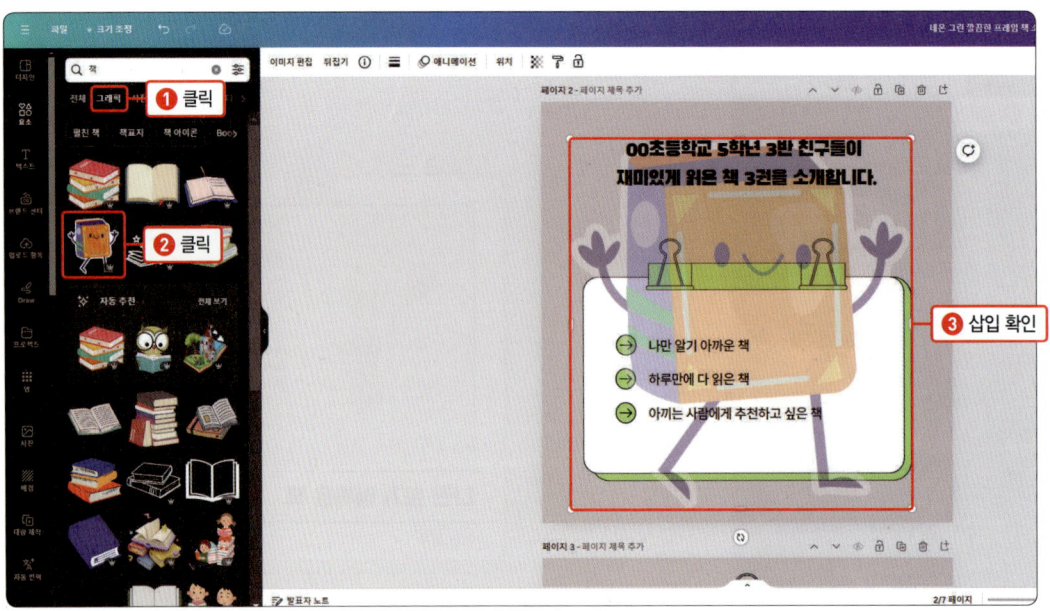

05 책 이미지의 크기를 조절하고 원하는 위치로 이동하세요.

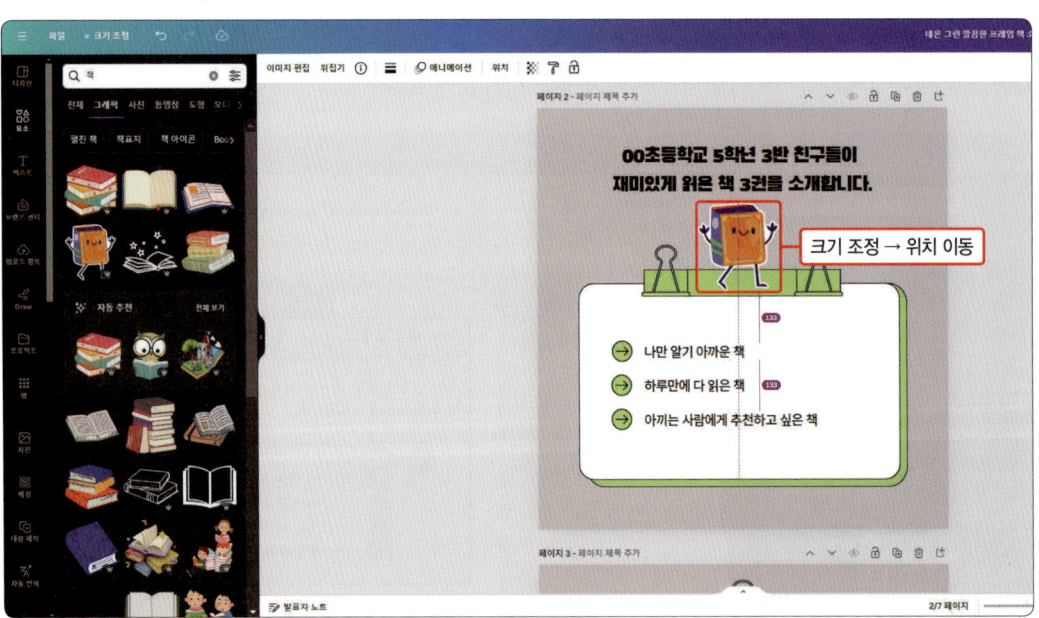

> **TipTalk** 페이지에 이미지를 추가할 때 정확히 가운데에 배치하고 싶으면 이미지를 오른쪽과 왼쪽으로 움직이면서 점선으로 된 정렬 안내선을 찾아보세요. 정렬 안내선이 나오는 그곳이 바로 페이지의 가운데 부분이에요. 이때 점선과 함께 나오는 숫자는 이미지 사이의 간격을 나타내는데요, 이 숫자가 같으면 이미지 사이의 간격이 같다는 뜻이에요.

02 이와 같은 방법으로 카드뉴스의 내용 페이지도 수정하세요.

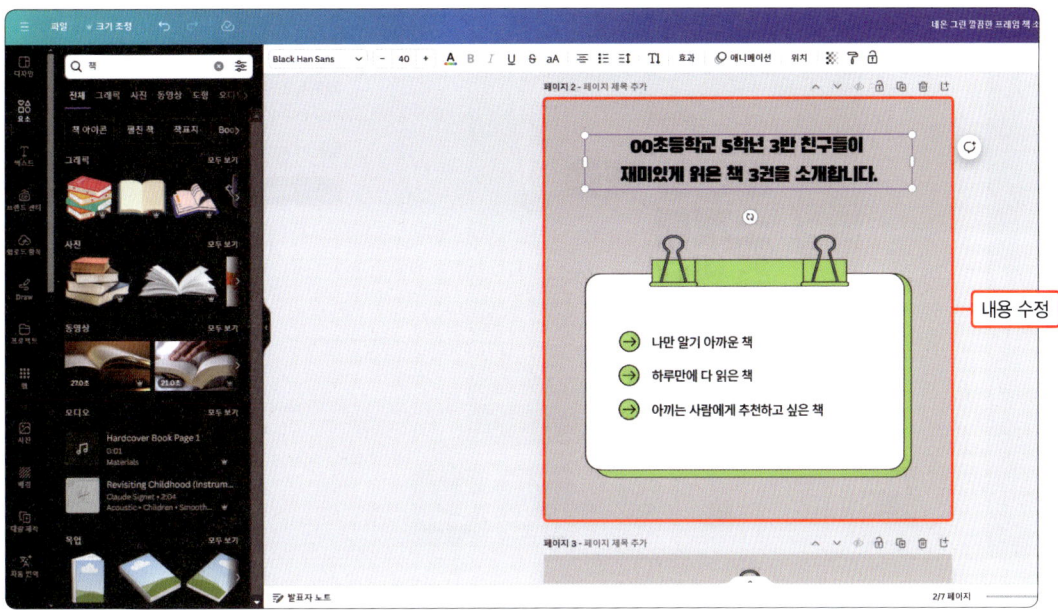

03 이미지를 더 추가하고 싶으면 [요소] 탭을 클릭하고 원하는 키워드를 검색하세요. 여기에서는 '책'을 검색했어요.

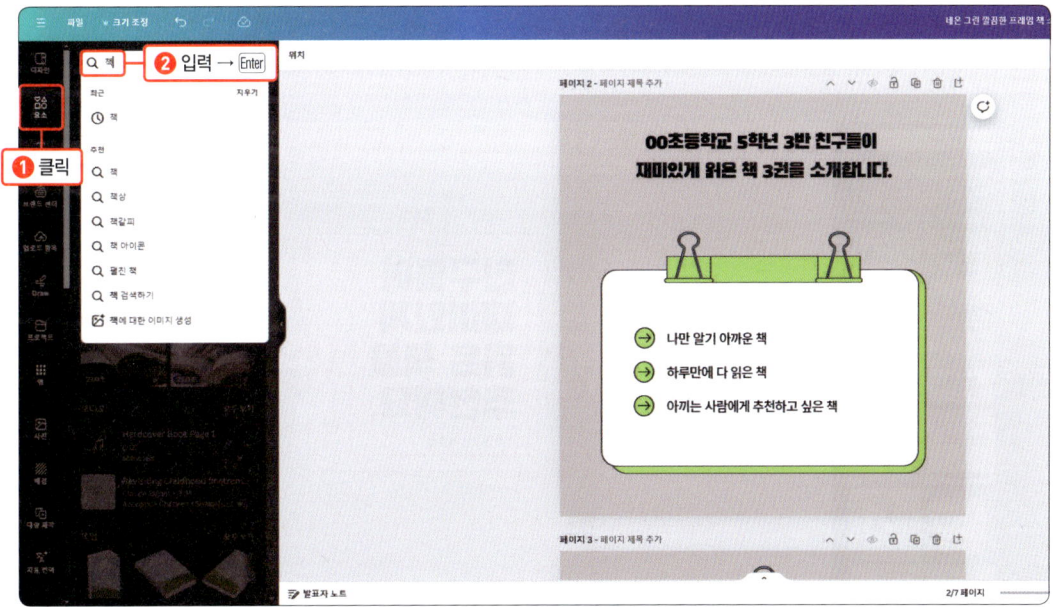

03 [이 템플릿 맞춤 편집하기] 버튼을 클릭하여 편집을 시작하세요.

STEP 02 템플릿 수정하기

01 카드뉴스 템플릿의 첫 페이지에는 제목이 적혀 있는데요, 글자 크기와 색깔, 배치, 글꼴 등을 원하는 대로 수정하세요.

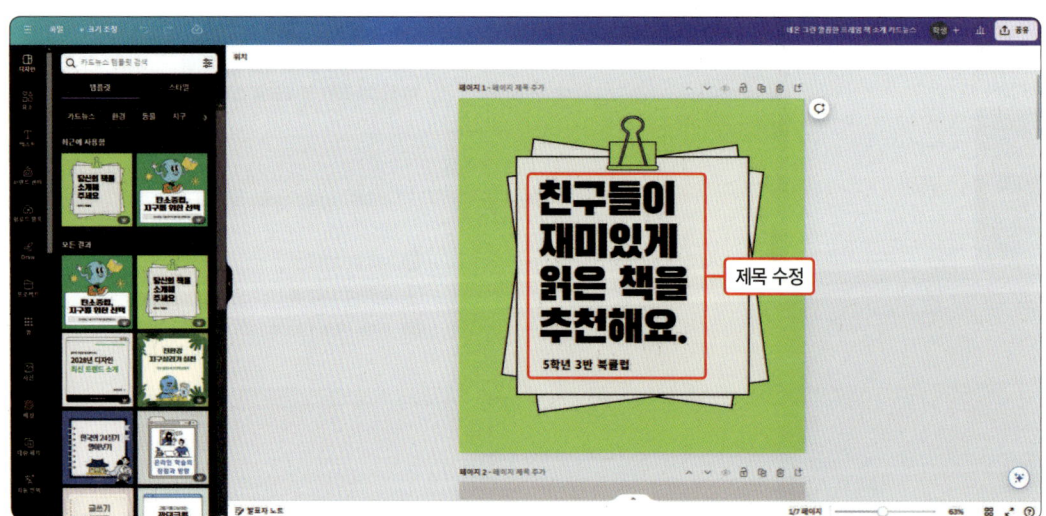

TipTalk 카드뉴스를 만들 때 내가 전달하려는 내용을 간단하고 읽기 쉽게 담아야 한다는 것을 꼭 기억하세요.

 카드뉴스 만들기

STEP 01 기본 템플릿 고르기

본격적으로 카드뉴스를 만들어 볼게요. 좋은 아이디어가 있다면 백지에서부터 새롭게 카드뉴스를 만들어도 좋아요. 하지만 혼자서 처음부터 만드는 게 너무 어렵다면 템플릿을 활용해서 카드뉴스를 만들어 보세요.

01 홈 화면에서 콘텐츠 검색 창에 '카드뉴스'를 입력하여 검색하세요.

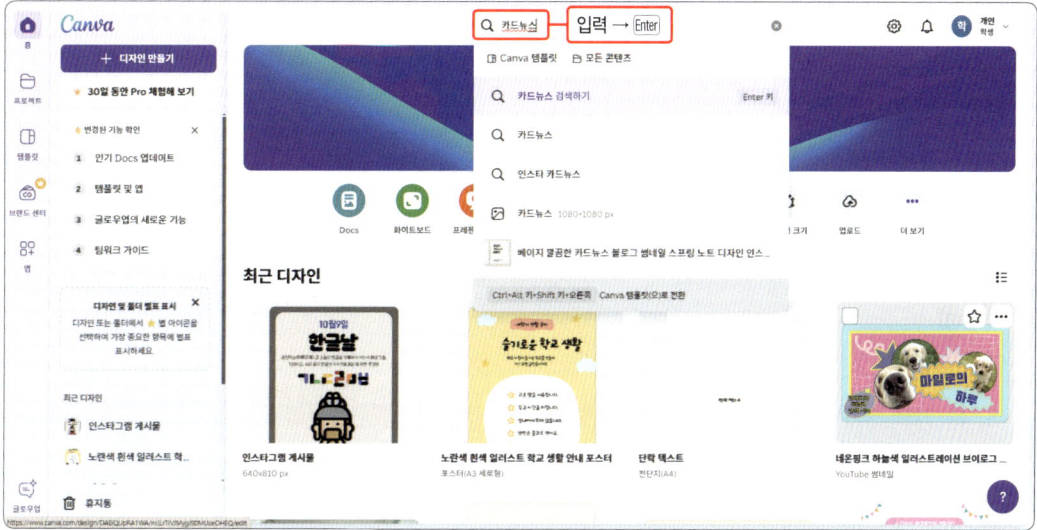

02 다양한 종류와 주제로 만들어진 카드뉴스 템플릿이 검색되면 마음에 드는 템플릿을 클릭하세요.

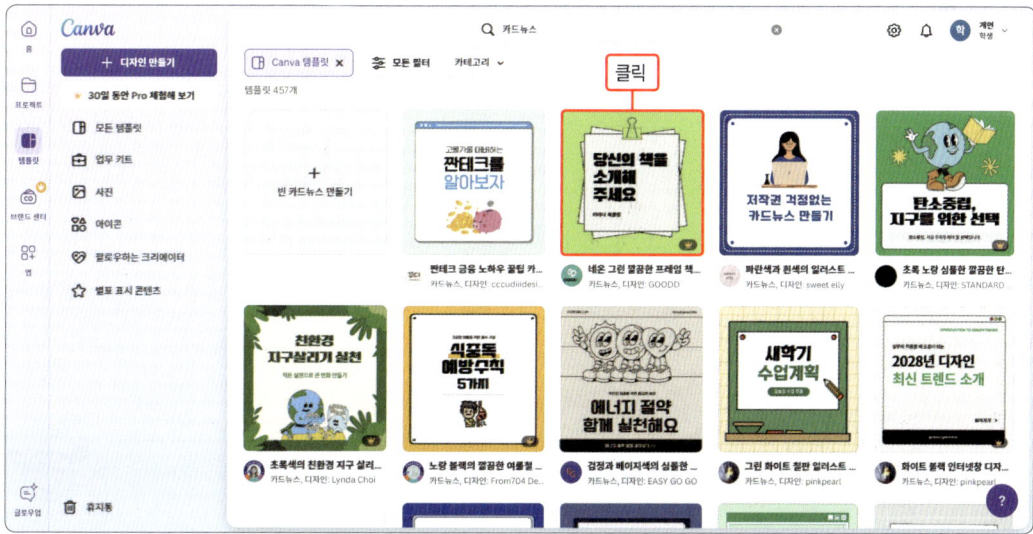

보기 좋은 카드뉴스의 세 가지 포인트

누구나 쉽게 이해할 수 있는 카드뉴스를 만들려면 다음 세 가지 중요한 점을 기억해야 해요.

〉 글자와 그림의 균형을 잘 맞춰야 해요 〈

카드뉴스를 만들 때 글자나 그림만 많이 들어가면 보기가 불편하므로 글자와 그림이 잘 어울리도록 배치해야 해요. 예를 들어, 큰 제목 아래에는 관련된 그림을 넣고 설명은 그림 옆에 작게 쓰는 것이지요. 이렇게 글자와 그림의 균형을 맞춰서 카드뉴스를 만들면 보는 사람이 내용을 쉽게 이해할 수 있어요.

〉 깔끔하게 디자인해야 해요 〈

카드뉴스를 만들 때는 너무 복잡하지 않으면서 깔끔하게 만드는 것이 무척 중요해요. 예를 들어, 한 장의 카드에 너무 많은 내용을 넣거나 너무 여러 가지 색깔을 사용하면 어지러운 느낌이 들어요. 눈에 잘 띄는 색을 이용하여 중요한 내용만 간단하게 적어야 깔끔한 느낌이 들고 내용을 명확하게 전달할 수 있어요. 한 가지 더! 여백(빈 곳)을 적절히 두는 것도 깔끔한 디자인을 만드는 데 큰 도움이 돼요.

〉 쉽게 읽을 수 있는 글꼴을 사용해야 해요 〈

카드뉴스를 만들 때 글꼴은 매우 중요해요. 물론 예쁜 글꼴도 좋지만, 읽기 어려우면 내용을 제대로 전달할 수 없어요. 예를 들어, 제목을 쓸 때는 굵고 큰 글꼴을 사용하고, 본문에는 깔끔하고 읽기 쉬운 글꼴을 사용하는 게 좋아요. 그리고 글씨 색깔과 배경 색깔이 잘 어울려야 글씨가 더 잘 보여요. 예를 들어, 검은색 글씨에 노란색 배경을 사용하거나 노란색 글씨에 파란색 배경 등을 사용하면 훨씬 보기 좋답니다.

카드뉴스를 만들 때 글자와 그림의 균형을 잘 맞추고, 디자인을 깔끔하게 만들면서 읽기 쉬운 글꼴을 사용해야지!

WEEK 16 카드뉴스를 만들어요

==카드뉴스는 여러 장의 카드처럼 생긴 이미지에 글과 그림을 넣어 정보를 효과적으로 전달하는 방법이에요.== 그림책처럼 한 장씩 넘기면서 쉽고 빠르게 내용을 볼 수 있다는 것이 장점이에요. 카드뉴스를 이용하면 복잡한 내용을 간단하고 재미있게 전달할 수 있어요. 그래서 카드뉴스는 친구들이나 가족에게 어떤 내용을 쉽게 설명할 때 무척 도움이 돼요.

그렇다면 카드뉴스는 왜 필요할까요? 카드뉴스는 사람들이 짧은 시간 안에 중요한 정보를 이해할 수 있도록 도와주어야 할 때 필요해요. 예를 들어, 학교에서 배운 내용을 정리하거나, 친구들에게 특별한 소식을 전하고 싶을 때 카드뉴스를 이용하면 글을 길게 쓰지 않아도 되고, 그림이나 사진을 넣어서 더 재미있게 표현할 수도 있어요.

캔바를 사용하면 쉽고 빠르게 카드뉴스를 만들 수 있어요. 캔바가 제공하는 다양한 템플릿 중에서 원하는 스타일을 골라 뚝딱 카드뉴스를 만들 수 있으니까요. 자, 그러면 캔바를 이용하여 나만의 카드뉴스를 만들어 볼까요?

캔바로 카드뉴스를 만들면 어떤 점이 좋아요?

캔바로 카드뉴스를 만들면 두 가지 장점이 있어요.
첫째, 쉽고 빠르게 만들 수 있어요. 캔바에서 원하는 스타일을 골라 텍스트를 입력하고 이미지를 추가하면 끝!
둘째, 학습에 도움이 돼요. 예를 들어, 학교에서 배운 내용을 카드뉴스로 만들면 복습도 되고 다른 친구들에게 내용을 쉽게 설명할 수 있어요.

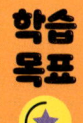
학습목표
- 카드뉴스를 만드는 과정을 이해할 수 있어요.
- 나만의 카드뉴스 작품을 만들 수 있어요.
- 뉴스와 카드뉴스의 차이점을 이해할 수 있어요.

05 이번에는 텍스트 뒤쪽에 배경을 추가해 볼게요. 글자 색을 흰색으로 바꾸고 도구 모음에서 [효과]를 클릭해요. 화면의 왼쪽에 [효과] 패널이 열리면 [배경] 효과를 선택하고 '둥근 정도'와 '투명도'를 조정하세요.

06 글자에 포인트를 넣어 강조해 볼까요? 포인트를 줄 부분을 드래그하여 선택하고 글자 색을 바꿔 주세요. 여러 색을 적용하면서 가장 어울리는 색을 찾으면 돼요.

07 섬네일을 완성했어요.

03 편집 화면을 꽉 채우도록 테두리의 크기를 조정하세요. 그러데이션 테두리를 이용해서 사진의 양옆에 그러데이션 효과를 적용했어요.

04 이제 영상 제목을 적어 볼게요. 사이드 패널의 [텍스트] 탭에서 [텍스트 상자 추가] 버튼을 클릭하고 제목을 입력하세요. 그런 다음 가독성을 높이기 위해 [210 네버랜드] 글꼴을 선택하세요.

STEP 03 영상의 한 장면을 이용해 섬네일 만들기

사진 한 장으로도 눈길을 끄는 섬네일을 만들 수 있어요. 섬네일은 영상 내용을 미리 보여 주는 역할을 하므로 영상의 한 장면을 캡처하여 섬네일을 만들어도 좋아요.

01 영상의 한 장면을 캡처하여 사진으로 삽입하거나 사이드 패널의 [요소] 탭에서 관련 사진을 찾아 삽입하세요. 그런 다음 사진이 편집 화면을 꽉 채우도록 크기를 조정해요.

02 좀 더 이목을 집중시키기 위해 사진에 테두리를 추가해 볼게요. 사이드 패널의 [요소] 탭에서 '그러데이션 테두리'를 검색하고 알맞은 테두리를 선택하여 추가하세요.

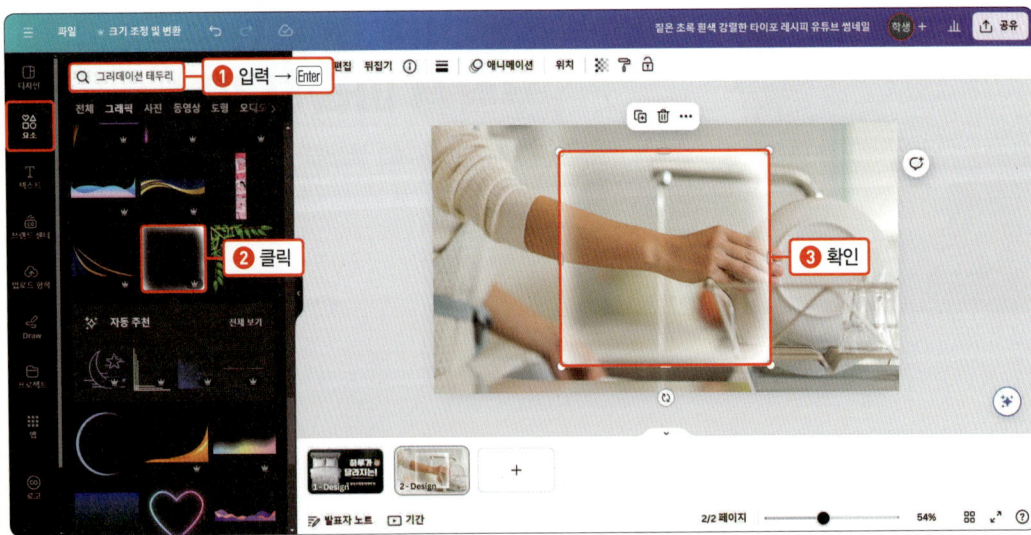

07 포인트를 주기 위해 사이드 패널에서 '시계'를 검색하여 추가하고 빈 공간에 적절하게 배치하세요.

TipTalk 한 페이지에 너무 많은 색을 사용하면 보는 사람의 시선이 분산될 수 있어요. 그러므로 요소를 고를 때는 기존의 디자인과 어울리는 색인지 한 번 더 고민하는 게 좋아요.

08 멋진 섬네일을 완성했어요.

05 깔끔하게 제거되지 않은 부분이 있으면 다시 한번 더 지울 영역을 클릭하여 선택하고 [지우기] 버튼을 클릭하세요. 사진에 따라 이렇게 여러 번 지워야 할 수도 있어요.

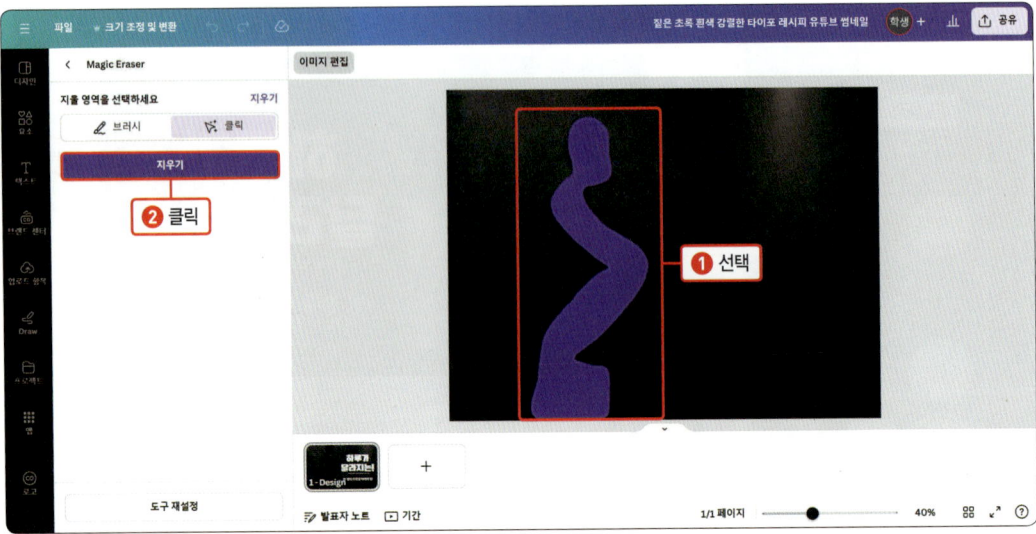

06 지운 부분에 추가할 이미지를 선택하세요. 방 정리 영상이므로 깔끔한 침대 사진이 좋겠네요. 사이드 패널의 [요소] 탭에서 '침대'를 검색하여 침대 사진을 추가하고 적절하게 배치한 후 텍스트도 알맞게 입력하세요.

03 이번에는 이미지 요소를 수정해 볼게요. 이 템플릿은 배경 전체가 하나의 이미지로 처리되어 있어서 음식 사진만 따로 지울 수 없는데요, 이럴 때는 AI 편집 기능을 활용하면 돼요. 배경 사진을 선택하고 도구 모음에서 [편집]을 클릭한 후 'Magic Studio' 항목의 [Magic Eraser]를 클릭하세요.

TipTalk [Magic Eraser] 아래쪽에 왕관 아이콘(👑)이 표시되어 있지요? 이것은 캔바 유료 버전에서만 사용할 수 있는 기능이라는 뜻이에요. 만약 캔바 무료 버전을 사용한다면 다른 배경 화면 이미지를 찾아서 활용하세요.

04 화면의 왼쪽에 [Magic Eraser] 패널이 열리면 [클릭]을 선택하고 지울 영역을 클릭하여 선택한 후 [지우기] 버튼을 클릭하세요.

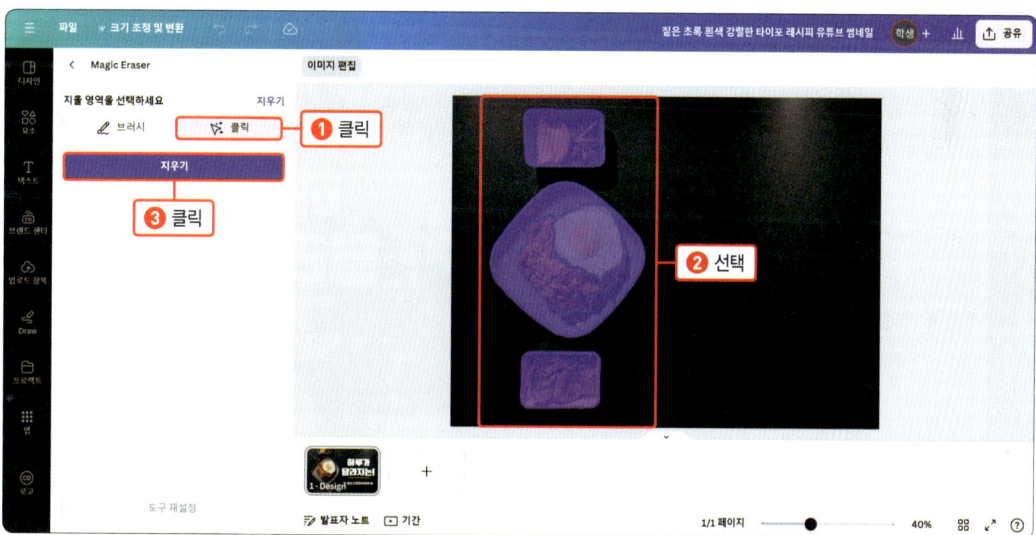

STEP 02 ▶ 템플릿 수정하기

이제 본격적으로 템플릿을 수정하면서 유튜브 썸네일을 만들어 볼까요?

01 도구 모음에서 [위치]-[레이어]를 클릭하여 템플릿에 어떤 요소가 있는지 살펴보아요. 제목과 사진을 어떻게 배치할지 생각하고 작업을 시작하세요.

02 먼저 텍스트를 수정하세요. 이때 제목은 영상과 관련되면서 관심을 끌 수 있게 정하면 좋아요. 썸네일에는 너무 많은 정보를 담는 것보다 강조하고 싶은 포인트만 잘 보이게 배치하는 것이 중요해요.

> **TipTalk** 영상에 따라 텍스트가 들어가지 않은 썸네일이 더 효과적일 수도 있어요. 정답은 없으니까 다양하게 썸네일을 만들어 보면서 차이점을 직접 느껴 보세요.

 **섬네일 만들기**

STEP 01 기본 템플릿 선택하기

내 영상 스타일에 어울리는 템플릿을 골라 섬네일을 만들어 볼까요?

01 홈 화면에서 콘텐츠 검색 창에 '유튜브섬네일'을 입력하여 검색하세요.

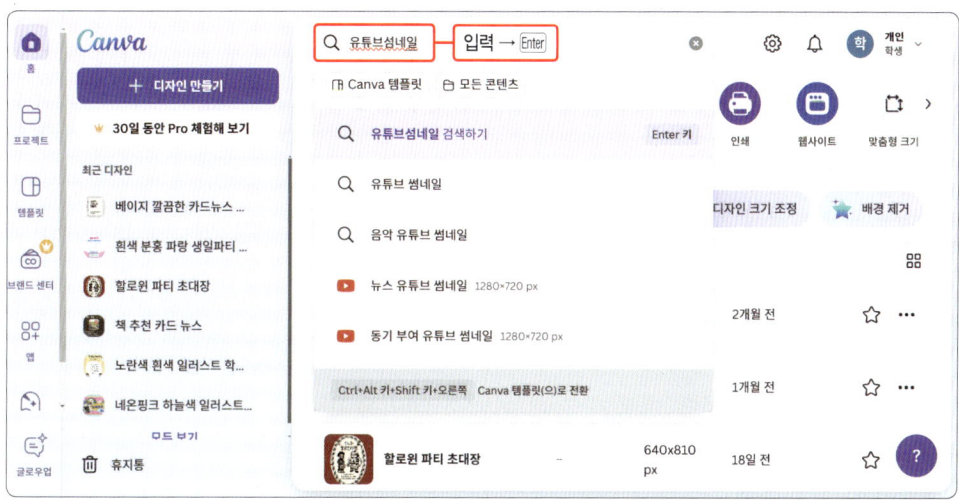

TipTalk 유튜브 플랫폼에서 권장하는 크기의 섬네일들을 자동으로 검색할 수 있어요.

02 다양한 섬네일 템플릿 중에서 마음에 드는 템플릿을 선택하고 [이 템플릿 맞춤 편집하기] 버튼을 클릭하여 편집을 시작하세요.

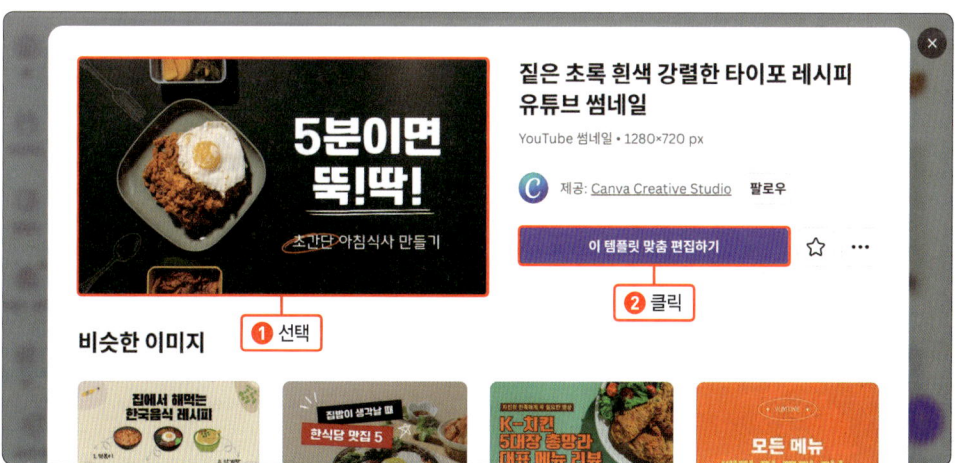

▲ 플레이리스트 썸네일 템플릿

또한 어떤 썸네일은 텍스트의 비중을 많이 줄이고 이미지만 강조하기도 해요. 앞의 예시를 살펴볼까요? 이 썸네일의 경우 텍스트는 인식하기 어렵지만, 시원하고 청량한 느낌을 곧바로 전달할 수 있어요.

디자인을 만들 때는 내가 강조하고 싶은 부분을 정확하게 표현하는 목적 의식을 갖는 게 좋아요. 이미지를 먼저 강조할지, 텍스트를 먼저 강조할지를 먼저 고민해 본 후에 디자인을 만든다면 좀 더 설득력 있는 썸네일을 만들 수 있어요.

자, 그러면 본격적으로 썸네일을 만들기 전에 어떤 썸네일을 만들고 싶은지, 무엇을 강조할지 차근차근 정리해 볼까요?

> 물론 내가 만든 영상과 썸네일이 어느 정도 일치하는 것이 가장 중요해. 썸네일과 영상이 완전히 다르다면 썸네일을 보고 영상을 선택한 사용자들이 많이 실망할 테니까!

섬네일에서 무엇을 강조해야 할까요?

캔바에서 '섬네일'을 검색하여 여러 섬네일 템플릿을 살펴보면 템플릿마다 강조하는 포인트가 다르다는 사실을 알 수 있어요. 다음 예시를 함께 살펴볼까요?

▲ 영화 리뷰 섬네일 템플릿

▲ 정보 전달용 섬네일 템플릿

첫 번째는 영화 리뷰 영상의 섬네일이고, 두 번째는 도파민에 대한 정보를 전달하는 영상의 섬네일이에요. 이들 섬네일 모두 이미지와 텍스트는 비슷하게 배치되어 있지만, 보는 사람에게 주는 느낌은 많이 다르지요?

첫 번째 섬네일은 이미지에 먼저 눈이 가고 그다음에 텍스트를 살펴보게 되지만, 두 번째 섬네일은 텍스트를 먼저 본 후에 이미지를 살펴보게 됩니다. 따라서 첫 번째 섬네일은 강렬한 느낌을 전달하는 데 적합하고, 두 번째는 영상을 통해 알게 되는 정보를 전달하는 데 좋아요.

 ## 섬네일 크기는 어떻게 설정해야 할까요?

섬네일(thumbnail)은 원래 '엄지손톱'이라는 뜻의 영어 단어예요. **사진 원본이나 영상을 시청하기 전에 '빠르게 내용을 파악할 수 있는 작은 파일'**이라는 뜻에서 '섬네일'이라는 이름을 붙이게 되었어요.

▲ 캔바에서 제공하는 다양한 유튜브 섬네일

섬네일은 어떤 플랫폼을 사용하느냐에 따라 권장 크기가 정해져 있습니다. 그래서 섬네일 크기를 지켜서 만들지 않으면 빈 공간이 생기거나 섬네일 이미지가 잘릴 수 있어요. 캔바에서도 플랫폼에 따라 크기가 다른 섬네일 템플릿을 제공합니다. 따라서 영상을 촬영할 때도 이 크기에 맞추어 촬영하면 좋겠지요?

다음은 각 플랫폼에서 권장하는 섬네일 크기 비율이므로 잘 참고해서 작업해 보세요.

플랫폼		가로:세로 비율	참고
유튜브		16:9	파일 크기 2MB 제한
네이버 블로그		16:9	모바일은 1:1 비율
틱톡 영상		9:16	
인스타그램	릴스	9:16	
	게시물	4:5 또는 1:1	
페이스북(게시물)		4:5	

내가 만든 영상을 유튜브에 올리니 화면이 작게 나왔는데, 이런 이유 때문이었구나!

WEEK 15 나만의 영상 섬네일을 만들어요

여러분은 유튜브에서 보고 싶은 영상을 어떤 기준으로 고르나요? 우리가 도서관에서 책을 고를 때 책 표지를 먼저 보는 것처럼 영상의 표지인 섬네일을 먼저 볼 거예요.

글로벌 시장 분석 기업 스태티스타(Statista)의 조사 결과에 따르면 유튜브에는 1분마다 500시간 이상의 비디오가 새롭게 올라오고 있다고 해요. 최근에는 AI 기능이 발전하면서 훨씬 더 빠르게 영상을 제작할 수 있게 되어 유튜브에 더 많은 비디오가 올라오고 있어요.

유튜브에 수많은 영상이 올라오는 만큼 영상의 표지인 섬네일은 점점 더 중요해지고 있어요. **섬네일을 통해 영상 내용을 요약해서 전달할 수도 있고, 다른 사람들이 내 영상을 보도록 유도할 수도 있거든요.** 이번에는 영상을 올릴 때 유용하게 쓸 수 있는 섬네일을 함께 만들어 볼게요.

\학생/ 학교에서 가사일을 하는 방법을 배웠어요. 아침에 일어났을 때 방 정리하는 방법을 영상으로 만들었는데요, 섬네일을 꼭 만들어야 하나요?

\선생님/ 아주 멋진 영상일 것 같은데요? 내 영상이 어떤 영상인지 소개하는 섬네일이 있으면 훨씬 더 많은 사람의 관심을 끌 수 있어요. 섬네일을 만드는 방법이 크게 어렵지 않으니까 우리 같이 만들어 볼까요?

학습 목표
- 내가 강조하고 싶은 부분을 강조하여 섬네일을 기획할 수 있어요.
- 캔바의 템플릿을 활용하여 섬네일을 만들 수 있어요.
- 영상의 한 장면을 섬네일로 만들 수 있어요.

잠깐만요 자유 이용 허락 표시(CCL)는 무엇인가요?

모든 저작물에는 저작권이 생기므로 누군가의 저작물을 이용할 때는 저작자의 허락을 받아야 해요. 저작권자가 누구나 자신의 저작물을 자유롭게 이용해도 좋다고 생각해도 독자들과 서로 소통이 안 된다면 해당 자료를 사용하지 못하겠지요? 그래서 '자유 이용 허락 표시'인 CCL(Creative Commons License)을 만들었어요. 저작권자가 저작물에 CCL을 표시해서 공유하면 CCL 표시에 따라 저작권자가 아닌 사람들도 저작물을 사용할 수 있어요.

아이콘	의미	기능
	저작자 표시 (Attribution)	저작물의 제목, 저작자 이름, 출처, CCL 조건을 표시해야 합니다.
	비영리 (Non-Commercial)	상업적인 목적으로 사용할 수 없고 영리 목적으로 이용하려면 저작권자와 별도로 계약해야 합니다.
	변경 금지 (No Derivative Works)	저작물을 변경하거나 저작물을 이용하여 새롭게 제작하는 것을 금지합니다.
	동일 조건 변경 허락 (Share Alike)	저작물을 이용하여 새롭게 저작물을 제작하는 것은 허용하지만, 새로운 저작물에 원래 저작물과 동일한 CCL을 적용해야 합니다.

앞에서 소개한 아이콘을 단독으로 사용해서 자유 이용 허락 표시(CCL)를 할 수 있어요. 또한 여러 조건을 넣고 빼면서 원하는 대로 조합해서 사용할 수도 있어요.

아이콘	의미	기능
	저작자 표시 (Attribution)	저작자 정보만 표시하면 자유롭게 사용할 수 있습니다.
	비영리 (Non-Commercial)	저작자를 표시하고 상업적으로 이용하지 않는다면 자유롭게 사용할 수 있습니다.
	변경 금지 (No Derivative Works)	저작자를 표시하고 상업적으로 이용하지 않는다면 저작물을 변경하지 않는 범위 안에서 자유롭게 이용할 수 있습니다.

WEEK 14

하지만 책을 출판하자마자 누군가가 내용을 베껴서 인터넷에 배포했다면 어떻게 될까요? 책은 거의 팔리지 않을 것이고 나는 어떠한 보상도 받지 못할 거예요. 오히려 인터넷에 책을 올린 사람이 광고를 붙여서 불법적인 수익을 가져갈 수도 있어요. 결국 작가로서 나는 의욕을 잃게 되어 더 이상 글을 쓰지 않을 거예요. 또한 독자 입장에서도 새로운 책을 읽을 기회를 잃게 되죠.

▲ 사회적인 손해를 가져오는 저작권 침해

저작권을 잘 지키지 않는다면 사회 전체적으로 손해가 매우 커져요. 실제로 저작권에 대한 인식이 지금처럼 높지 않았던 2000년대 초반에는 많은 사람이 컴퓨터 프로그램을 불법 복제하여 사용했어요. 그 결과, 수많은 신생 소프트웨어 개발 기업들이 수익을 제대로 얻지 못하고 문을 닫았어요.

저작권을 지키는 것은 창작자의 권리를 보호하고 창작 활동을 계속 이어 나가게 하는 매우 중요한 원동력이에요. 이를 통해 우리 사회는 더 많은 양질의 콘텐츠를 만들어 갈 수 있어요. 저작권을 소홀히 생각하면 결국 나에게도 피해가 온다는 사실! 꼭 기억하세요.

저작권은 왜 지켜야 할까요?

'저작권'이란 말을 많이 들어 봤지요? 저작권은 '**저작물에 대해 창작자가 가지는 권리**'를 말해요. 그렇다면 '저작물'은 무엇일까요? **저작물은 어떤 생각을 독자적으로 표현한 창작물**로, 글, 영화, 그림, 노래, 춤, 게임 등이 포함되는 아주 넓은 개념이에요.

▲ 내가 스케치북에 그린 그림에도 저작권이 있어요.

저작권은 어딘가에 신고하지 않아도 저절로 생기는 권리에요. 따라서 여러분이 학교에서 그린 그림뿐만 아니라 집에서 쓴 일기에도 모두 저작권이 있어요. 물론 다른 사람의 것을 따라 했다면 저작권이 생기지 않겠지요?

그렇다면 저작권은 왜 지켜야 할까요? 다른 사람이 만든 그림을 내 작품에 가져와서 조금 사용하기도 하고, 영화나 드라마도 무료로 보면 참 좋을 것 같은데 말이에요.

내가 글을 쓰는 작가라고 생각해 볼까요? 아주 오랜 시간 동안 열심히 고민하고 글을 써서 출판한 책이 잘 팔려서 많은 수익을 올렸어요. 책을 쓰는 과정은 힘들었지만, 만족할 만한 보상을 얻었기 때문에 시간이 지나면 다시 새로운 작품을 쓰기 시작할 거예요. 그러면 독자들은 또 재미있는 책을 읽을 수 있는 기회가 생기겠죠?

02 '파일 형식' 항목에서 [PNG]를 선택하고 [다운로드] 버튼을 클릭하세요. 다운로드한 파일은 내 컴퓨터의 '다운로드' 폴더에 저장돼요.

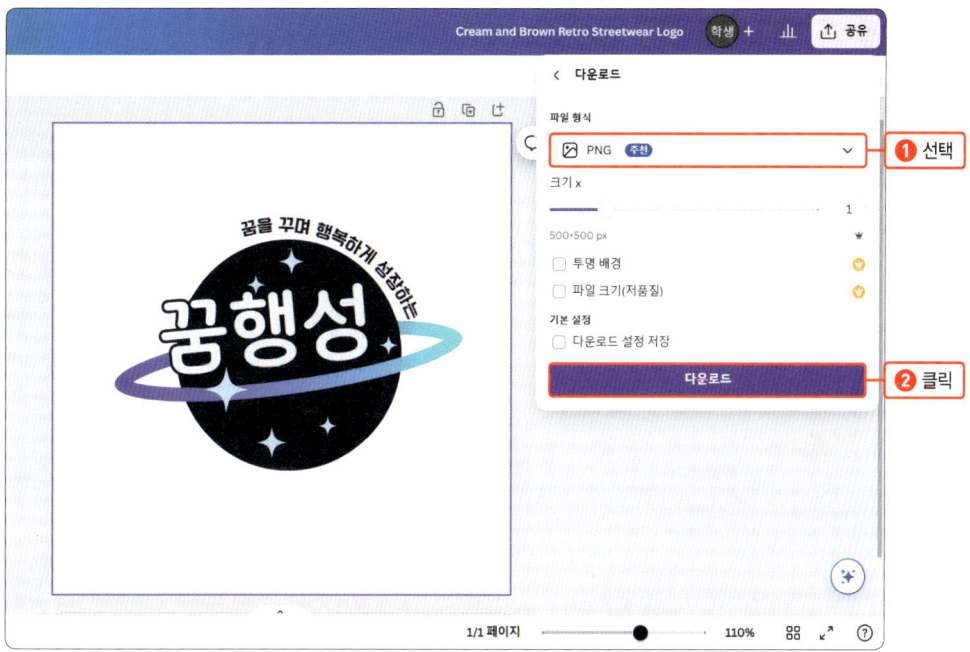

03 나만의 멋진 로고를 완성했어요.

13 마지막으로 배경색을 원하는 대로 바꿔요. 드디어 나만의 예쁜 로고를 완성했어요!

STEP 03 내가 만든 로고를 이미지 파일로 공유하기

완성한 로고를 인쇄하거나 내 프로필로 사용하려면 이미지 파일이 있어야 해요. 여기에서는 '공유' 기능을 활용해 이미지 파일로 저장해 볼게요.

01 화면의 오른쪽 위에 있는 [공유] 버튼을 클릭하고 [다운로드]를 클릭하세요.

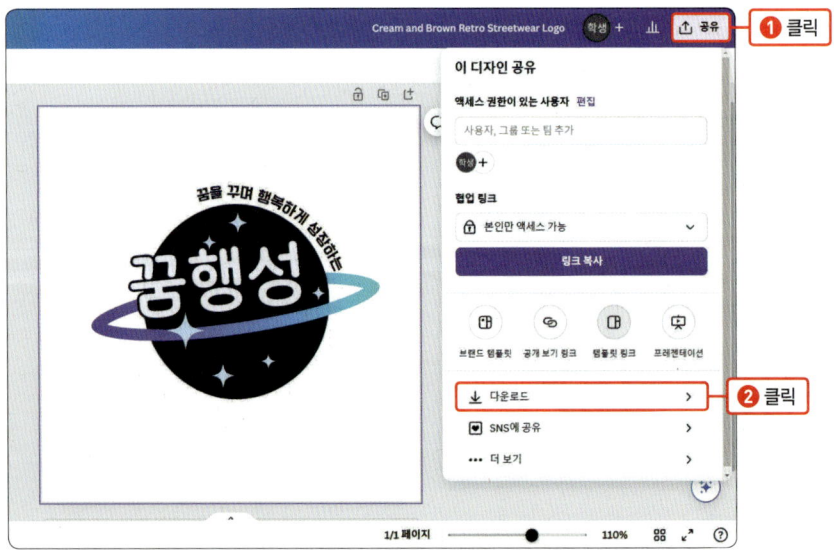

TipTalk [공개 보기 링크]( )를 클릭하면 파일을 웹 페이지의 링크 형식으로 공유할 수 있어요. 패들렛(Padlet)이나 띵커벨(ThinkeBell)과 같은 툴을 활용해 친구들과 공유하고 싶다면 [공개 보기 링크]( )를 사용하세요.

11 우리 반 이름의 뜻을 깔끔한 글꼴로 변경하고 텍스트가 행성을 감싸는 형태로 배치해 볼게요. 도구 모음에서 [효과]를 클릭하고 화면의 왼쪽에 [효과] 패널이 열리면 '도형' 항목에서 [곡선]을 선택하세요.

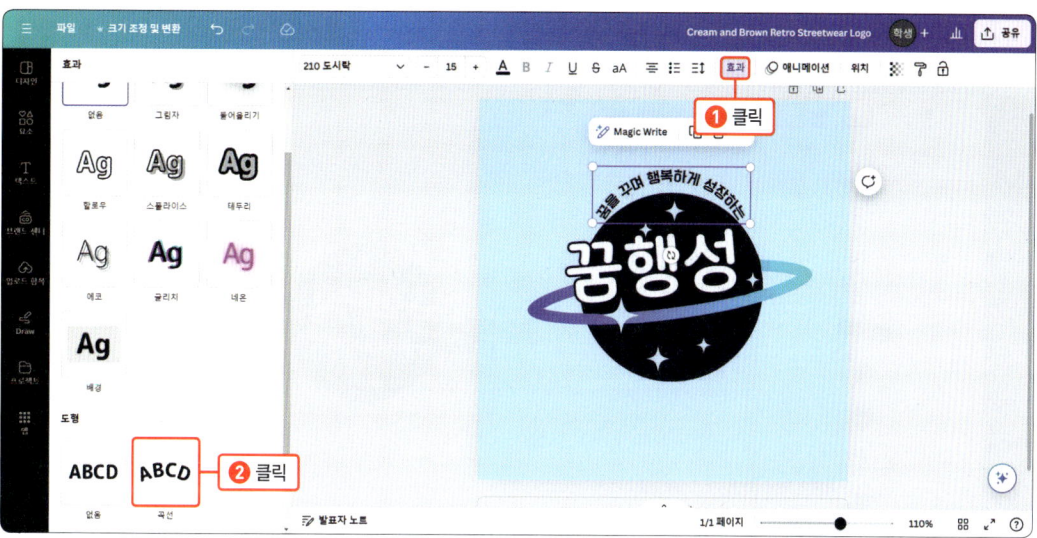

12 텍스트의 곡선 효과가 전체적인 디자인과 어울리도록 '곡선'에서 곡선 값을 조정한 다음 텍스트를 적절한 위치로 옮기세요.

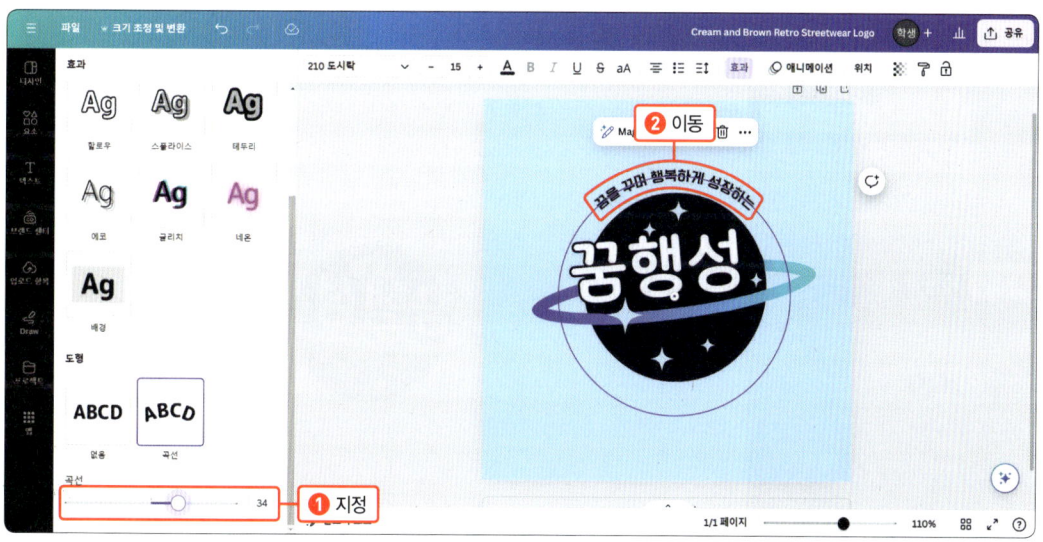

TipTalk 곡선 값은 슬라이드바를 드래그하거나 숫자를 직접 입력하면 돼요.

09 도구 모음에서 [위치]를 클릭하고 추가한 도형들의 레이어 순서를 조정해요. 레이어를 클릭한 상태에서 드래그하면 위치를 옮길 수 있어요. '꿈행성' 텍스트 레이어, 고리의 윗부분을 가린 도형 레이어, 고리 레이어, 원 레이어 순으로 조정하니 깔끔하게 정리되었어요.

10 이번에는 우리 반 이름의 뜻을 추가해 볼게요. 사이드 패널에서 [텍스트] 탭을 클릭하고 [텍스트 상자 추가] 버튼을 클릭해요. 텍스트 상자가 나타나면 내용을 입력하세요.

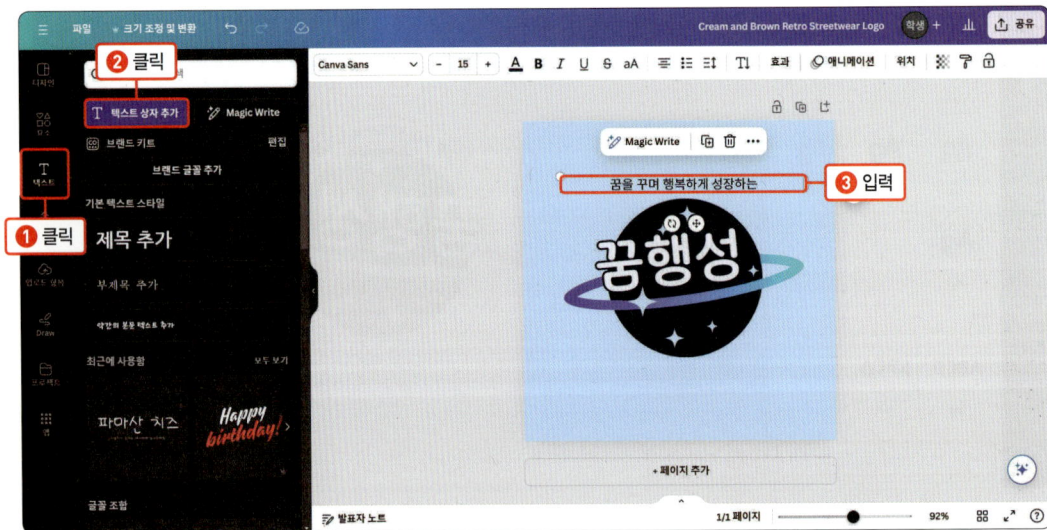

07 고리의 윗부분을 행성과 같은 색깔의 도형으로 가려 볼게요. 사이드 패널의 [요소] 탭에서 원 도형을 추가하고 원의 색깔을 행성과 같은 색으로 설정해요.

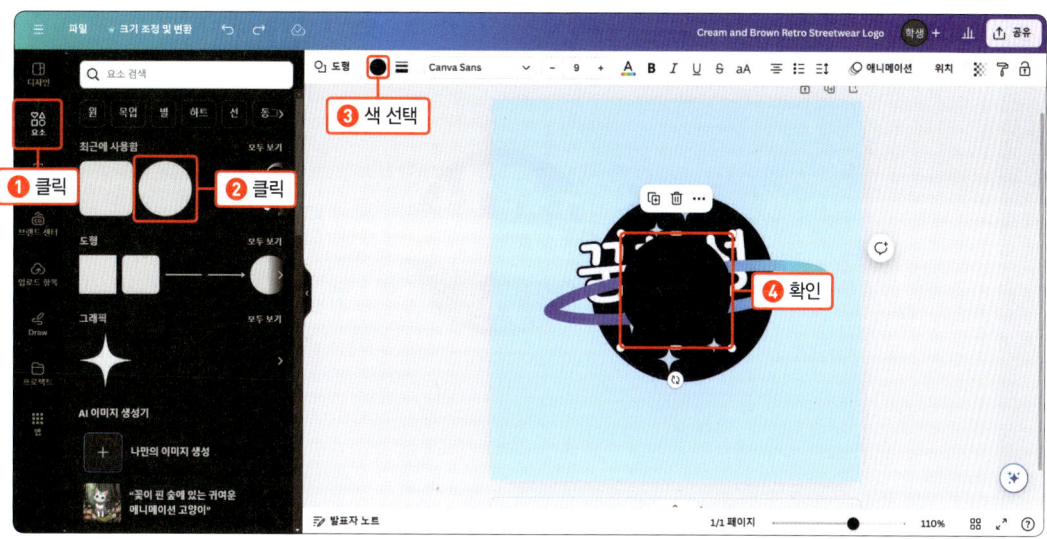

08 추가한 도형의 크기를 조절해서 고리의 윗부분을 가리세요. 원 도형 하나로 고리의 윗부분이 완벽하게 가려지지 않는다면 앞에서와 같은 방법으로 적절한 도형을 추가하여 가리고 싶은 부분을 깔끔하게 가려요.

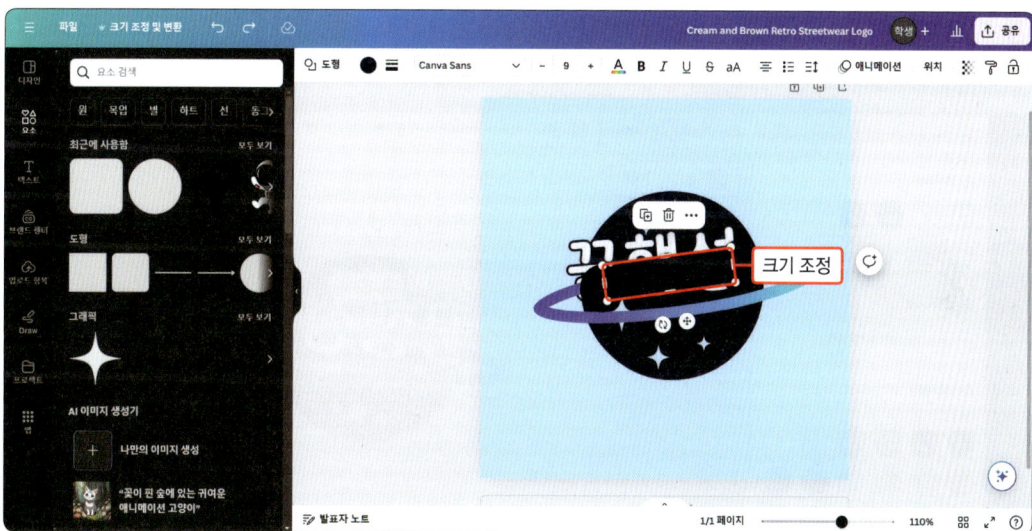

05 원 도형의 크기를 적절하게 조정하고 텍스트와 어울리게 회전해서 배치하세요.

> **TipTalk** 도형을 선택하고 회전 아이콘(⟲)을 클릭한 상태에서 원하는 방향으로 드래그하면 회전시킬 수 있어요.

06 도형 색상을 [없음]으로 바꾸고 테두리를 추가하는데요, '테두리 굵기'를 [15]로 설정하여 고리처럼 두껍게 만드세요. 그런 다음 테두리의 색상을 원하는 색으로 바꿔요.

> **TipTalk** 여기에서는 테두리 색상을 단색이 아닌 그러데이션으로 설정했어요. 이처럼 테두리에 그러데이션 색상을 설정하면 좀 더 다채롭게 디자인할 수 있어요.

03 이번에는 글꼴을 바꾸기 위해 텍스트를 선택하고 도구 모음에서 [글꼴] 도구를 클릭하세요. 글꼴 목록이 나타나면 마음에 드는 글꼴을 선택하는데요, 여기에서는 귀엽고 밝은 이미지를 주기 위해 둥글둥글한 글꼴인 [210 빛글]을 선택했어요.

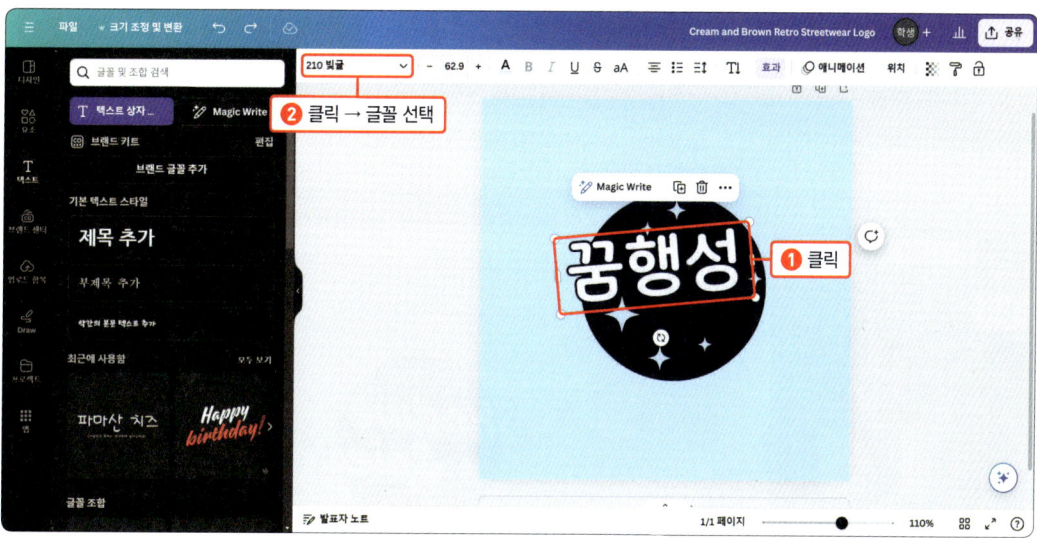

04 로고에 도형 요소를 추가해 볼게요. 여기에서는 행성에 고리를 추가하기 위해 사이드 패널에서 [요소] 탭을 클릭하고 '도형' 항목에서 원을 추가하세요.

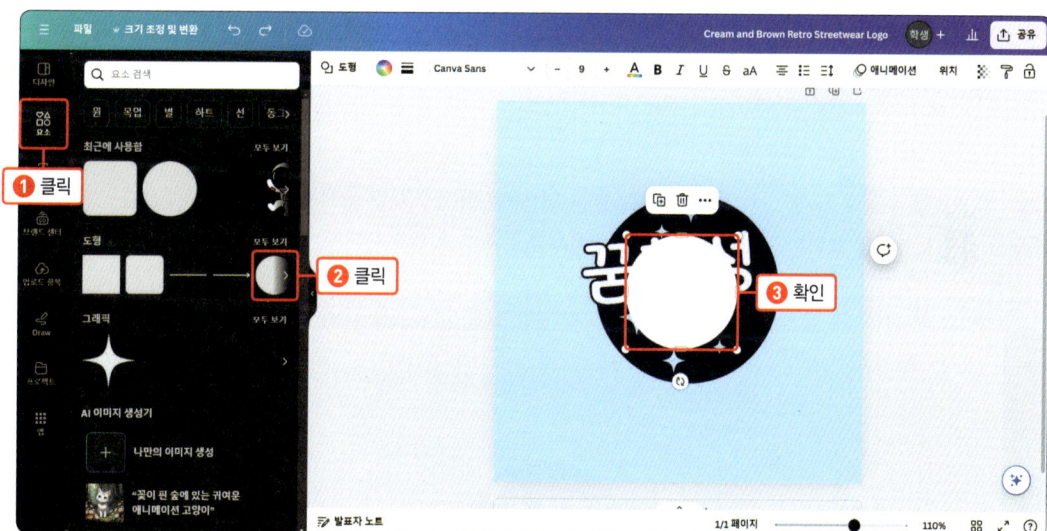

STEP 02 템플릿 수정하기

이번에는 템플릿을 수정해서 나만의 로고를 만들어 볼게요. 로고에 담을 내용과 로고를 보는 사람들에게 주고 싶은 느낌을 떠올리면서 차근차근 만들어 보세요.

01 사이드 패널에서 [디자인] 탭-[스타일]을 클릭하고 색 조합을 이용해서 내가 원하는 색으로 전체적인 디자인의 색을 수정해요. 색 조합을 계속 클릭하면 무작위로 각 요소에 색이 적용되는 것을 볼 수 있어요.

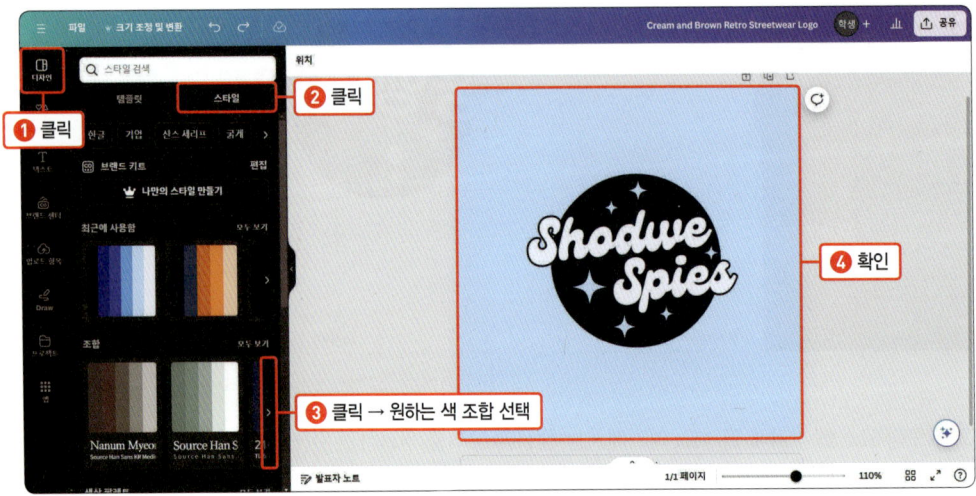

TipTalk 각 요소의 색을 처음부터 하나하나 지정할 수도 있지만, 요소가 많을수록 어울리는 색 조합을 찾는 것이 무척 어려워요. 따라서 일단 색 조합을 적용한 후 각 요소의 색을 바꾸면 디자인의 완성도를 쉽게 높일 수 있어요.

02 텍스트를 수정해 볼게요. 수정하려는 텍스트를 더블클릭하여 커서를 올려놓고 내용을 바꾸세요. 그런 다음 지우고 싶은 텍스트를 클릭한 후 Delete 를 눌러 삭제하세요.

나만의 로고 만들기

STEP 01 로고 템플릿 선택하기

캔바는 수많은 로고 템플릿을 제공해요. 이 중에서 마음에 드는 로고 템플릿을 골라 나만의 로고를 만든다면 아주 쉽게 완성도 높은 로고를 만들 수 있어요.

01 홈 화면에서 콘텐츠 검색 창에 '로고'를 입력하여 검색하세요. 특별히 원하는 디자인이 있으면 '원형 로고', '나무 로고'와 같이 구체적으로 입력해서 검색해도 좋아요.

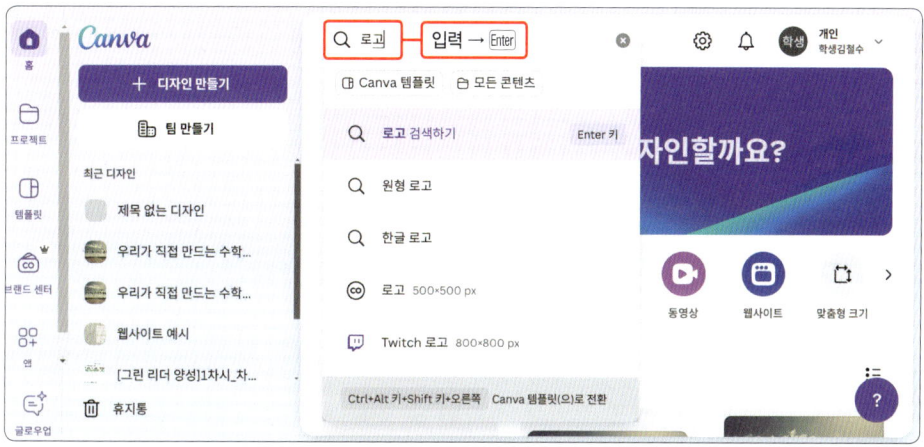

TipTalk 기존의 템플릿을 이용하지 않고 빈 화면에서 시작하고 싶다면 [디자인 만들기] 버튼을 클릭하고 500×500픽셀 크기의 디자인을 만들어 보세요.

02 검색 결과 중 마음에 드는 로고 템플릿을 선택하고 [이 템플릿 맞춤 편집하기] 버튼을 클릭하세요.

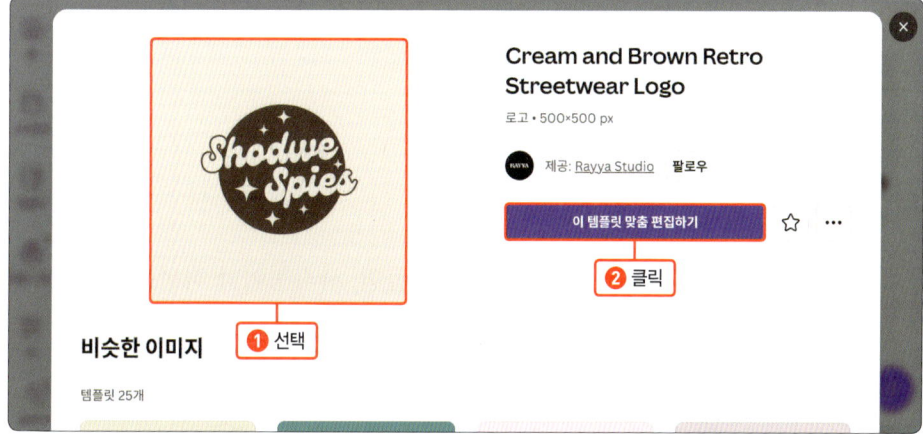

로고에 무엇을 담을까요?

◀ 캔바에서 제공하는 로고의 예시

로고는 쉽고 간단한 이미지이므로 많은 정보를 제공하는 것보다 로고를 보는 사람에게 명확하고 친근한 느낌을 전달하는 것이 더 중요해요. 간단한 이미지로 느낌을 잘 전달하려면 먼저 '내가 로고를 통해서 무엇을 말하고 싶은지'부터 정리해야 합니다. 이제부터 설명하는 다음 내용을 잘 고민한 후에 로고를 만든다면 훨씬 더 의미 있는 로고를 만들 수 있을 거예요.

〉로고를 만들려는 대상이나 단체가 추구하는 가치를 정해요 〈

로고에 어떤 의미를 담을지 고민된다면 가치 덕목을 떠올려 보세요. 친절함, 용기, 우정, 배려, 정직함 등의 가치를 살펴보고 대표 가치를 정하면 로고에 들어갈 요소를 정하는 데 도움을 받을 수 있어요.

〉로고를 만들려는 대상이나 단체의 이름을 정해요 〈

수많은 기업은 회사의 이름을 이용해서 로고를 만들어요. 예를 들어, 우리 반 로고를 만든다면 우리 반의 이름을 무엇으로 정할지 먼저 생각해 보는 게 좋아요. 물론 이름을 정할 때도 앞서 고민했던 가치를 잘 담아내는 이름이면 더욱 좋겠지요?

〉전체적인 로고의 형태를 정해요 〈

로고의 형태에 따라 로고가 주는 느낌이 달라져요. 예를 들어, 사각형이나 직선은 단단함, 깔끔함 등의 느낌을 주고, 원과 곡선은 부드러움, 친절함 등의 느낌을 줘요. 물론 캐릭터나 글자만 사용해서 로고를 만들 수도 있어요. 로고 작업을 하면서 세부적인 디자인은 달라질 수 있지만, 전체적인 로고의 형태는 정해 놓는 게 좋아요.

WEEK 14 나만의 로고를 만들어요

나이키, 아디다스, 구글, 나이키, 삼성, 애플 등 많은 회사가 기업을 상징하는 로고를 가지고 있어요. 로고는 단순히 예쁜 그림이나 글씨가 아니라 그 회사가 목표로 하는 가치와 회사를 찾는 사람들에게 주고 싶은 느낌을 담은 상징물이에요. 수많은 제품 중에서 우리가 좋아하는 제품을 쉽게 찾을 수 있는 것도 바로 이 로고 덕분이죠.

로고는 여러분을 표현할 수 있는 수단이 되기도 해요. 내가 속해 있는 단체나 나에 대해 길게 말로 설명하는 것보다, 정체성을 잘 표현한 로고를 보여 주는 것이 훨씬 더 강렬한 기억으로 남을 수 있어요.

로고를 만들기 전에는 로고에 무엇을 담을지, 로고를 보는 사람들에게 어떤 느낌을 줄지 먼저 생각해 보는 시간이 필요해요. 그리고 다양한 기업의 로고를 살펴보면서 어떤 의미를 담고 있는지 참고하면 더욱 좋겠지요?

저는 우리 반의 이름에 어울리는 로고를 만들려고 해요. 우리 반 이름은 '꿈행성'이어서 밝고 쾌활한 이미지를 전달하고 싶어요.

그러면 '꿈행성'이라는 이름에 어울리는 색과 이미지 요소를 떠올려 보면 좋겠네요. 색은 밝은색으로 지정하고 행성이나 우주선과 같은 요소를 활용하면 멋진 로고를 만들 수 있을 거예요.

학습 목표
- 캔바의 기능을 활용해 로고를 만들 수 있어요.
- 완성한 로고를 이미지 파일로 저장할 수 있어요.
- 저작권 개념을 이해할 수 있어요.

지금까지 캔바의 기본 기능을 익혔으니
이제 캔바로 나만의 콘텐츠를 만들어 봅시다.
나만의 로고부터 일상툰까지!
캔바와 함께라면 쉽고 빠르게 만들 수 있어요.

WEEK **14** ··· 나만의 로고를 만들어요
WEEK **15** ··· 나만의 영상 섬네일을 만들어요
WEEK **16** ··· 카드뉴스를 만들어요
WEEK **17** ··· 자기 소개 프레젠테이션을 만들어요
WEEK **18** ··· 웹툰 작가가 되어 일상툰을 만들어요
CANVA AI ··· AI 앱을 200% 활용해요

첫째마당

캔바로 나만의 콘텐츠 만들기

05 다운로드 옵션을 모두 지정했으면 [다운로드] 버튼을 클릭하세요.

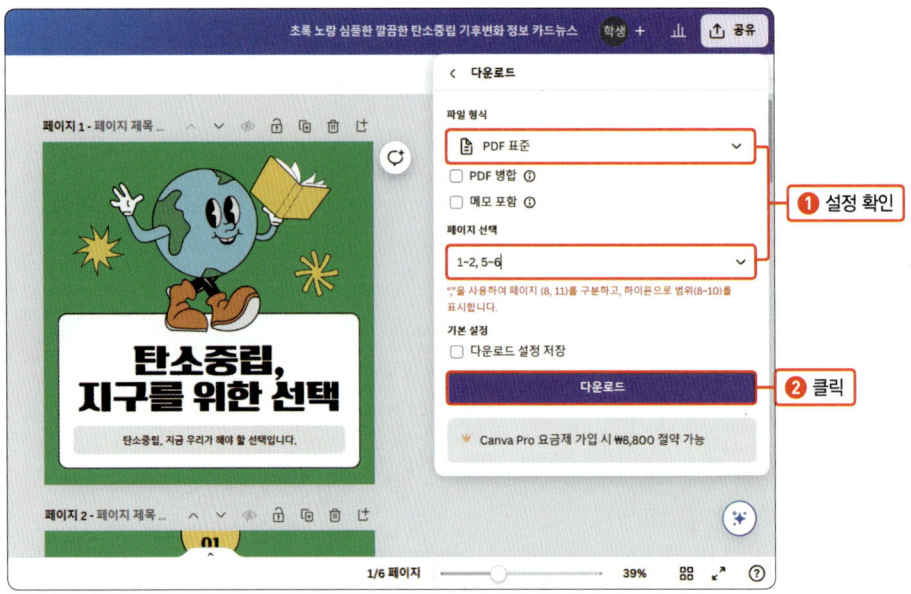

06 다운로드가 완료되면 내 컴퓨터의 '다운로드' 폴더에 저장돼요.

 **디자인 제목을 바꾸고 싶어요!**

디자인을 다운로드했는데 원하는 제목으로 지정되지 않았다면 어떻게 해야 할까요? 다운로드하기 전에 미리 화면 위쪽에 있는 파란색 메뉴 표시줄에서 제목을 더블클릭하여 변경한 후 다운로드를 시작하세요.

03 이제 저장할 페이지를 설정할 차례예요. 내가 디자인한 전체 페이지를 저장할 수도 있고 특정 부분만 저장할 수도 있어요. '페이지 선택' 항목에서 목록 버튼을 클릭하면 [모든 페이지]가 기본적으로 선택되어 있을 거예요.

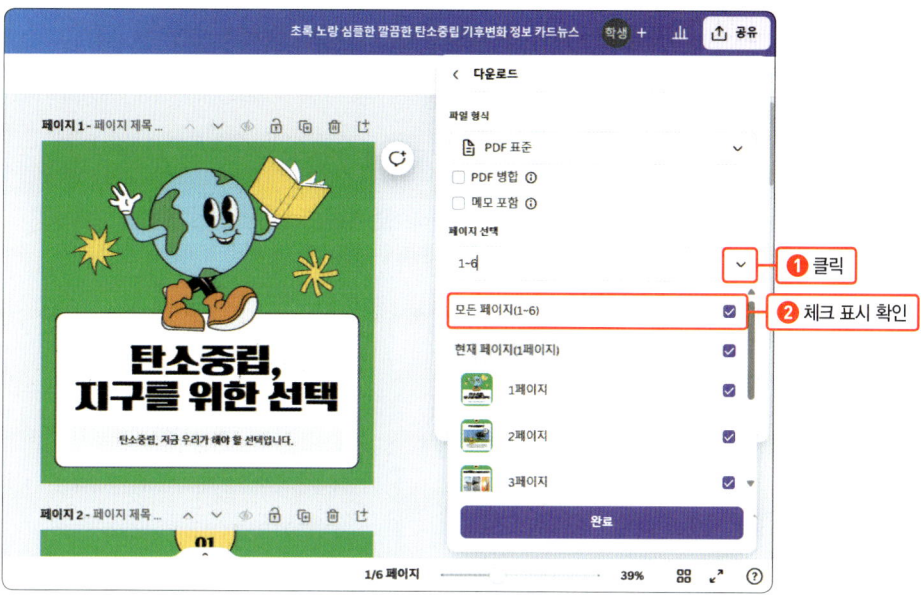

04 다운로드하지 않을 페이지는 체크 박스를 클릭하여 체크 표시를 해제해요. 다운로드할 페이지를 모두 선택했으면 [완료] 버튼을 클릭하세요.

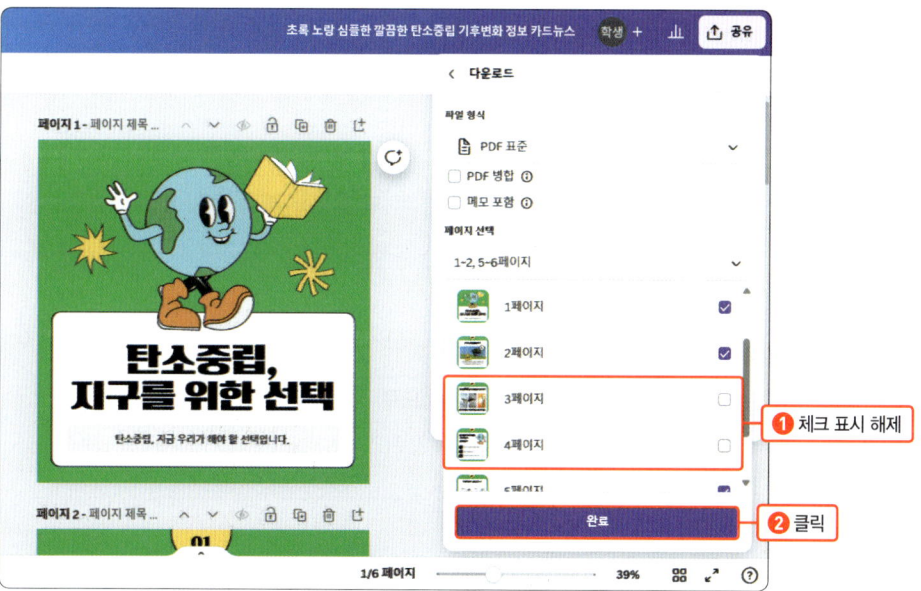

잠깐만요 각 파일 형식의 특징을 알고 싶어요!

144쪽의 **02** 화면에서 [다운로드]의 '파일 형식' 항목에 나온 영어 약자를 '확장자'라고 해요. 쉽게 말해서 확장자는 파일의 종류를 의미하는데요, 이번에는 확장자별로 파일 형식의 특징을 하나씩 알아볼게요.

파일 형식	특징
JPG	일반적인 이미지(그림) 파일 형식으로, 용량이 크지 않아 온라인에 업로드하기 좋아요. 배경이 흰색일 때는 흰색 배경도 함께 그림으로 저장돼요.
PNG	JPG보다 화질이 더 좋은 이미지(그림) 파일 형식으로, 온라인에 업로드하고 인쇄하기에 무척 좋아요. 배경이 투명한 이미지를 다운로드할 때 [투명 배경]에 체크 표시하면 배경을 제외한 이미지만 다운로드할 수 있어요. 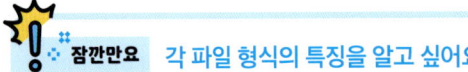
PDF 표준	편집할 수 없는 문서 파일 형식으로, 화면에 보이는 글꼴, 도형, 색깔 등을 그대로 유지하여 저장할 수 있어요.
PDF 인쇄	편집할 수 없는 문서 파일 형식으로, 인쇄용으로 적합합니다. 화면의 색상과 인쇄된 색상을 비슷하게 유지해 줘요.
MP4 동영상	비디오(동영상)로 저장하는 파일 형식이에요.
GIF	움직이는 이미지를 만들 때 사용하는 파일 형식으로, '움짤'이라고도 해요.
PPTX	프레젠테이션 디자인을 다운로드하면 파워포인트(PowerPoint)에서도 캔바에서 만든 디자인을 열고 편집할 수 있어요.

STEP 02 내 기기에 디자인 결과물 다운로드하기

이번에는 내 기기에 디자인 결과물을 저장해 볼게요. 나에게 맞는 파일 형식을 지정하고 다운로드할 페이지를 선택하여 다운로드하면 돼요.

01 화면의 오른쪽 위에 있는 [공유] 버튼을 클릭하고 [다운로드]를 클릭하세요.

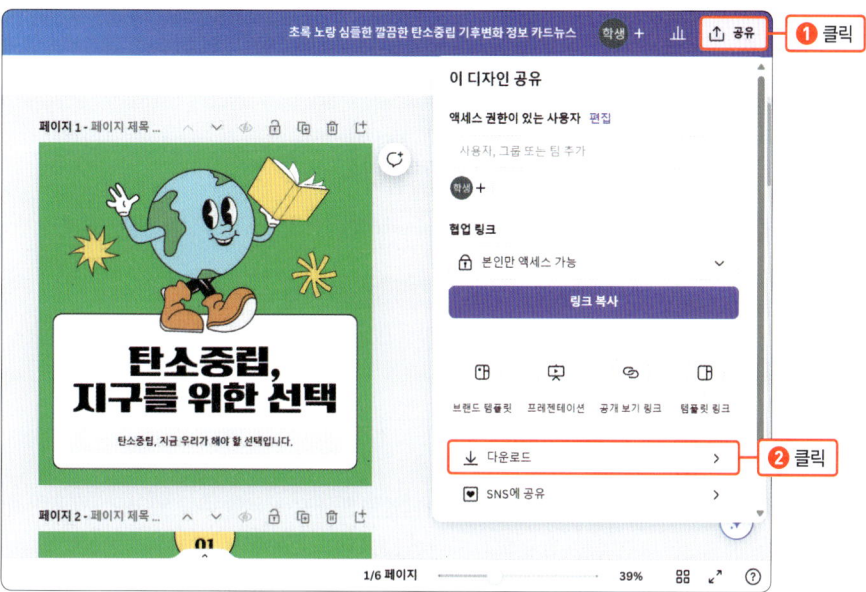

02 다양한 파일 형식을 확인하고 나에게 맞는 파일 형식을 선택하세요.

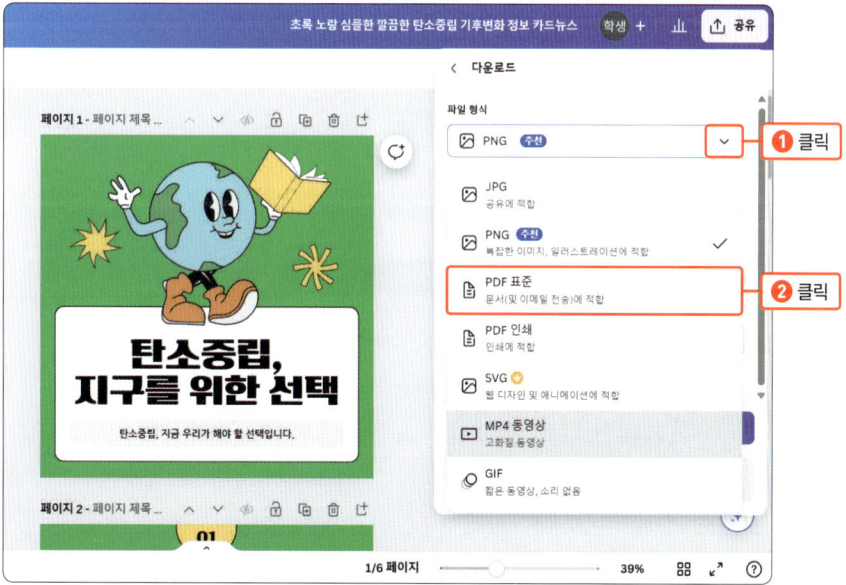

05 내가 만든 디자인으로 발표하고 싶으면 [프레젠테이션]에서 옵션을 선택하고 [프레젠테이션] 버튼을 클릭하세요.

06 다른 캔바 사용자들이 내가 만든 디자인을 활용할 수 있도록 템플릿 형태로 공유할 수도 있어요. [템플릿 링크]에서 [템플릿 링크 만들기] 버튼을 클릭하면 링크를 공유한 사람이 내가 만든 디자인을 사용할 수 있어요.

> **TipTalk** 템플릿 링크를 공유받은 사람은 내가 만든 디자인 템플릿을 복사해서 사용할 수 있어요. 이때 복사한 디자인을 수정하더라도 내가 가지고 있는 원본 디자인은 수정되지 않으니 안심하세요!

03 '액세스 권한이 있는 사용자'는 특정 사용자가 해당 디자인의 편집 화면에 접근할 수 있는 권한을 설정하는 기능이에요. '사용자, 그룹 또는 팀 추가' 입력 상자를 클릭하고 계정을 입력하여 추가하세요. 추가한 사용자에게 디자인을 열람하거나 편집하는 권한을 부여한 후 [공유]를 클릭하세요.

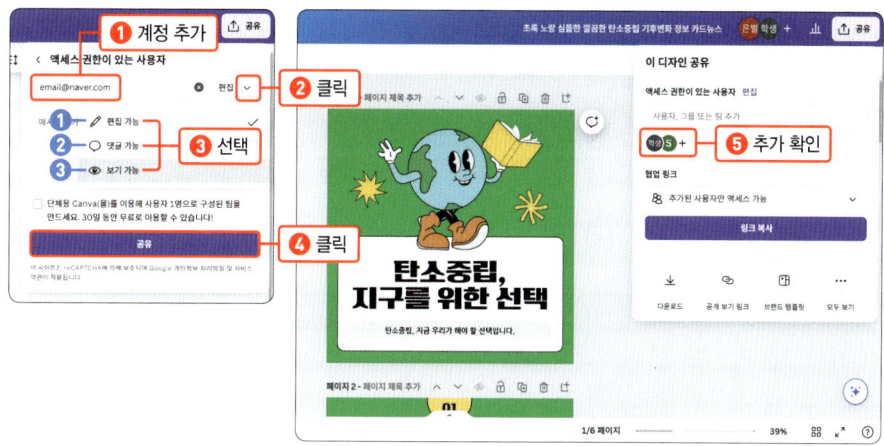

❶ **편집 가능**: 디자인을 자유롭게 편집할 수 있는 권한으로, 여러 친구와 함께 작업할 때 사용해요.
❷ **댓글 가능**: 디자인을 직접 편집할 수 없지만, 의견을 댓글로 남길 수 있는 권한으로, 선생님이나 친구들에게 피드백을 받고 싶을 때 사용해요.
❸ **보기 가능**: 디자인을 볼 수만 있고 편집할 수 없는 권한으로, 다른 사람에게 최종 결과물을 보여 줄 때 사용해요.

04 '협업 링크'는 URL 주소를 통해 이 디자인의 편집 화면으로 접근할 수 있는 기능이에요. [링크가 있는 모든 사용자]를 선택하면 캔바 계정이 없는 사람도 링크를 통해 편집 화면으로 들어와서 디자인을 편집할 수 있어요. 액세스 옵션을 설정하고 [링크 복사] 버튼을 클릭하여 URL 주소를 복사한 후 단축키 Ctrl+V를 눌러 붙여넣어 사용하세요.

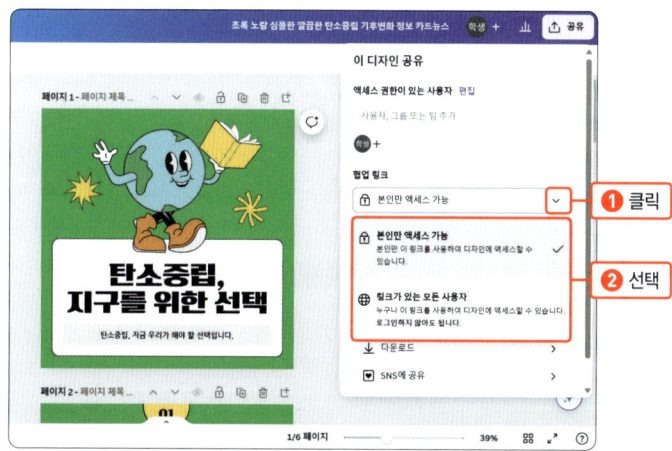

 링크로 연결된 URL 주소가 유출되면 내가 만든 작품이 훼손될 수 있으니 주의하세요.

내 디자인 결과물 공유하기

STEP 01 공유 옵션 살펴보기

이번에는 캔바로 만든 디자인 결과물을 다른 캔바 유저와 공유해 볼게요. 단순하게 공유할 뿐만 아니라 함께 공동 작업을 할 수도 있고, 원하는 파일 형식으로 다운로드하거나 링크 형태로 공유할 수도 있어요.

01 공유하려는 디자인 페이지를 열고 화면의 오른쪽 위에 있는 [공유] 버튼을 클릭하세요.

02 다양한 공유 옵션이 나타나면 내가 만든 템플릿 디자인뿐만 아니라 내가 만든 디자인 결과물만 공유할 수도 있어요. 자, 그러면 공유 옵션을 하나씩 자세히 살펴볼게요. 우선 '액세스 권한이 있는 사용자'의 오른쪽에 있는 [편집]을 클릭하세요.

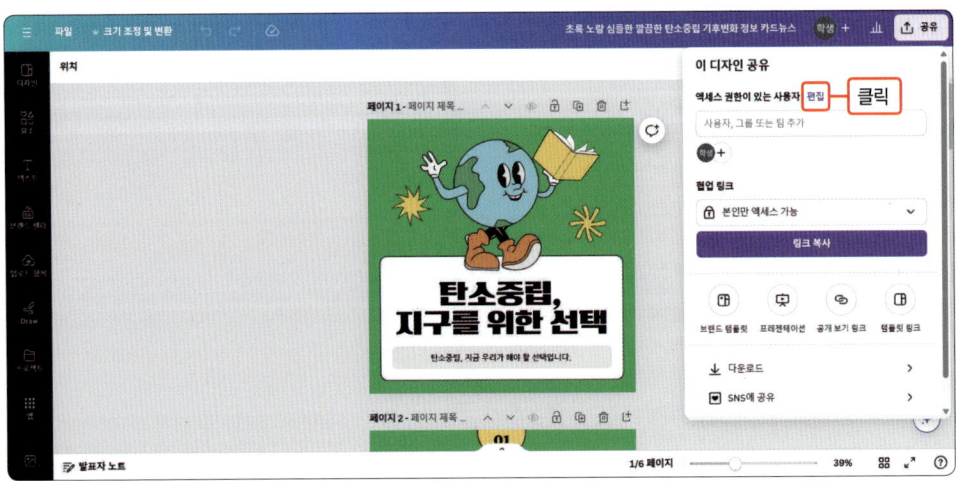

WEEK 13 내가 만든 결과물을 공유해요

내가 직접 만든 디자인 결과물을 내 계정의 프로젝트에만 두기에는 아까울 거예요. 그렇다면 열심히 만든 결과물을 많은 사람에게 보여 주고 공유해 보세요.

발표할 때 네트워크 연결 상태가 안 좋아서 캔바에 접속할 수 없는 경우도 있어요. 이런 상황을 대비해서 자료를 미리 다른 곳에 공유하거나 다운로드해 두는 것이 좋아요. 또는 이동식 저장소에 결과물을 저장한 후 발표할 곳에서 다른 사람들에게 보여 줄 수도 있어요.

발표하는 자리뿐만 아니라 전 세계로 나의 디자인 결과물을 공유해 보세요. 내가 활동하는 SNS에 사람들에게 영향을 줄 수 있는 디자인 자료를 공유한다면 세상을 아름답게 바꿀 수도 있을 거예요! 자, 그러면 내가 만든 디자인을 다른 사람들과 함께 즐겨 볼까요?

\학생/
제가 지금까지 만든 자료를 다른 사람들에게 보여 주고 싶어요. 그런데 어떻게 하면 캔바를 쓰지 않는 사람들에게도 자료를 보낼 수 있을까요?

\선생님/
캔바에서 만든 모든 결과물은 다운로드하거나 다른 곳에 업로드하여 공유할 수 있어요.

학습 목표
- [공유] 탭을 살펴보면서 나에게 맞는 공유 방법을 선택할 수 있어요.
- 내가 만든 디자인 결과물을 다운로드할 수 있어요.
- 내가 만든 디자인 결과물을 다른 곳에 업로드할 수 있어요.

03 그룹화해서 하나로 묶은 그림을 선택하고 [복제] 아이콘(🗐)을 클릭하세요.

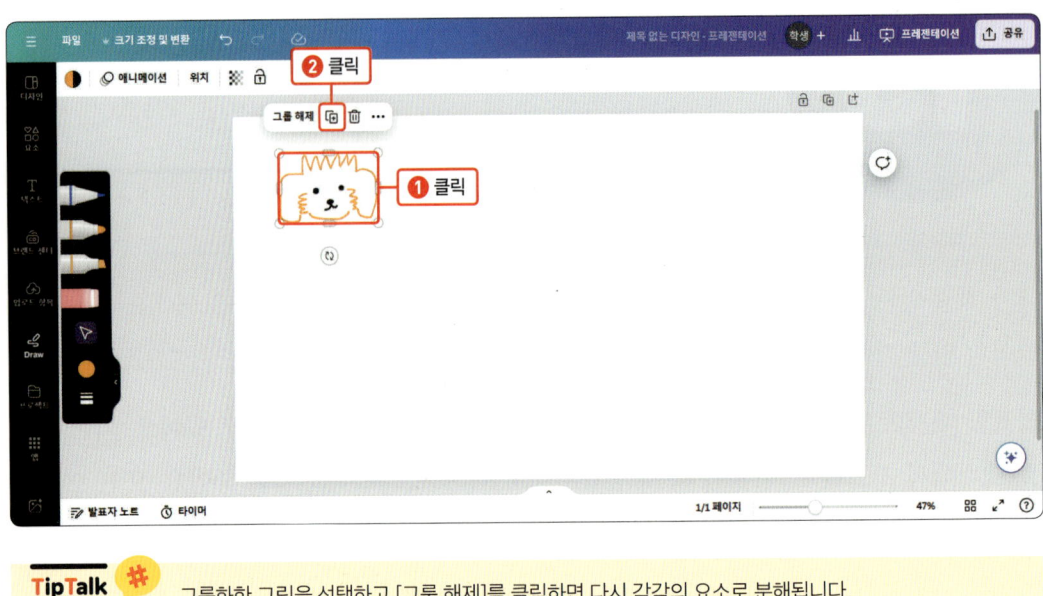

> **TipTalk** 그룹화한 그림을 선택하고 [그룹 해제]를 클릭하면 다시 각각의 요소로 분해됩니다.

04 작은 그림을 여러 번 복제하고 위치를 옮겨 귀여운 패턴을 만들어 보세요. 완성된 패턴은 배경 화면으로 활용하면 좋아요.

STEP 03 내가 그린 그림의 크기 조정하고 복제하기

01 사이드 패널에서 [Draw] 탭-[선택](▶)을 클릭하고 그림 전체를 드래그하여 모든 선을 한 번에 선택하세요.

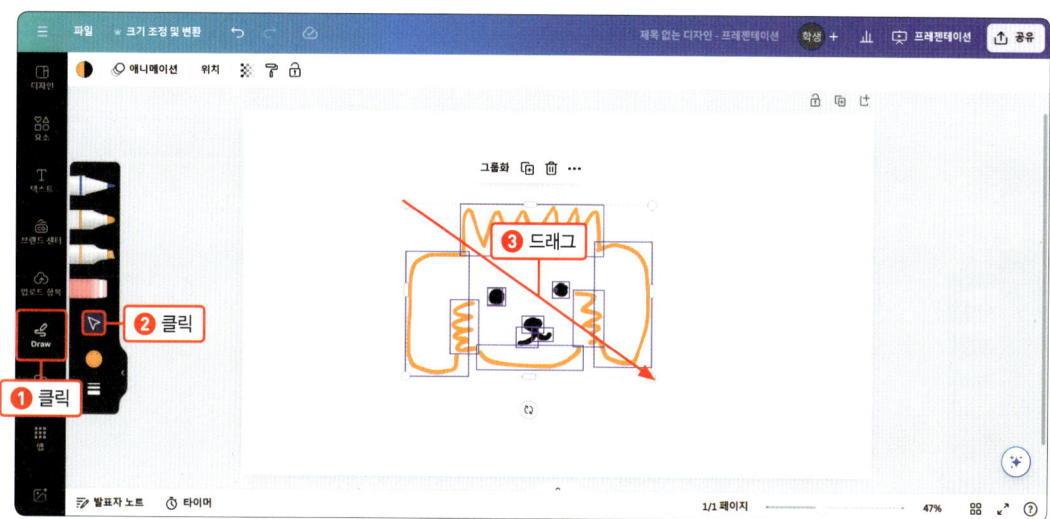

02 가장 바깥쪽에 있는 꼭짓점 중 하나를 클릭한 상태에서 드래그하여 그림의 전체 크기를 조절하세요. 그림을 완성했으면 [그룹화]를 클릭하여 선택한 모든 요소를 하나의 요소로 합치세요.

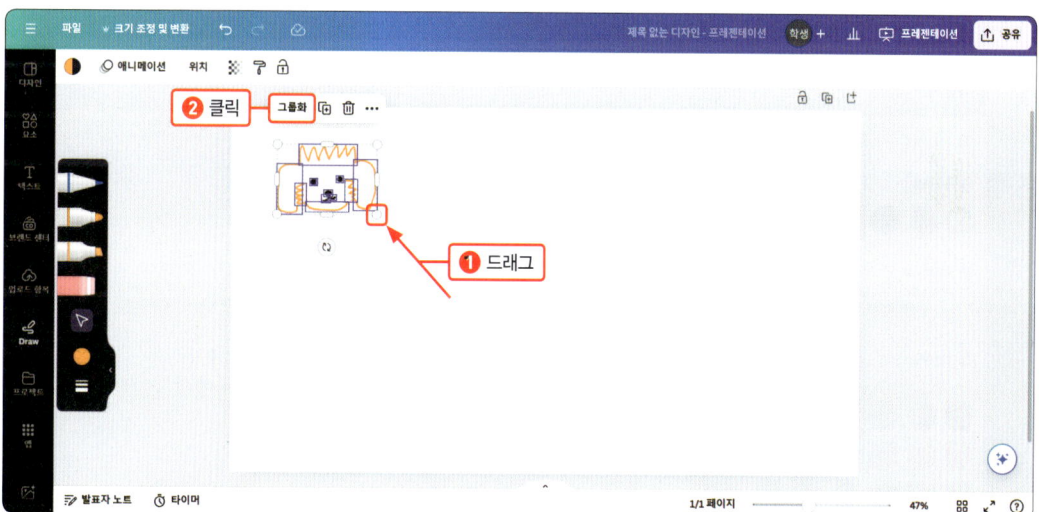

STEP 02 내가 그린 그림의 색 바꾸기

이제 내가 그린 그림을 편집해 볼게요. 그림을 편집할 때도 순서가 중요한데요, 먼저 부분을 편집한 후 전체를 편집하는 것이 효과적이에요. 그래서 이번에는 그림에서 부분의 색을 먼저 바꾸고 그림의 전체 크기를 조절해 볼게요.

01 사이드 패널에서 [Draw] 탭-[선택](▷)을 클릭하고 그림에서 바꾸고 싶은 획을 선택하세요. 그런 다음 도구 모음에서 [색상](●)을 클릭하세요.

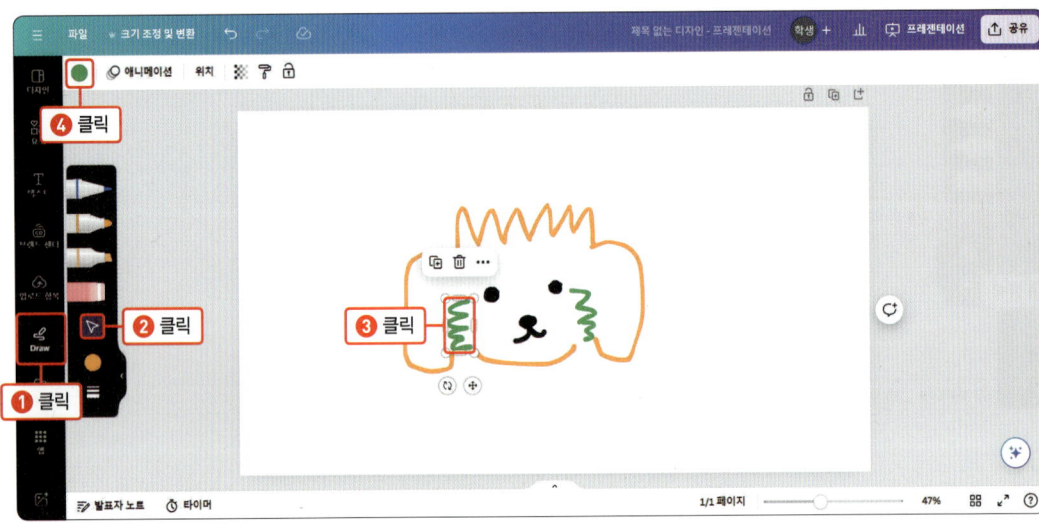

02 화면의 왼쪽에 색상 패널이 열리면 바꾸고 싶은 색을 선택하세요.

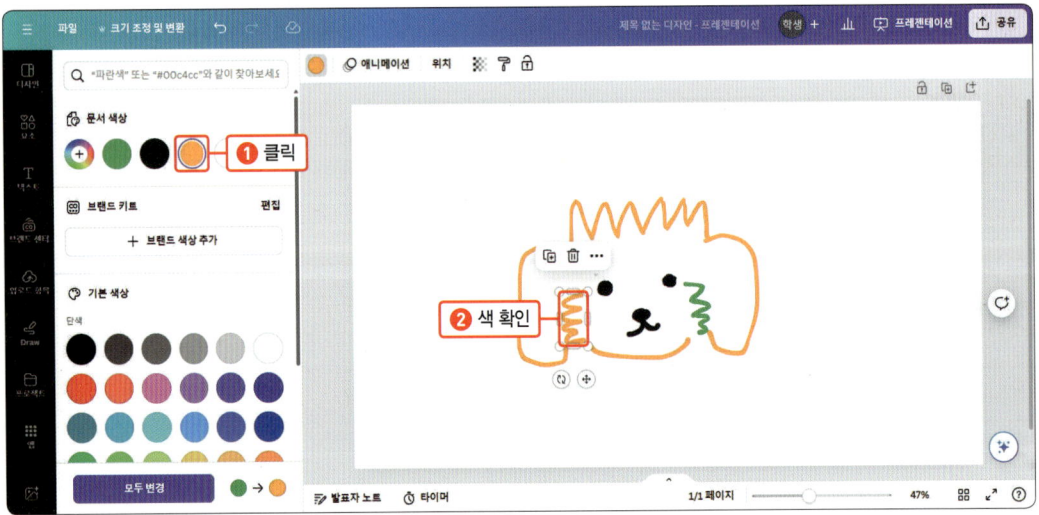

07 [색상]( )을 클릭하면 사인펜이나 마커, 형광펜의 색을 지정할 수 있어요. 캔바에서 제공하는 기본색을 선택하거나, 아이콘을 클릭하여 색 팔레트에서 원하는 색을 직접 선택할 수도 있어요.

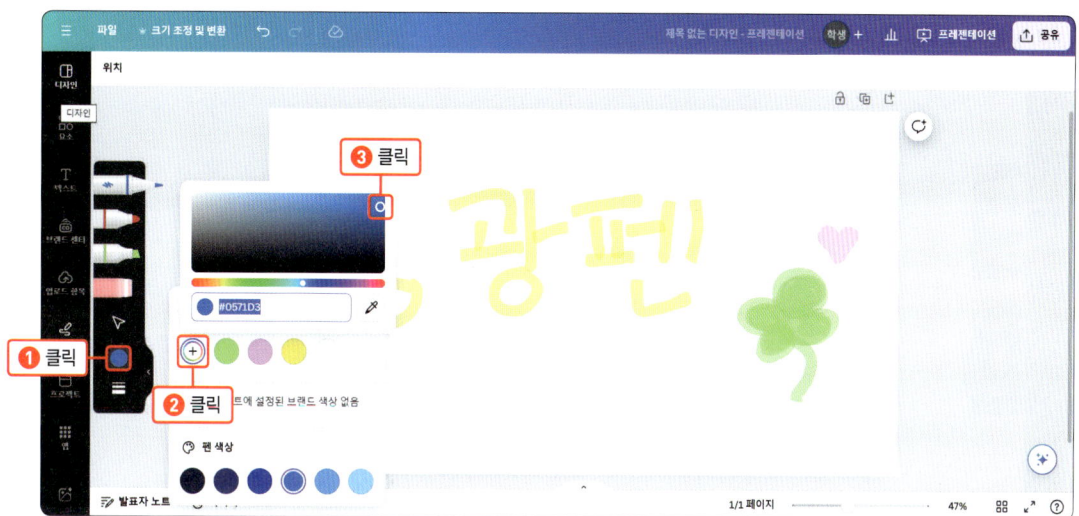

08 [설정]( )을 클릭하면 획의 두께와 투명도를 조절할 수 있어요. 슬라이드바를 좌우로 드래그하거나 숫자 값을 직접 입력해서 두께와 투명도를 지정하세요. '투명도' 값이 작아질수록 획이 투명해져요.

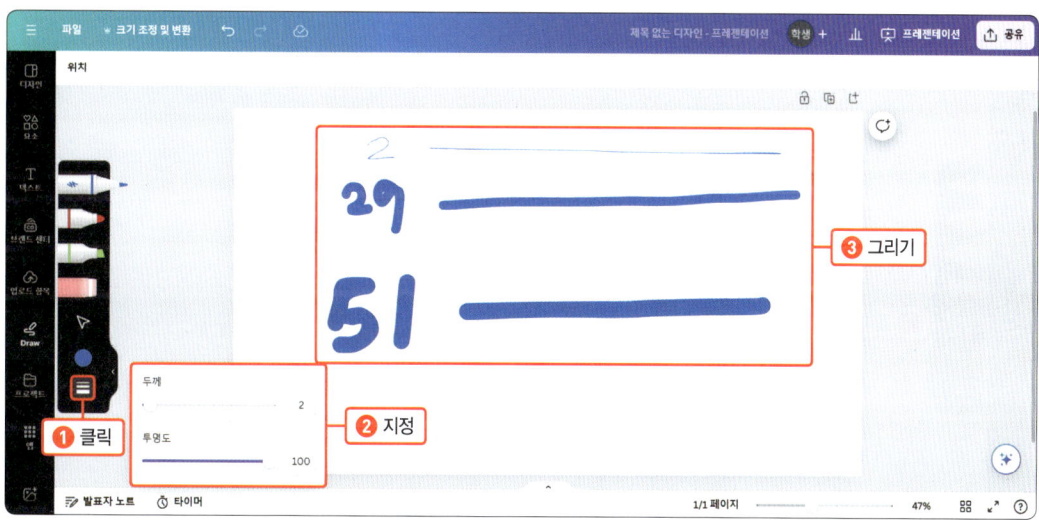

05 고치고 싶은 부분이 있다면 지우개를 활용해요. 다만 캔바의 지우개 도구는 획 단위로 한 번에 지워져서 작은 부분만 세밀하게 지울 수 없어요.

06 [선택](▽)을 클릭하면 내가 그린 그림이나 글자 요소를 선택할 수 있어요. 요소를 선택하고 복제 또는 삭제하거나 [더 보기] 아이콘(⋯)을 클릭하여 다양한 옵션을 설정해 보세요.

> **TipTalk** 요소의 단위는 내가 그린 한 획이에요 [선택](▽)을 클릭한 후 크게 드래그해서 여러 요소를 한 번에 선택할 수도 있어요.

03 마커는 펜보다 더 넓고 굵은 선을 표현할 수 있어서 약간 투박한 느낌이 들어요. 펜과 마커의 투명도와 굵기를 조절하면서 내가 원하는 느낌을 나타낼 수 있는 도구를 골라 보세요.

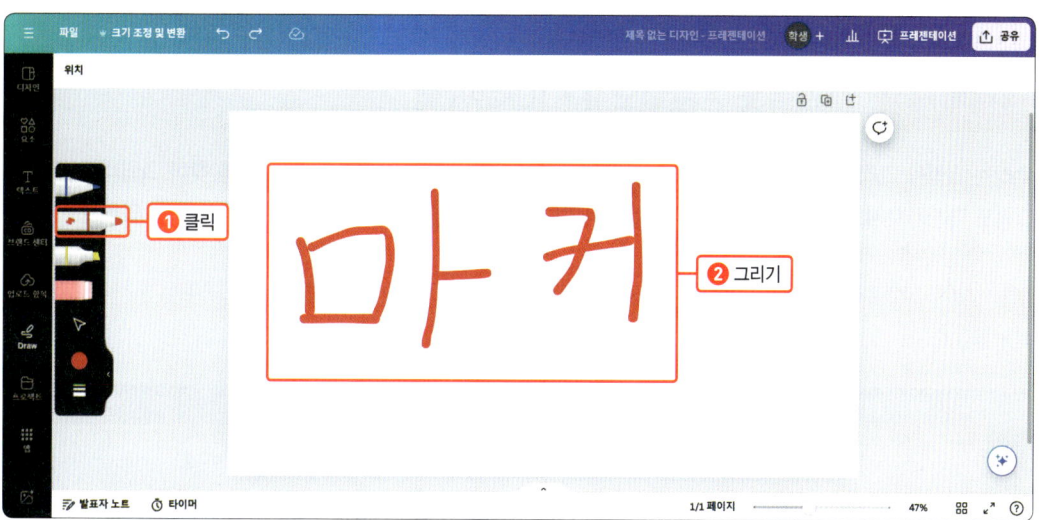

04 형광펜은 사각형 모양의 반투명한 선을 그릴 수 있어요. 형광펜으로 덧칠할수록 기존의 선과 겹쳐서 더욱 진하게 보이므로 수채화처럼 덧칠할 때 사용하면 좋아요.

내가 그린 그림으로 디자인하기

STEP 01 그리기 도구 살펴보기 – [Draw] 탭

우리는 그림을 그리기 전에 어떤 그림을 그릴지 먼저 생각한 후 그림 작업에 맞는 도구를 찾아 그립니다. 디지털 그림도 마찬가지예요. 그리기 도구의 특성을 잘 파악하여 그림에 활용하면 더 멋진 그림을 그릴 수 있어요.

01 사이드 패널에서 [Draw] 탭을 클릭하세요. 다양한 그리기 도구가 나타나면 위쪽 도구부터 순서대로 하나씩 살펴볼게요.

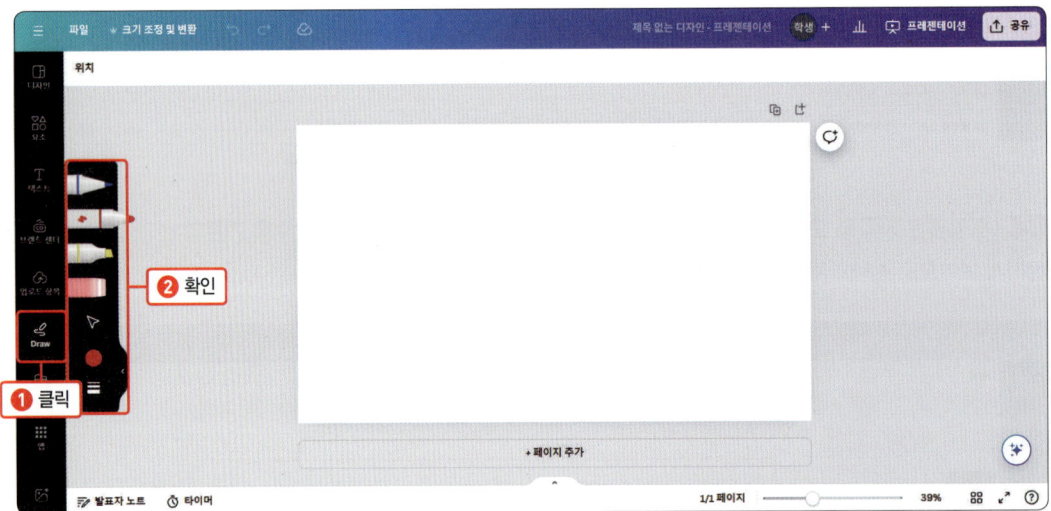

02 펜은 끝이 둥글고, 얇으며, 뚜렷한 선을 그릴 수 있어서 사인펜과 비슷한 느낌으로 쓸 수 있어요.

WEEK 12
직접 그림을 그려 나만의 디자인 요소를 만들어요

캔바에서 내가 페이지에 삽입하고 싶은 이미지나 사진을 제공하지 않는다면 어떻게 해야 할까요? 대부분은 인터넷에서 검색한 후 관련 이미지를 다운로드하거나 캡처해서 사용할 거예요. 하지만 **창작자의 허락을 받지 않고 이미지를 다운로드하거나 캡처하면 처벌을 받을 수 있어요.**

이미지나 사진 같은 창작물에는 '저작권'이 있어서 법적으로 보호를 받고 있어요. 따라서 어떤 요소를 사용할 때는 저작권을 잘 확인하고 주의해서 사용해야 해요.

그러면 내가 필요한 그림 요소는 어떻게 얻을 수 있을까요? 가장 좋은 방법은 바로 **내가 직접 그리는 거예요.** 그림 실력이 좋지 않아도 괜찮아요. 내가 원하는 이미지를 검색한 후 여기에 나의 상상력을 발휘하여 나만의 창작물을 만들어 보세요.

캔바에 제가 원하는 그림이나 사진이 없어요. 일러스트처럼 그린 그림이면 좋겠는데요.

직접 그림을 그려 보는 건 어떨까요? 나만의 그림 요소를 직접 만들어서 삽입하면 저작권 문제에 안전할 뿐만 아니라 다른 작가들의 저작권도 지켜줄 수 있어요.

학습 목표
- 그리기 도구의 종류를 이해하고 이용할 수 있어요.
- 내가 그린 그림의 크기를 조절하고 색을 바꿀 수 있어요.
- 내가 그린 그림으로 패턴을 만들 수 있어요.

04 도구 모음에서 [페이드]를 클릭하세요. 화면의 왼쪽에 [페이드] 패널이 열리면 '페이드인'과 '페이드아웃'을 지정하여 오디오가 자연스럽게 시작하고 끝날 수 있게 조정해 볼게요. '페이드인'과 '페이드 아웃'의 슬라이드바를 좌우로 드래그하거나 숫자 값을 직접 입력하세요.

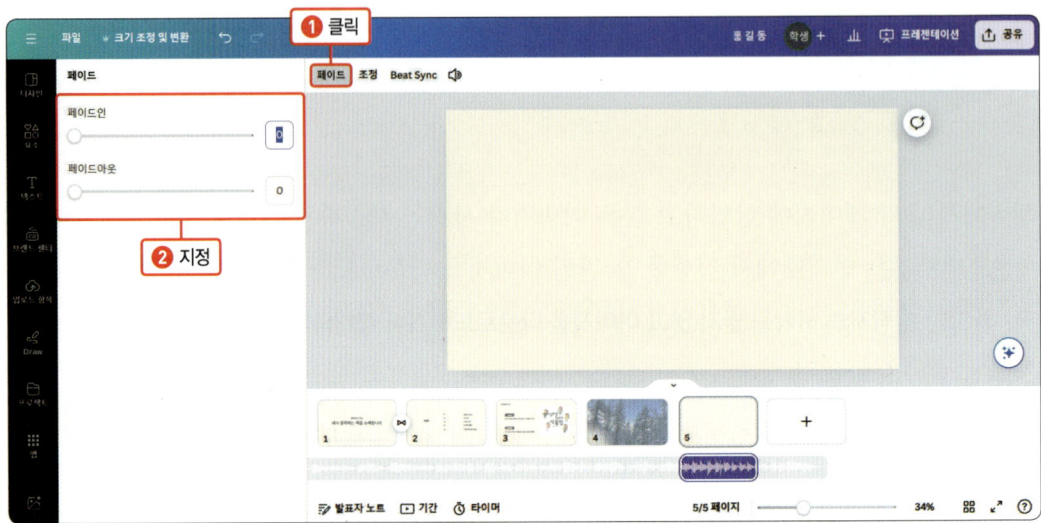

TipTalk '페이드인(fade-in)'은 오디오가 시작할 때 소리가 서서히 커지는 효과이고, '페이드아웃(fade-out)'은 오디오가 끝날 때 소리가 서서히 작아지는 효과예요. 페인드인과 페이드아웃은 값이 커질수록 오디오의 시작과 끝에서 소리가 더욱 느리면서도 부드럽게 변하는 것을 확인할 수 있어요.

05 마지막으로 오디오의 볼륨을 조정해 볼게요. 도구 모음에서 [볼륨] 도구(🔊)를 클릭하고 슬라이드바를 좌우로 드래그하거나 숫자 값을 직접 입력하세요.

TipTalk 배경 음악이 오디오라면 내 발표 소리가 묻히지 않도록 볼륨을 적절히 낮추는 것이 좋아요. 소리를 직접 들으면서 오디오 볼륨을 조절해 보세요.

02 오디오 파형의 양쪽 끝 중 한 곳에 마우스 포인터를 올려놓으세요. 마우스 포인터가 화살표(↔) 모양으로 바뀌면 좌우로 드래그하여 오디오가 시작할 페이지와 끝날 페이지를 지정하세요.

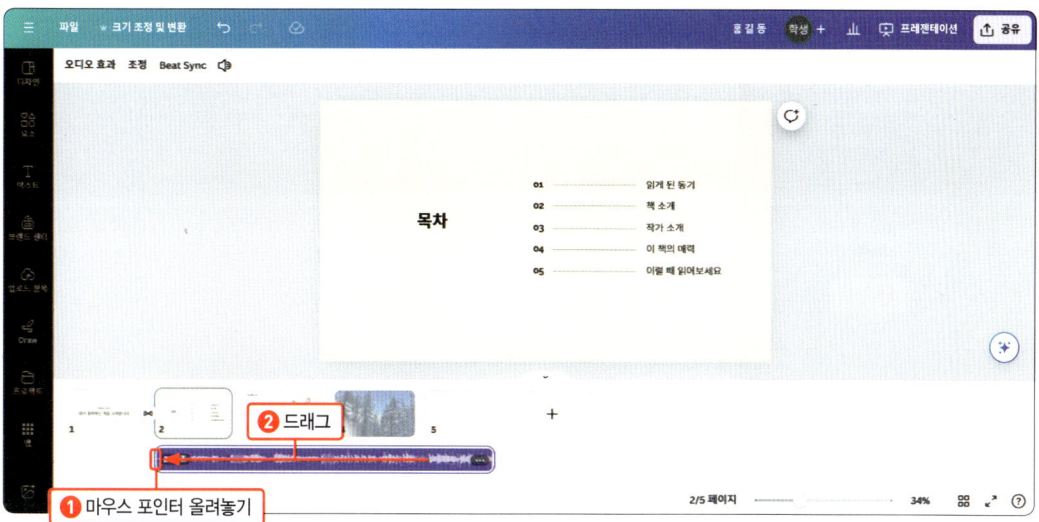

03 도구 모음에서 [조정]을 클릭하고 전체 오디오 파형을 좌우로 드래그하여 시작점과 끝점을 조정하세요.

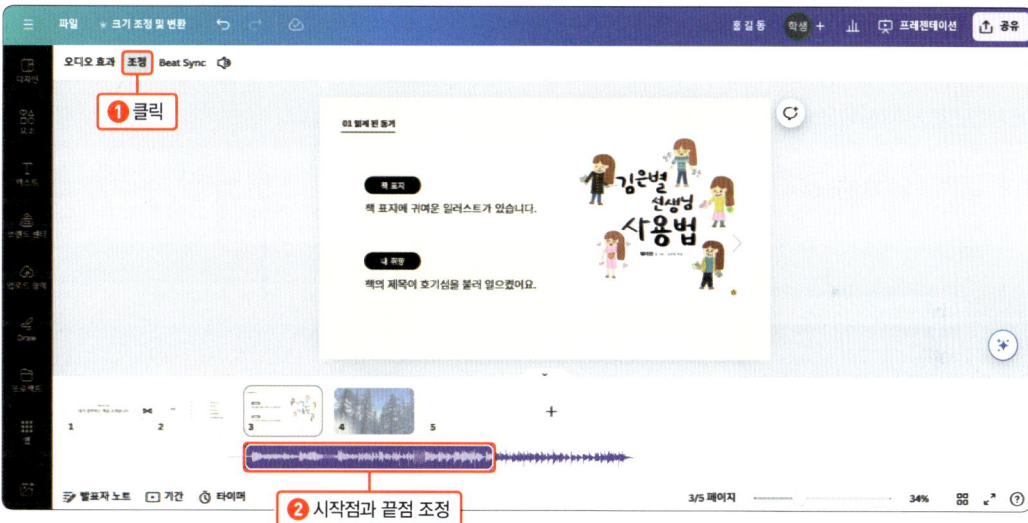

03 왼쪽 패널에 '오디오 1.mp3' 파일이 추가되면 클릭하여 페이지에 첨부하세요. 페이지 섬네일의 아래쪽에 보라색 오디오 파형이 나타났지요? 이것은 오디오가 잘 첨부되었다는 뜻이에요.

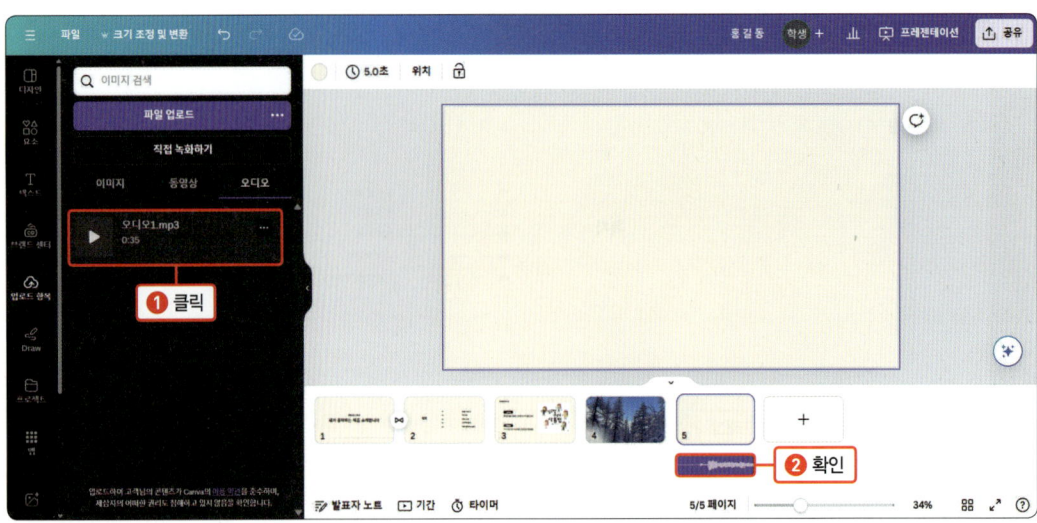

STEP 08 오디오 편집하기

첨부한 오디오의 길이를 조절하거나 여러 페이지에 걸쳐 배경 음악으로 재생되도록 설정해 봅시다. 그리고 음악이 자연스럽게 재생되고 멈추도록 효과를 넣어 볼게요.

01 페이지 섬네일의 아래쪽에 있는 보라색 오디오 파형을 클릭하세요.

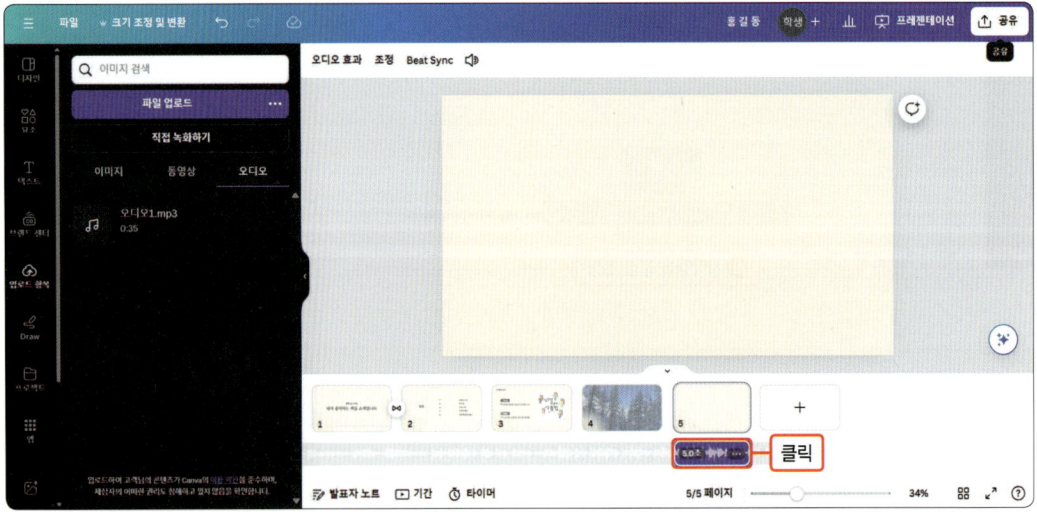

STEP 07 오디오 불러오기

내 컴퓨터에 저장된 오디오 파일을 불러와서 페이지에 배경 음악이나 효과음 등 소리를 넣어 볼게요.

01 사이드 패널에서 [업로드 항목] 탭의 [오디오]를 클릭하고 [파일 업로드] 버튼을 클릭하세요.

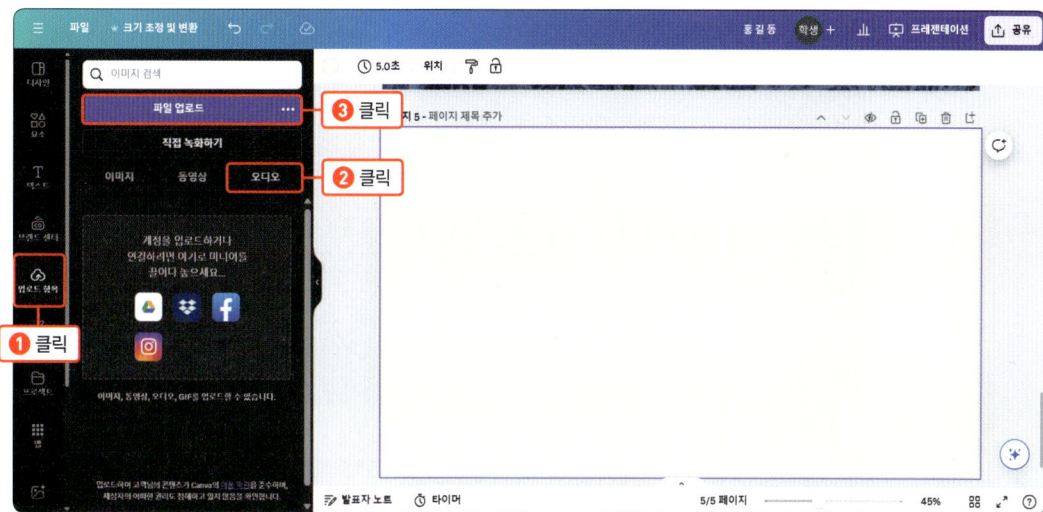

02 [열기] 창이 열리면 내 컴퓨터에 저장해 둔 오디오 파일을 선택하고 [열기] 버튼을 클릭하세요.

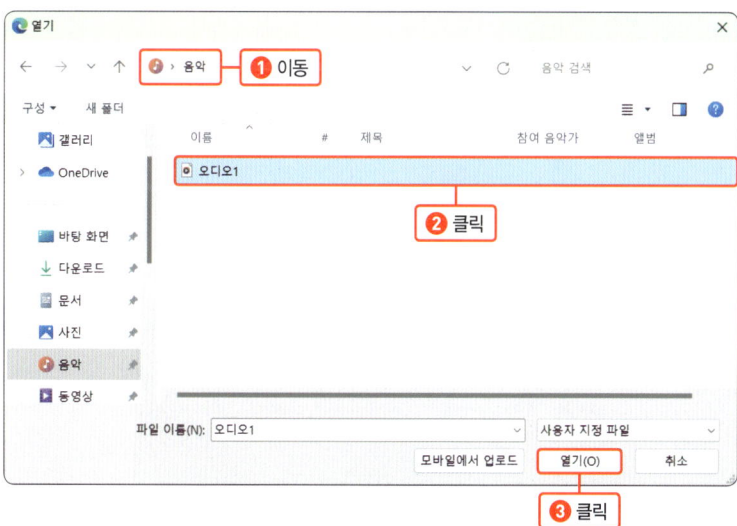

06 이번에는 동영상에서 필요한 부분만 잘라 볼게요. 동영상을 클릭하고 도구 모음에서 [다듬기] 도구(✂)를 클릭하세요.

07 도구 모음에 다듬기 영역 막대가 나타나면 보라색 핸들을 좌우로 드래그하여 동영상에서 남기고 싶은 범위를 지정한 후 [완료]를 클릭하세요. 그러면 설정한 부분만큼 동영상이 잘려요.

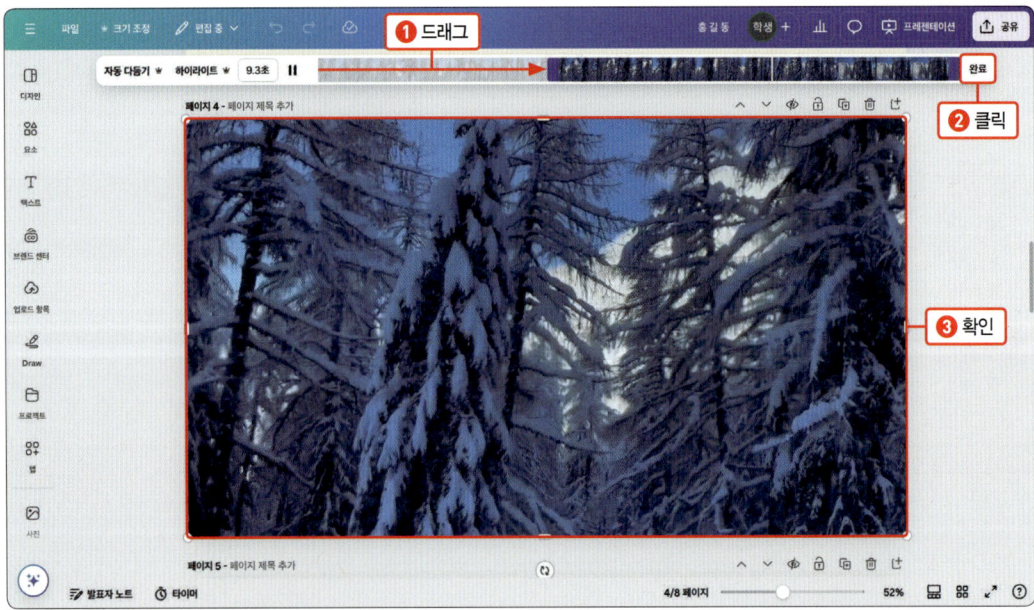

04 동영상의 길이가 너무 길다면 'Magic Studio'의 [하이라이트]를 활용해 보세요. [하이라이트]는 동영상의 핵심 장면을 자동으로 골라내어 짧은 클립을 만들어 주는 기능이에요. 여기에서는 세 개의 하이라이트 클립이 생성되었네요. 이 중에서 원하는 것을 선택하고 [디자인에 선택 사항 추가] 버튼을 클릭해요.

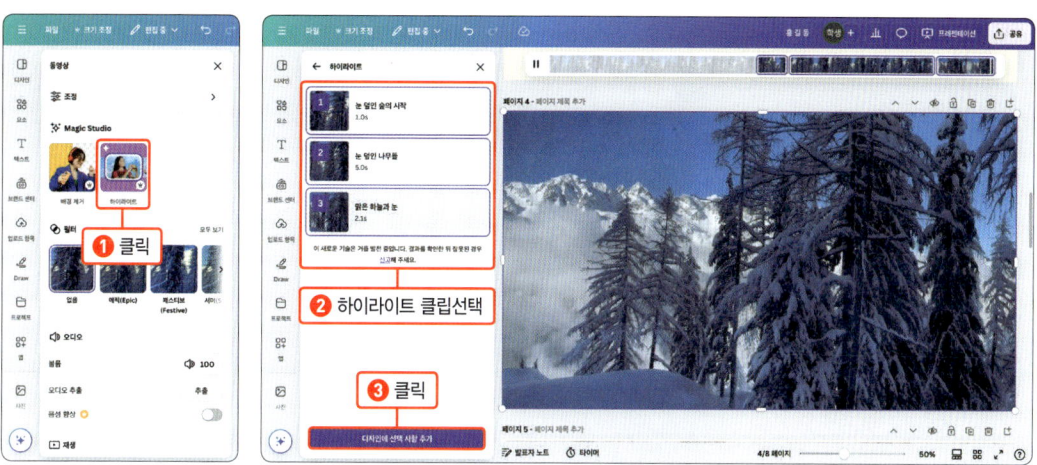

05 선택한 하이라이트 클립이 새로운 페이지에 각각 나뉘어 삽입되었어요. 이 기능을 활용하면 복잡한 편집 과정 없이도 긴 동영상을 짧고 효과적으로 보여 줄 수 있어요.

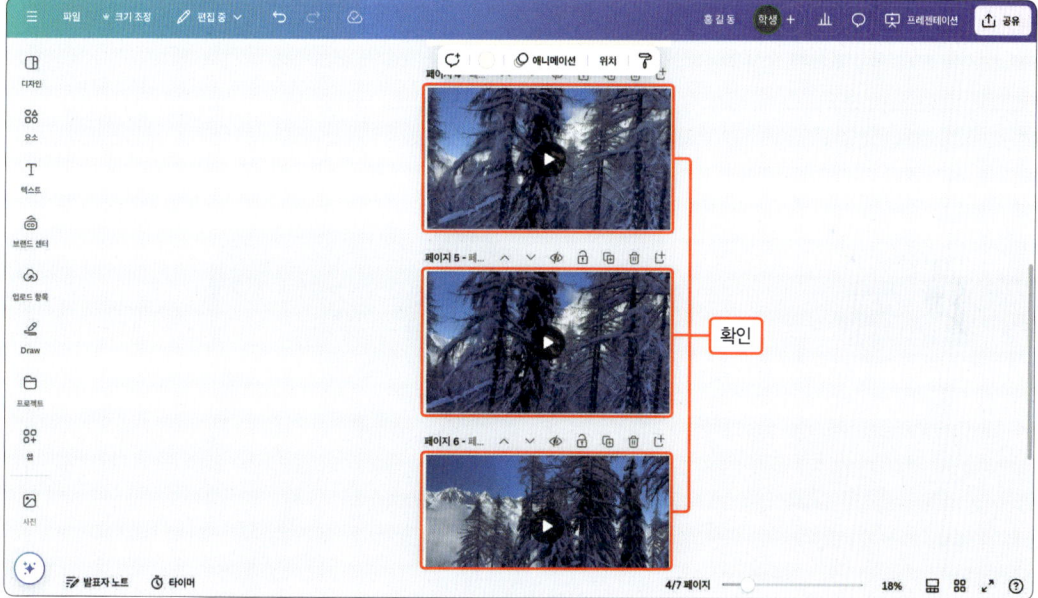

02 도구 모음에서 [편집]을 클릭하세요. 왼쪽 패널의 '필터' 항목에서 원하는 필터를 선택하여 동영상에 필터를 씌울 수 있어요. 달라지는 동영상의 분위기를 확인하며 알맞은 필터를 골라보세요.

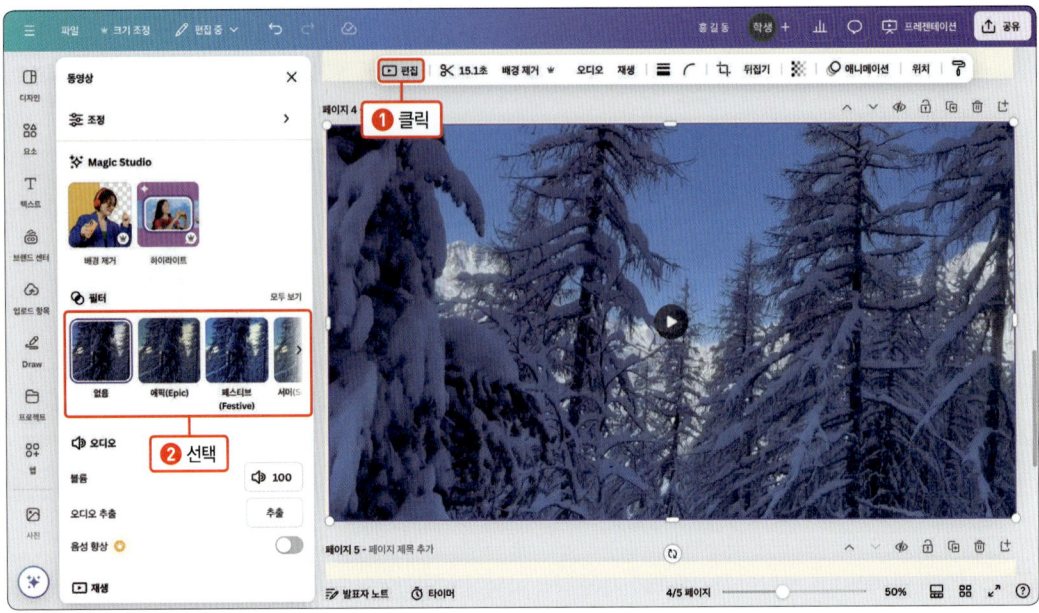

03 'Magic Studio'의 [배경 제거]를 활용하면 동영상 속의 주요 요소를 제외하고 배경만 자동으로 없앨 수 있답니다. 이때 동영상의 배경과 주요 요소가 명확하게 구별되어 있어야 배경이 깔끔하게 제거되어요.

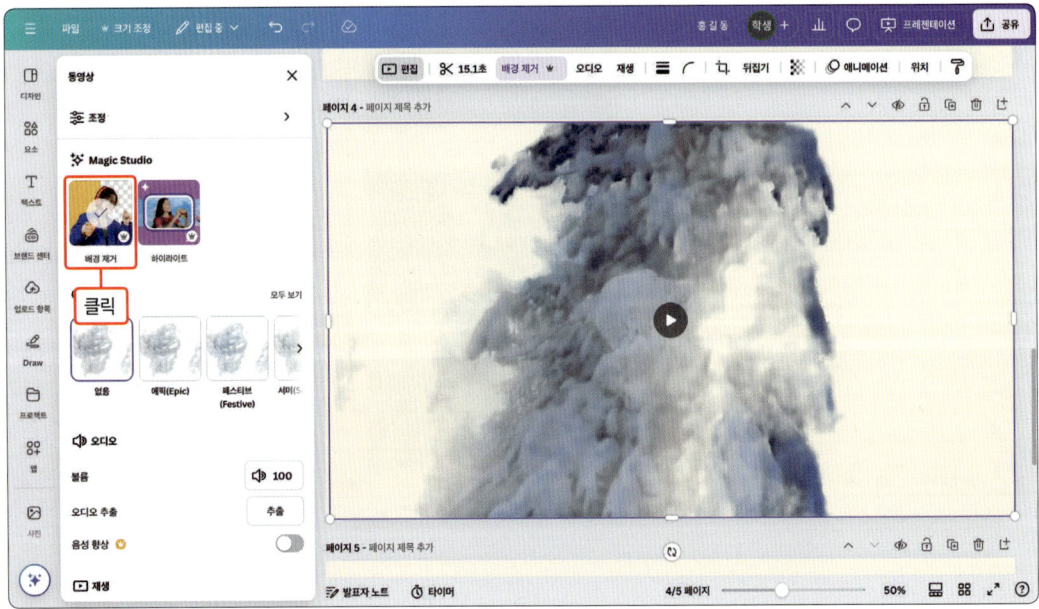

03 왼쪽 패널에 동영상 파일이 추가되면 클릭하여 페이지에 첨부하세요. 페이지에 첨부된 동영상을 클릭하면 원하는 위치로 옮기거나 크기를 조정할 수 있어요.

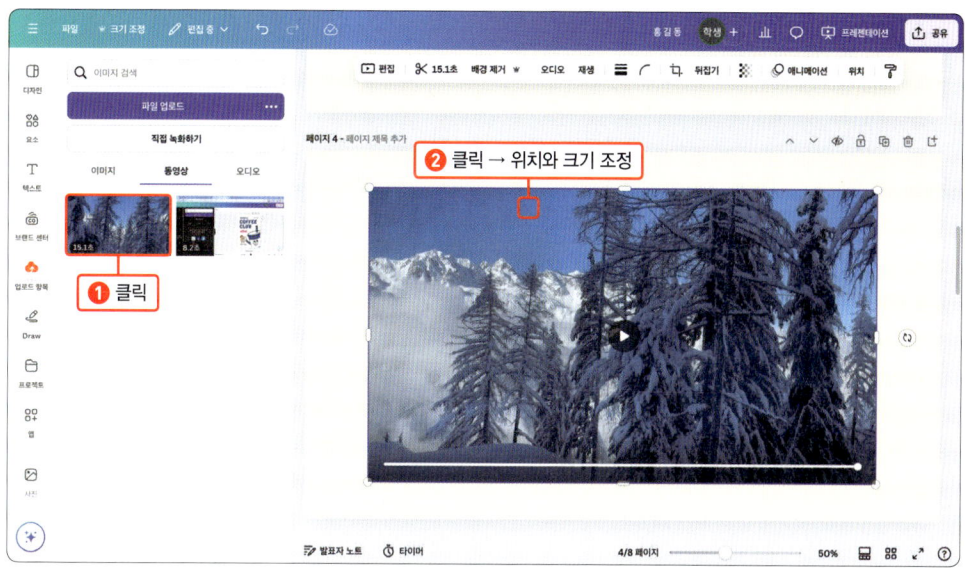

TipTalk 동영상과 같은 미디어 요소를 이동하고, 자르고, 크기를 조정하는 등 편집하는 방법은 125쪽을 참고하세요.

STEP 06 ▶ 동영상 편집하기

이번에는 동영상의 길이를 원하는 만큼 자르고 동영상에 필터를 적용해 볼게요.

01 편집하려는 동영상을 클릭하여 선택하세요.

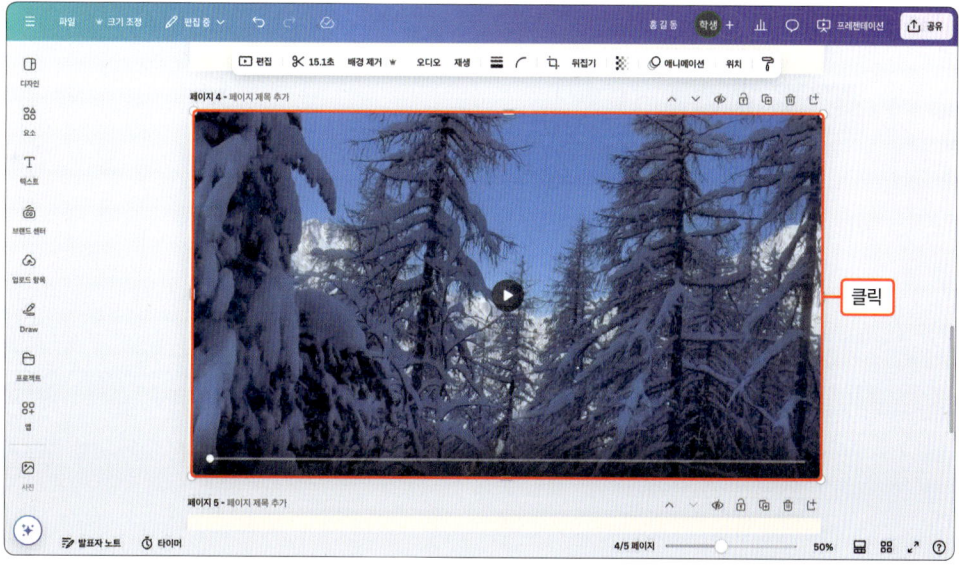

STEP 05 동영상 불러오기

이번에는 내 컴퓨터에 저장된 동영상을 캔바 디자인으로 불러올게요. 내 컴퓨터의 어느 폴더에 동영상 파일을 저장했는지 잘 알아 두고 시작해 보세요.

01 사이드 패널에서 [업로드 항목] 탭의 [동영상]을 클릭하고 [파일 업로드] 버튼을 클릭하세요.

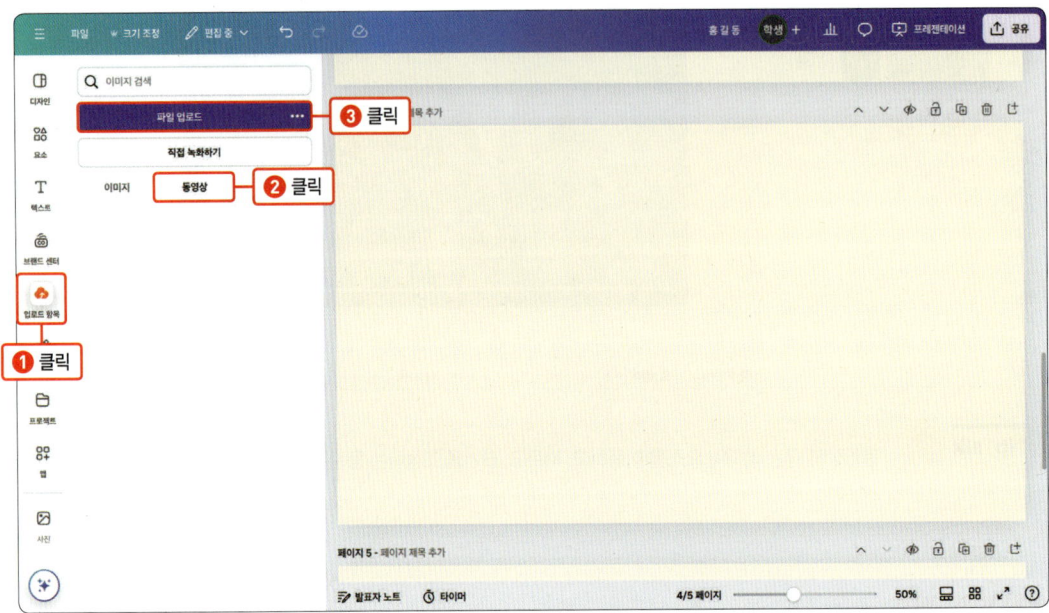

02 [열기] 창이 열리면 불러오고 싶은 동영상 파일을 찾아 선택한 후 [열기] 버튼을 클릭해요.

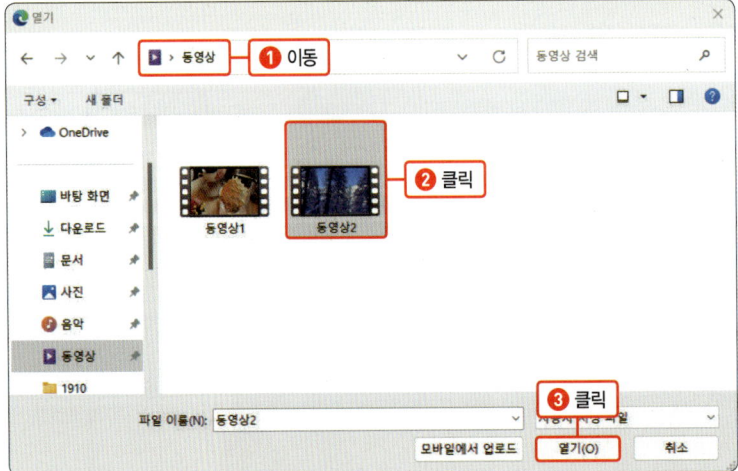

STEP 04 사진에 효과 주기

01 사진을 선택하고 [이미지 편집]을 클릭한 후 [효과]를 클릭하세요. [효과]에서는 사진에 필터를 씌우거나 AI를 활용해서 다양한 효과를 줄 수 있어요.

02 [조정]에서는 슬라이드바를 좌우로 드래그하면서 사진의 밝기와 색 등을 조정할 수 있어요. [자동 조정하기] 버튼을 클릭하면 더욱 쉽게 자동으로 조정할 수 있어요.

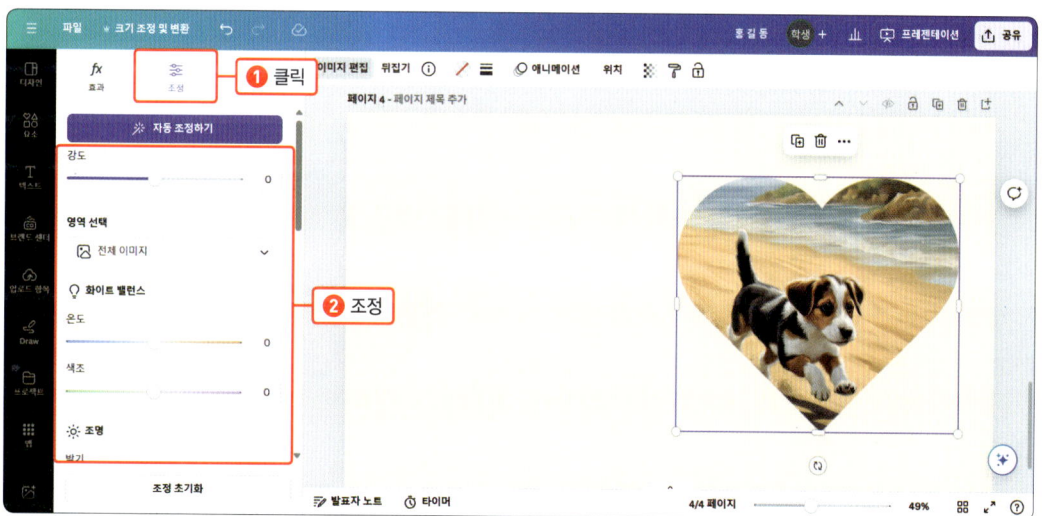

TipTalk 어떤 것을 얼마나 조정해야 한다는 정답은 없으니까 하나씩 조정해 가면서 내가 원하는 색감이나 느낌을 만들어 보세요. 사진이 너무 어둡거나 잘 보이지 않는다면 밝기나 온도, 색조 등을 적절하게 조정해서 잘 보이게 할 수 있어요.

05 사진이 들어간 프레임을 더블클릭하면 프레임 안의 사진을 편집할 수 있어요. 크기를 조정하거나 위치를 옮겨서 보기 좋게 만든 다음 [완료] 버튼을 클릭하세요.

> **TipTalk** [스마트 자르기] 버튼을 클릭하면 프레임 안에서 사진이 가장 보기 좋게 나올 수 있도록 위치를 조정할 수 있어요.

06 프레임을 활용하여 사진 모양을 예쁘게 수정했어요.

03 다양한 프레임이 나타나면 원하는 프레임 모양을 선택하세요. 작업 화면에 프레임을 추가했으면 프레임의 위치와 크기를 조정해요.

04 사진을 클릭한 상태에서 프레임으로 드래그해 집어넣으세요.

STEP 03 ▶ 프레임을 활용해 사진 모양 바꾸기

사진의 기본 모양은 사각형이지만, 다른 모양으로 바꾸고 싶다면 캔바의 '프레임'을 이용하세요. 프레임(frame)은 사진을 넣는 액자라고 생각하면 쉬워요.

01 프레임에 넣을 사진을 미리 디자인에 첨부하고 사이드 패널에서 [요소] 탭을 클릭하세요.

02 검색 창에서 '프레임'을 검색하고 '프레임' 항목에서 [모두 보기]를 클릭하세요.

02 사진을 선택하면 꼭짓점에 원 형태의 크기 조정 핸들이 나타나는데요, 이것을 드래그하면 사진의 크기를 조정할 수 있어요.

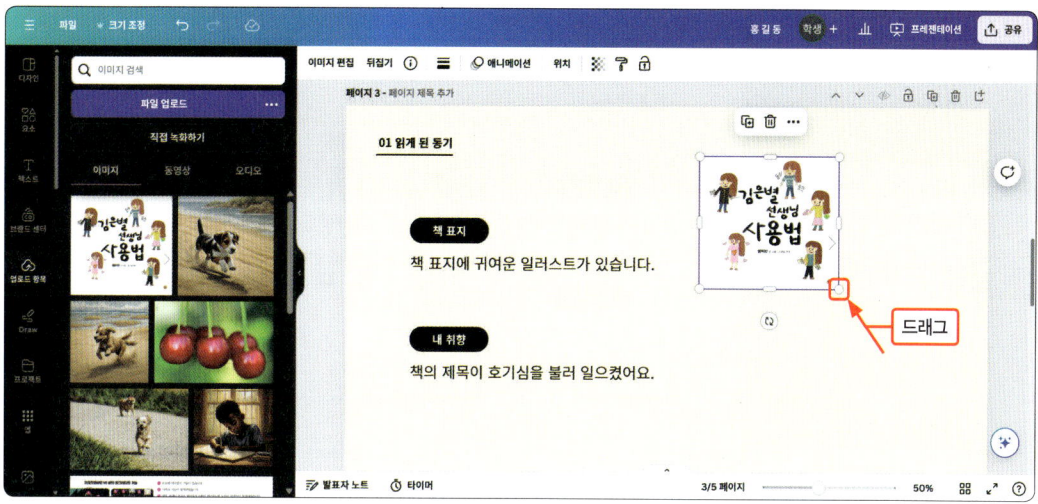

03 사진을 선택하면 각 테두리의 가운데에 타원 형태의 자르기 핸들이 나타나는데요, 이것을 드래그하면 사진을 자를 수 있어요.

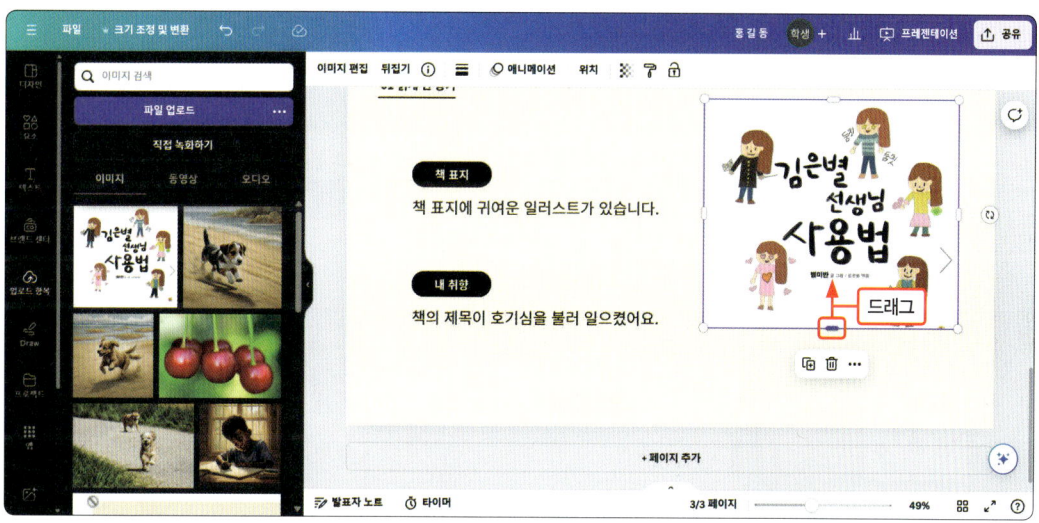

TipTalk 사진을 잘못 잘랐나요? 당황하지 마세요. 자르기 핸들을 원래의 위치로 다시 드래그하면 사진을 원래 상태로 복원할 수 있어요.

05 [이미지]에서 내가 추가한 사진을 클릭해 보세요. 그러면 현재 열려 있는 페이지에 사진이 나타나지요?

STEP 02 사진 편집하기

사진을 불러오면 페이지의 가운데에 삽입돼요. 이때 사진의 크기가 너무 크거나, 위치가 마음에 들지 않거나, 사진의 일부분만 필요할 수 있어요. 이번에는 내 디자인 콘텐츠와 사진이 잘 어울릴 수 있도록 편집해 볼게요.

01 사진을 클릭해 선택한 상태에서 원하는 방향으로 드래그하면 위치를 조정할 수 있어요.

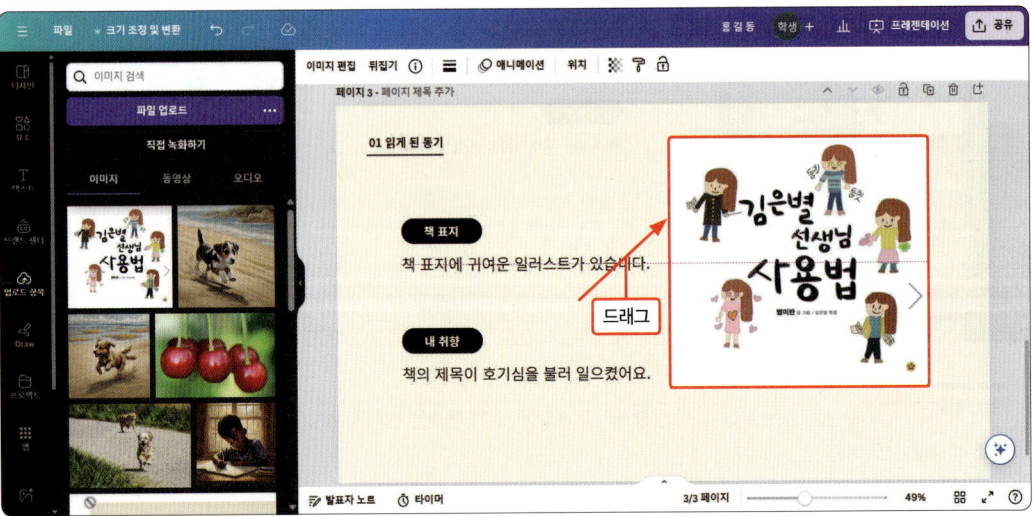

03 [열기] 창이 열리면 내가 불러오고 싶은 사진 파일이 있는 폴더로 이동해서 원하는 사진 파일을 선택하고 [열기] 버튼을 클릭하세요.

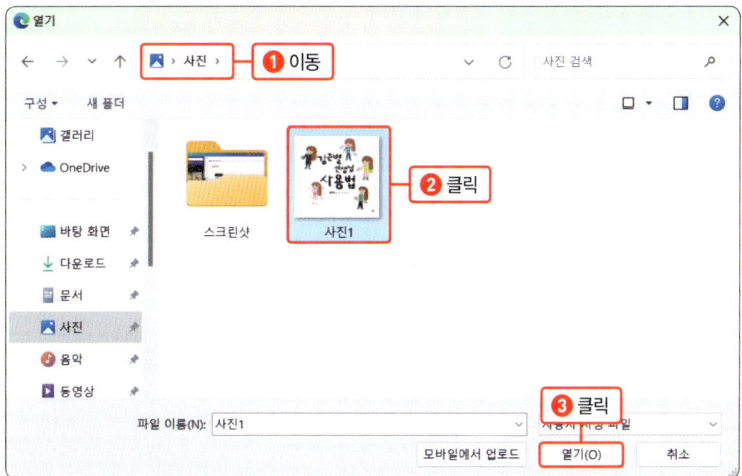

04 [이미지]에 내가 불러온 이미지 파일이 추가되었는지 확인해요.

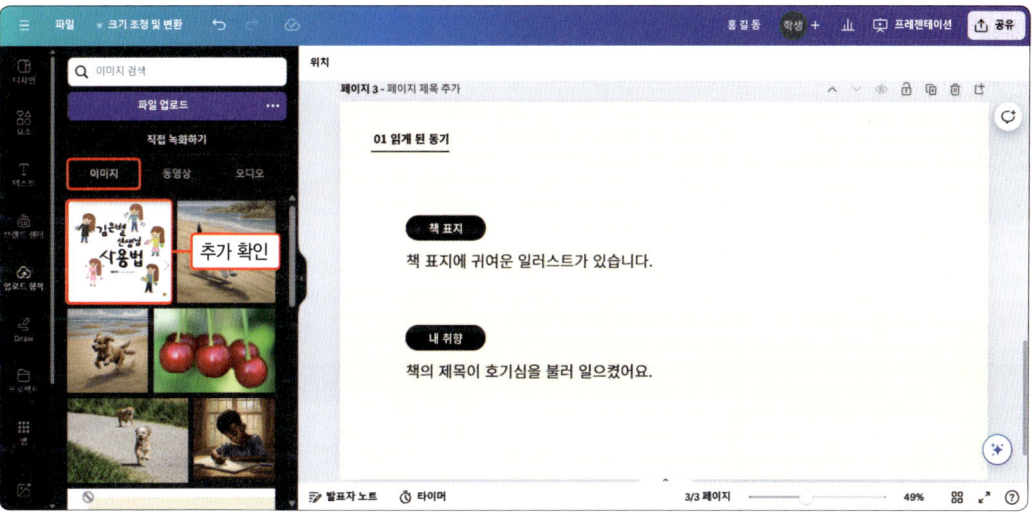

내 디자인에 멀티미디어 첨부하기

STEP 01 사진 불러오기

내 컴퓨터에 저장된 사진을 캔바 사이트로 불러오는 것을 '업로드(upload)'라고 하는데요, 사진을 업로드하여 내가 원하는 페이지에 넣어 볼게요. 물론 사진을 불러오기 전에 내 컴퓨터에 사진부터 저장해야 해요.

01 사진을 넣고 싶은 페이지를 열고 사이드 패널에서 [업로드 항목] 탭을 클릭하세요.

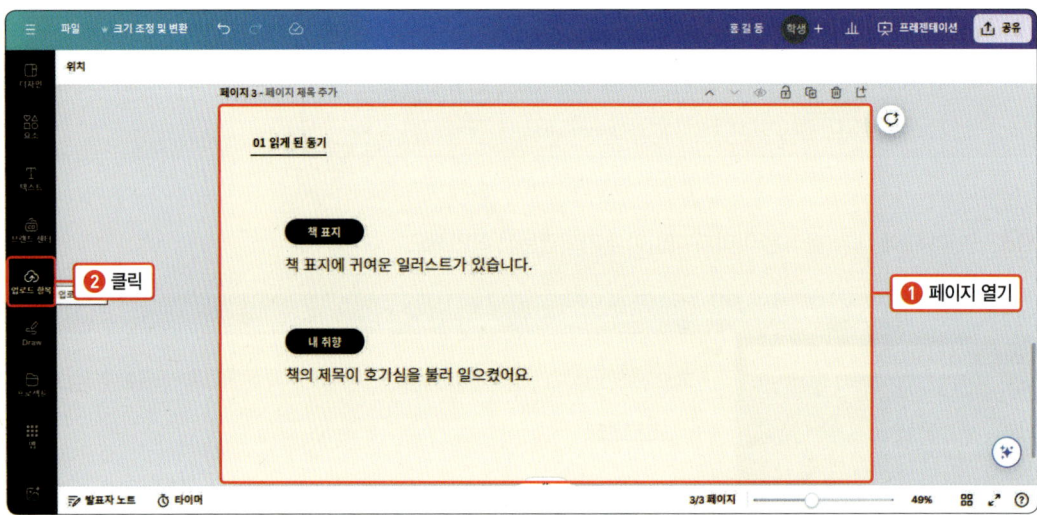

02 업로드 항목에서 [파일 업로드] 버튼을 클릭하세요.

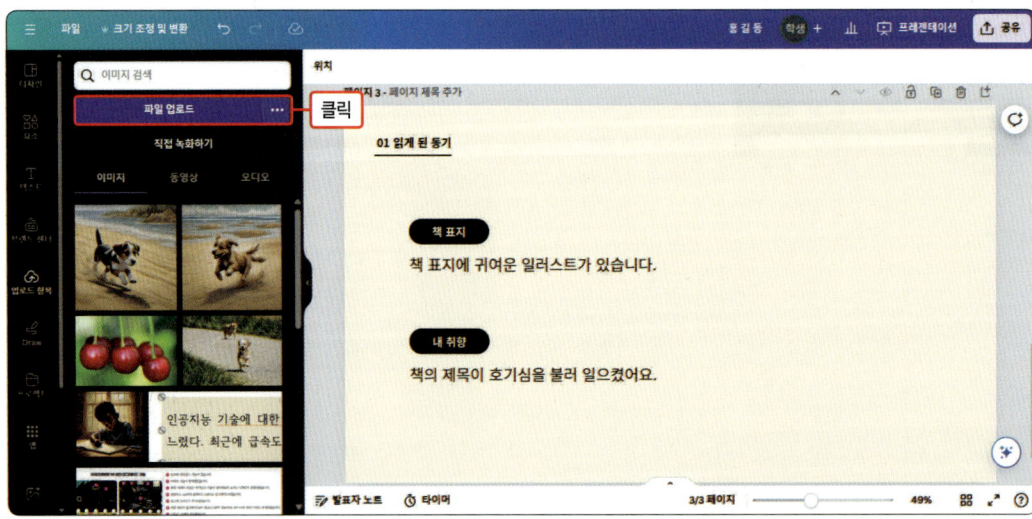

WEEK 11
멀티미디어를 활용해서 효과적으로 발표해요

친구들의 발표 중 인상 깊거나 기억에 오래 남는 발표가 있나요? 만약 있다면 어떤 이유 때문인가요? 여러 이유가 있겠지만, 그중 하나는 발표 자료에 적절한 요소를 넣었기 때문일 것이에요.

우리는 발표할 때 긴장하는 경우가 많아서 디자인 콘텐츠에 텍스트를 많이 넣고 그대로 따라 읽으려고 해요. 하지만 콘텐츠에 글이 너무 많으면 복잡해 보여요. 게다가 글만 그대로 읽으면 발표의 의미가 사라지고 듣는 사람이 지루해져서 집중할 수 없죠. 대신 ==적절한 그림과 소리 자료를 넣으면 보는 사람이 흥미를 갖고 더욱 집중할 수 있어요.==

'백문(百聞)이 불여일견(不如一見)'이란 말이 있어요. '백 번 듣는 것보다 한 번 보는 게 낫다'는 말이에요. 우리가 외국인들에게 우리나라 전통 옷인 한복을 소개한다고 생각해 볼까요? 다양한 한복의 종류를 말로 설명하는 것보다 사진 자료를 보여 주면서 소개하면 훨씬 쉽게 이해하고 더욱 오래 기억에 남을 거예요. 탈춤도 마찬가지예요. 우리가 말로 탈춤을 설명하는 것보다 탈춤 공연 동영상을 한 번 보여 주면 보는 사람들이 흥미를 가질 거예요. 그리고 콘텐츠에 배경 음악을 넣어 사람들을 편안하게 하거나, 음악 감상곡을 발표할 때 필요한 소리(오디오)를 넣으면 더욱 쉽게 이해할 수 있겠지요?

학생: 저는 정말 열심히 준비해서 말로만 발표했는데, 친구들이 쉽게 지루해하는 모습을 보고 좌절했어요. 어떻게 하면 친구들이 제 발표에 집중할 수 있을까요?

선생님: 내가 발표하고 싶은 것을 잘 이해할 수 있게 관련 그림이나 동영상, 또는 소리 자료를 넣어서 사람들의 흥미를 불러일으킬 수 있어요. 이렇게 하면 말로만 하는 발표보다 발표자의 부담도 훨씬 덜 수 있답니다.

학습 목표
- 사진을 업로드하여 편집할 수 있어요.
- 동영상을 업로드하여 편집할 수 있어요.
- 오디오를 업로드하여 편집할 수 있어요.

02 외부 웹 사이트로 이동하고 싶다면 링크 입력 상자에 웹 사이트의 URL 링크를 복사해서 붙여넣거나 입력하고 [완료] 버튼을 클릭하세요.

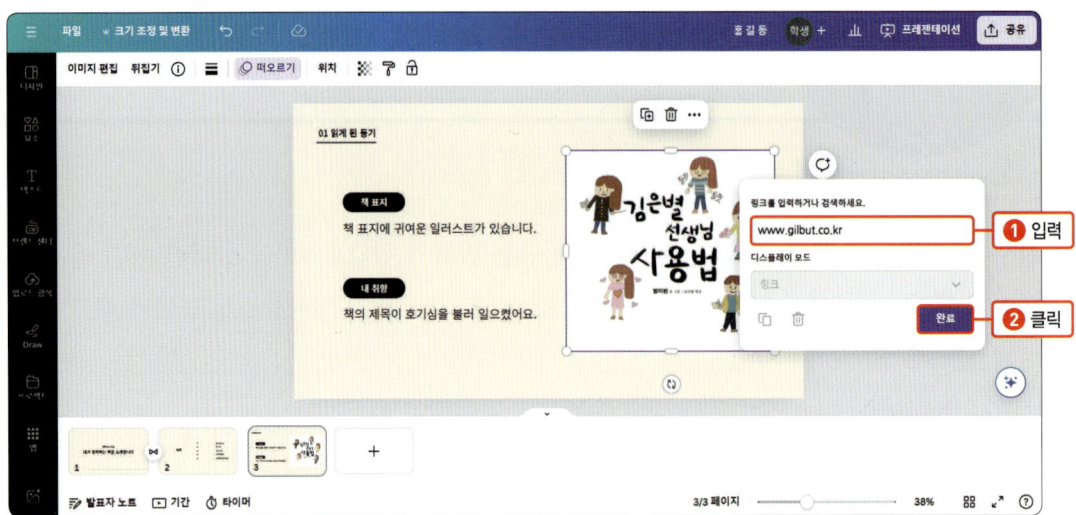

03 내가 만들어 둔 다른 캔바 디자인이나 해당 디자인의 다른 페이지로 이동하고 싶나요? 이럴 때는 링크 입력 상자를 클릭하고 목록이 나타나면 이동하려는 페이지를 선택하세요.

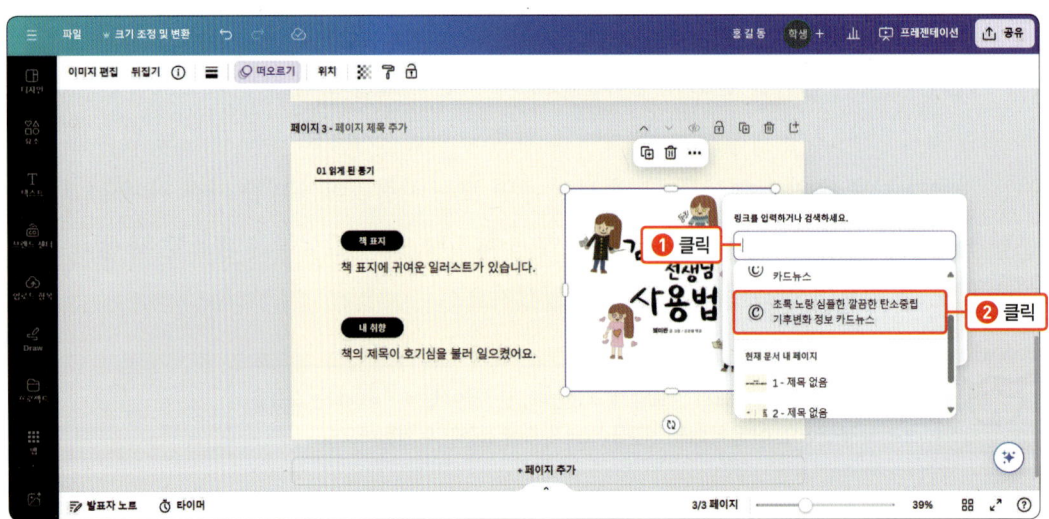

> **TipTalk** 링크가 잘 설정되었는지 확인하고 싶지요? 화면의 오른쪽 아래에 있는 [전체 화면 프레젠테이션] 아이콘( )을 클릭하여 프레젠테이션을 전체 화면으로 열고 링크로 연결한 요소를 클릭해서 지정한 곳으로 잘 이동하는지 확인해 보세요.

03 이번에는 애니메이션의 시간(초), 방향, 색 등 세부 사항을 설정하세요.

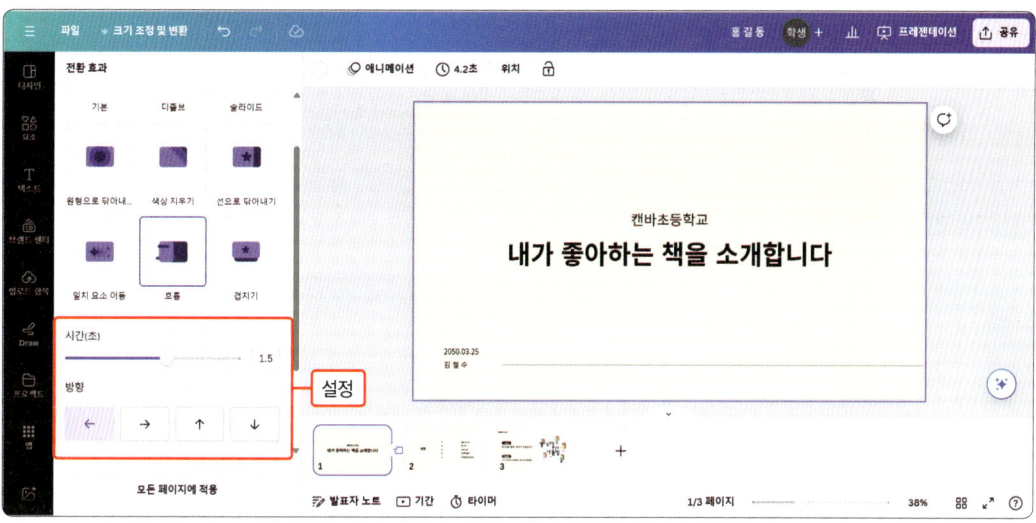

STEP 04 ▶ 요소에 링크 설정하기

특정 요소에 링크를 설정하면 다른 페이지나 외부 웹 사이트로 쉽게 이동할 수 있어요. 이때 이동하려는 웹 사이트의 URL 주소를 미리 알아 두어야 해요.

01 링크를 설정하고 싶은 요소를 선택하고 마우스 오른쪽 버튼을 클릭한 후 바로 가기 메뉴에서 [링크]를 선택하세요.

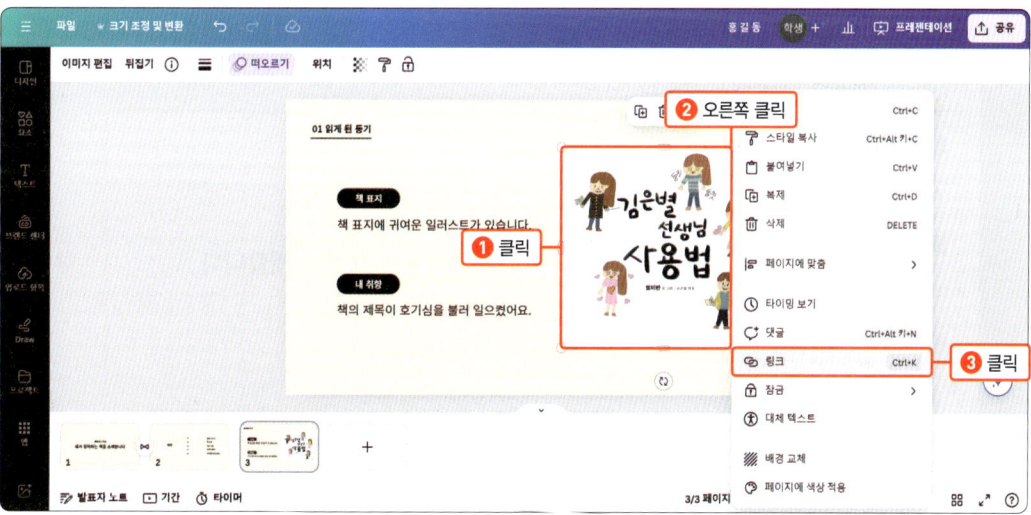

STEP 03 페이지 전환 효과 넣기

이번에는 페이지를 넘길 때 보이는 페이지 전환 효과를 설정해 볼게요.

01 프레젠테이션 문서에는 편집 화면 아래쪽에 해당 디자인의 모든 페이지를 한눈에 확인할 수 있는 페이지 탭이 있어요. 전환 효과를 주고 싶은 페이지와 페이지 사이에 마우스 포인터를 올려놓고 [전환 효과 추가] 아이콘(＋)이 나타나면 클릭하세요.

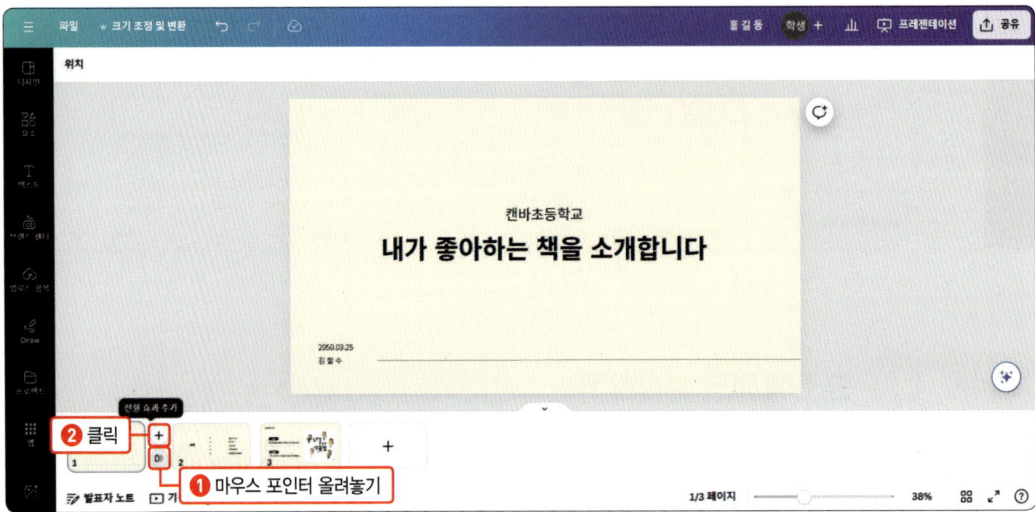

02 화면의 왼쪽에 [전환 효과] 패널이 열리면 페이지를 넘길 때마다 실행되는 페이지 전환 효과를 하나씩 클릭해 보면서 미리 확인한 후 마음에 드는 효과를 선택하세요.

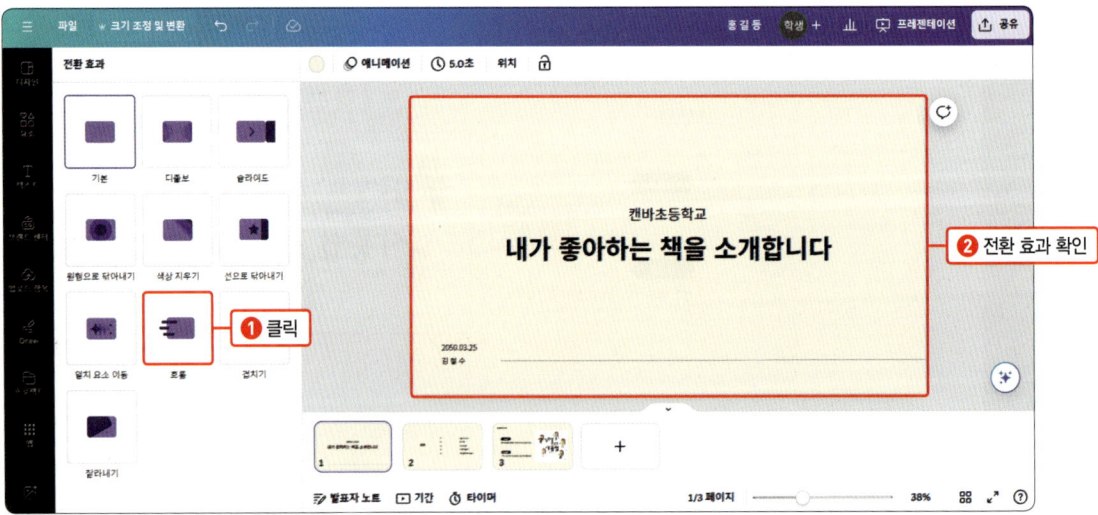

02 요소를 클릭한 상태에서 마우스를 떼지 않고 길을 따라 드래그하세요.

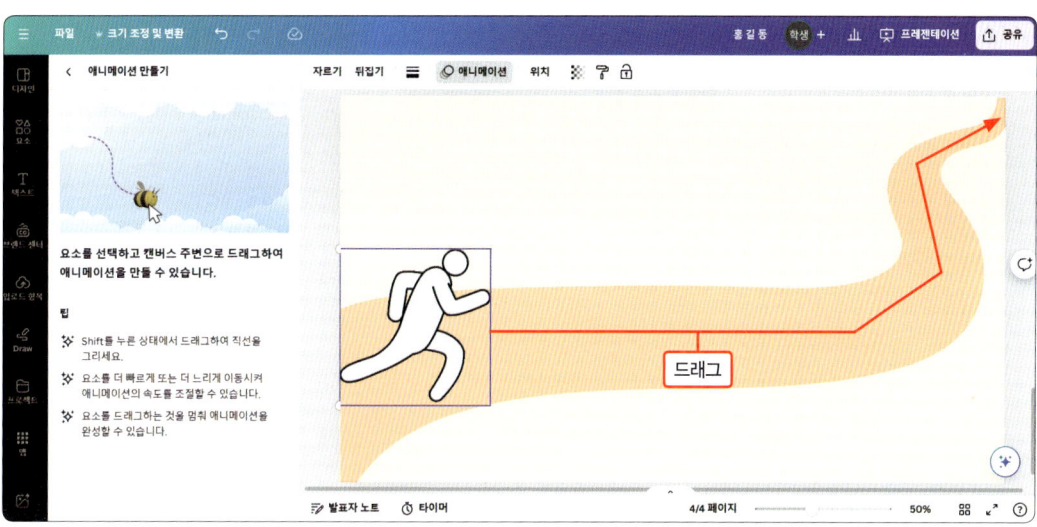

> **TipTalk** 키보드의 Shift를 누른 상태에서 드래그하면 경로를 직선으로 반듯하게 그릴 수 있어요.

03 드래그한 경로대로 점선이 나타나면서 드래그한 속도와 방향에 맞게 요소가 움직이네요. 애니메이션이 마음에 든다면 [완료] 버튼을 클릭하세요. 만약 애니메이션을 다시 만들고 싶다면 [경로 삭제] 버튼을 클릭한 후 같은 방법으로 애니메이션을 다시 그려 보세요.

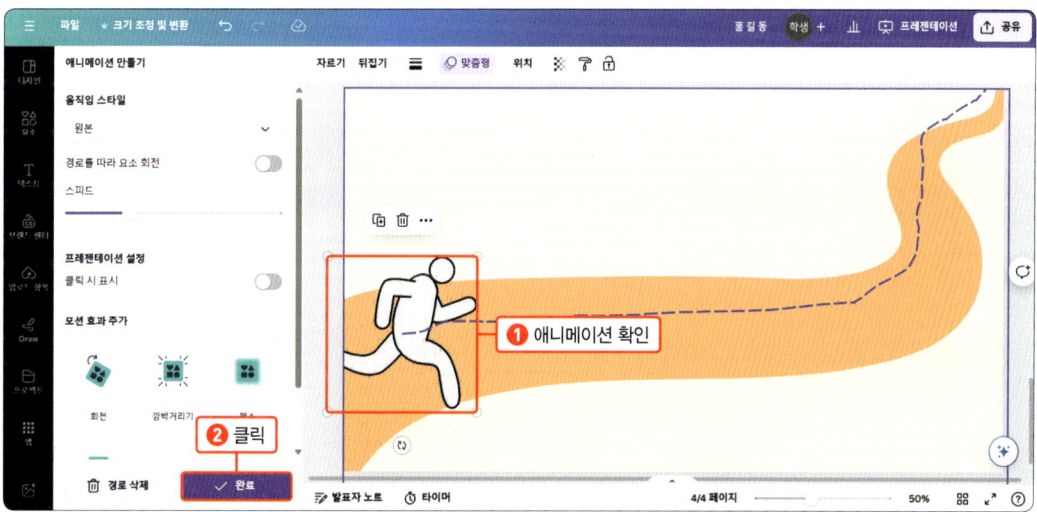

03 프레젠테이션이 전체 화면으로 나타나면 애니메이션 효과가 잘 적용되었는지 확인하세요. Esc 를 누르거나 [전체 화면 닫기] 아이콘( )을 클릭하면 전체 화면을 종료하고 편집 화면으로 되돌아갈 수 있어요.

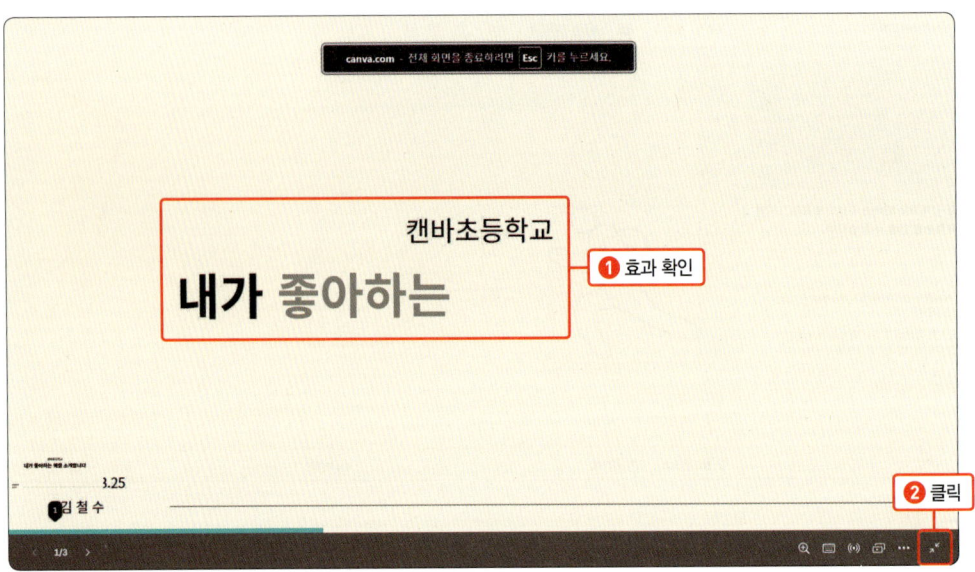

STEP 02 나만의 애니메이션 효과 만들기

'애니메이션 만들기' 기능을 활용하면 내가 원하는 대로 요소를 움직일 수 있어요. 이번에는 사람이 길을 따라 달려가는 애니메이션을 만들어 볼게요.

01 사람 요소를 클릭하고 도구 모음에서 [애니메이션]을 클릭합니다. 화면의 왼쪽에 애니메이션 설정 패널이 열리면 [요소 애니메이션]의 '도구' 항목에서 [애니메이션 만들기]를 클릭하세요.

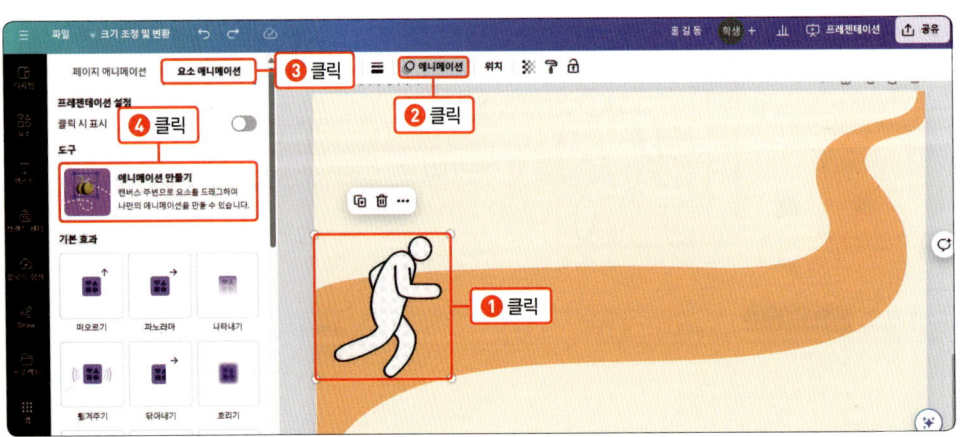

Tip Talk 빈 페이지에 사람 그래픽과 길 그래픽을 추가한 다음 따라 해요. 요소를 검색하고 추가하는 방법은 85쪽을 참고하세요.

 ## 애니메이션을 이용해 청중의 주목 끌기

STEP 01 강조하고 싶은 요소에 애니메이션 효과 넣기

강조하고 싶은 텍스트나 이미지(사진) 요소에 애니메이션 효과를 넣어 볼게요.

01 내가 효과를 주고 싶은 텍스트나 사진을 선택하고 화면의 위쪽에 있는 도구 모음에서 [애니메이션]을 클릭해요. 그러면 화면의 왼쪽에 애니메이션 설정 패널이 나타나요.

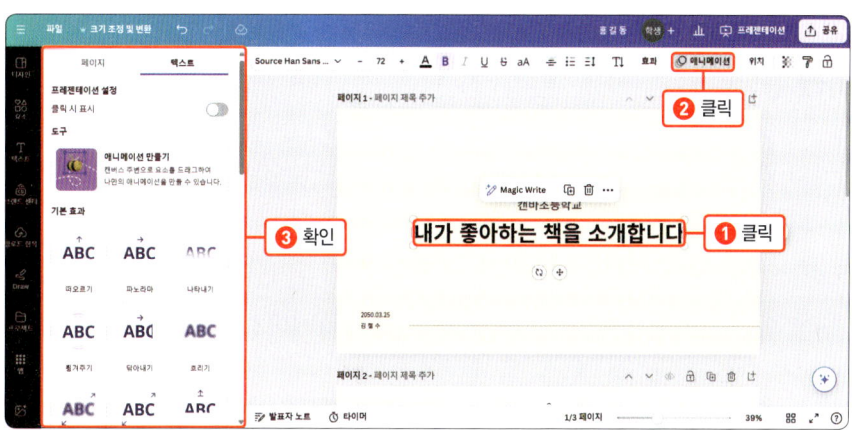

> **TipTalk** 텍스트 요소를 선택했으므로 [텍스트 애니메이션]이 나타났어요. 사진 요소를 선택하면 [사진 애니메이션]이, 캔바에서 제공하는 요소를 선택하면 [요소 애니메이션] 탭이 나타나요. 탭의 이름은 다르지만 애니메이션 효과는 모두 같아요. 그리고 [페이지 애니메이션]에서는 페이지에 포함된 모든 요소에 같은 애니메이션 효과를 줄 수 있어요.

02 마음에 드는 효과를 선택하고 애니메이션의 시작 시간과 강도 등 세부 설정을 한 후 화면의 오른쪽 아래에 있는 [전체 화면 프레젠테이션] 아이콘(⤢)을 클릭하세요.

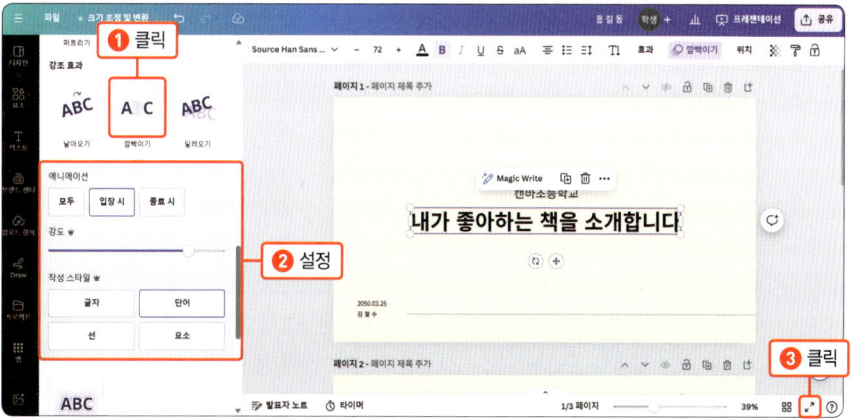

 ## 애니메이션은 언제 필요한가요?

애니메이션이 매 순간 꼭 필요한 것은 아니에요. 내가 만든 디자인 콘텐츠가 움직이지 않는 고정된 이미지나 한 장짜리 포스터라면 '요소 애니메이션'이나 '전환 효과'는 필요하지 않겠지요? 하지만 **내가 만든 디자인 콘텐츠가 사람들 앞에서 발표하는 '프레젠테이션'이나 '동영상'이라면 애니메이션 효과가 필요해요.** 그렇다면 어떤 상황에 어떤 애니메이션을 넣는 게 좋을까요?

〉요소 애니메이션 〈

먼저 '요소 애니메이션'은 각 텍스트나 이미지를 움직이게 하거나, 강조하거나, 사라지게 할 수 있어요. 따라서 내가 한 페이지 안에서 발표하다가 중간에 원하는 요소를 나타내고 싶거나, 내가 말하는 요소를 강조하여 사람들의 시선을 집중시키고 싶거나, 기존에 있던 요소를 사라지게 하여 그 뒤에 있는 요소를 보여 주고 싶을 때 요소 애니메이션을 사용하면 좋아요.

〉전환 효과 〈

'전환 효과'는 각 페이지를 넘길 때 줄 수 있는 효과예요. 물론 전환 효과가 꼭 필요한 것은 아니지만, 내가 만든 페이지를 매끄럽게 넘길 수 있어요. 또한 내가 만든 디자인 콘텐츠가 책이라면 책 페이지를 넘기는 것과 같은 효과도 줄 수 있지요.

애니메이션을 잘 활용하면 내가 만든 콘텐츠를 보는 사람에게 더욱 깊은 인상을 주면서 내가 전하려는 의도를 잘 반영할 수 있어요. 하지만 애니메이션을 너무 많이 넣으면 어수선해 보일 수 있으니까 조심해야 해요. 문서를 다 만든 후에는 처음부터 끝까지 쭉 살펴보면서 애니메이션 효과가 과하지는 않은지, 빠진 곳은 없는지 등을 점검해 보는 것이 좋아요.

아하! 무작정 화려하게 애니메이션을 지정한다고 좋은 게 아니구나! 내가 발표할 콘텐츠에 맞게 적절한 애니메이션을 넣는 것이 더 좋은 콘텐츠를 만드는 방법이라는 점을 배웠어.

WEEK 10
애니메이션과 효과를 넣어 주목도를 높여요

많은 사람 앞에서 발표할 때 사람들의 시선을 끌려면 어떤 방법이 있을까요? 좋은 내용을 담는 것도 물론 중요하지만, 발표 자료에 움직이는 요소를 적절히 넣으면 사람들의 주의를 더욱 집중시킬 수 있어요.

==애니메이션(animation)은 움직이지 않는 요소에 살아 있는 듯한 움직임을 주는 기술을 말해요.== 우리가 알고 있는 애니메이션 영화도 움직이지 않는 그림을 빠르게 넘겨서 움직이는 것처럼 보이게 만든 것이에요.

'과유불급(過猶不及)'이라는 말을 아나요? 이 말은 무엇이든지 적당하지 않고 지나치면 안 된다는 뜻이에요. 콘텐츠 안에 담긴 내용보다 애니메이션을 너무 많이 넣으면 보는 사람들이 어지러울 수 있어요. 따라서 ==내가 강조하고 싶은 부분에만 적절한 애니메이션 효과를 넣는 것이 가장 좋아요.==

애니메이션은 두 가지 방법으로 넣을 수 있어요. 우선 하나의 페이지에 담긴 요소에 움직임이나 강조, 사라짐의 효과를 주는 '요소 애니메이션(텍스트, 이미지)'이 있고, 다음 페이지로 이동할 때 페이지를 넘기는 방법을 설정하는 '전환 효과'가 있어요.

\학생/
> 제가 만든 프레젠테이션을 발표하려고 보니 조금 밋밋해 보여서요. 각 요소가 움직이면서 페이지를 부드럽게 넘길 수 있으면 좋겠어요. 그러면 보는 사람들이 제 프레젠테이션에 좀 더 집중할 수 있을 거예요.

\선생님/
> 그러면 그 요소에 '애니메이션'을 넣으면 어떨까요? 각 요소에 애니메이션 효과를 주거나, 페이지를 전환할 때 효과를 넣으면 사람들의 시선을 사로잡을 수 있어요. 내가 만든 콘텐츠에 어울리는 애니메이션을 찾아볼까요?

학습 목표
- 각 요소에 어울리는 애니메이션을 지정할 수 있어요.
- 적절한 페이지 전환 효과를 지정할 수 있어요.
- 내가 원하는 외부 링크를 삽입할 수 있어요.

07 나머지 텍스트도 차례대로 내용을 바꿔 줍니다. 기존 템플릿에서 사용한 글꼴 중 한글을 지원하지 않는 글꼴도 있으니 꼼꼼하게 살펴보면서 텍스트를 입력하고 필요 없는 텍스트는 삭제하세요.

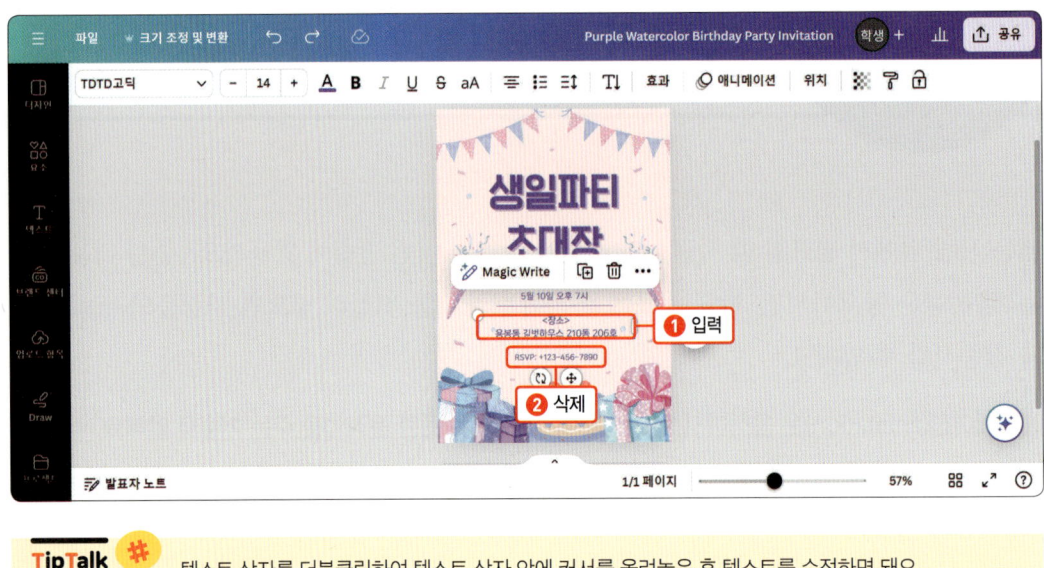

> **TipTalk** 텍스트 상자를 더블클릭하여 텍스트 상자 안에 커서를 올려놓은 후 텍스트를 수정하면 돼요.

08 텍스트를 모두 수정했으면 각 요소의 위치를 보기 좋게 조정하여 생일 파티 초대장을 완성하세요.

05 원하는 문구를 입력하고 글꼴과 크기를 지정해요. 여기에서는 '210 토스트' 글꼴로 바꾸고 크기는 '56'으로 지정했어요.

06 텍스트에 입체감을 지정해 볼게요. 텍스트 편집 도구 모음에서 [효과]를 클릭하고 [그림자] 효과를 추가한 후 그림자를 더욱 강조하기 위해 '오프셋'을 '55'로 지정했어요. 그림자가 훨씬 뚜렷하게 보이죠?

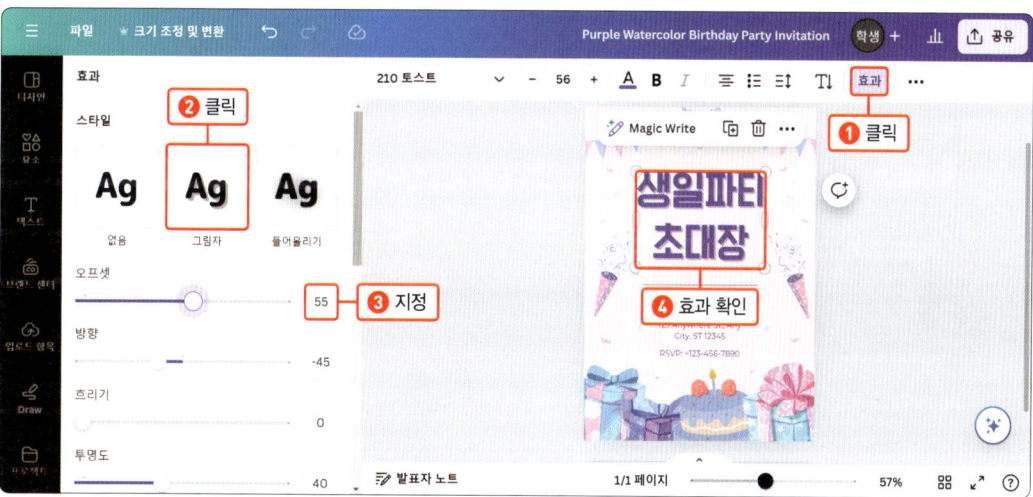

03 우선 필요 없는 텍스트를 정리해 볼게요. 삭제하고 싶은 텍스트를 클릭하고 Delete 를 눌러요.

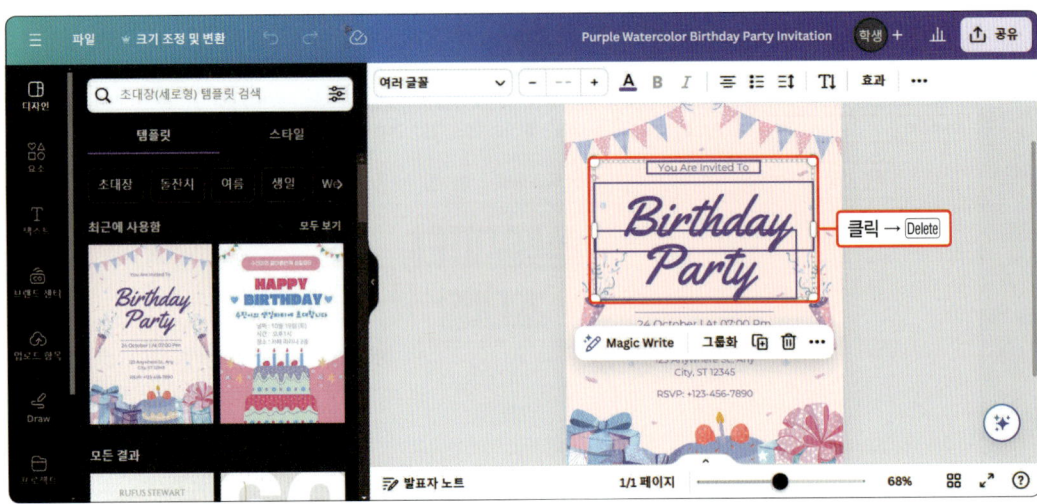

04 빈 자리를 새로운 텍스트로 채워 볼게요. 사이드 패널에서 [텍스트] 탭을 클릭하고 [텍스트 상자 추가] 버튼을 클릭하여 텍스트 상자를 추가하세요.

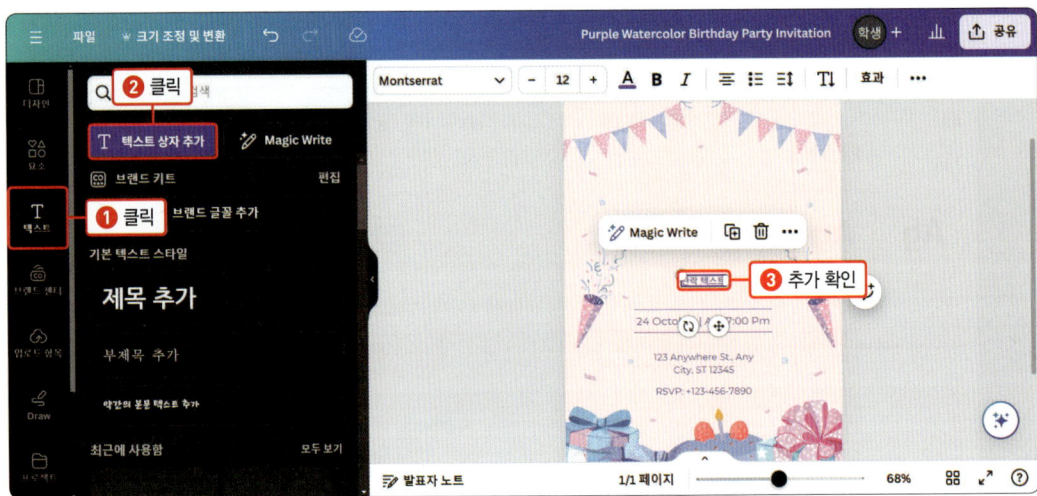

STEP 04 템플릿에 있는 텍스트 편집하기

캔바에서 제공하는 템플릿을 나에게 맞게 활용하려면 텍스트를 편집하는 방법도 알아야겠죠? 이번에는 템플릿에 있는 텍스트를 원하는 대로 편집하는 방법을 알아볼게요.

01 캔바의 홈 화면에서 원하는 템플릿을 검색해요. 여기에서는 '생일 파티'를 검색하여 생일 파티 초대장 템플릿을 만들어 볼게요.

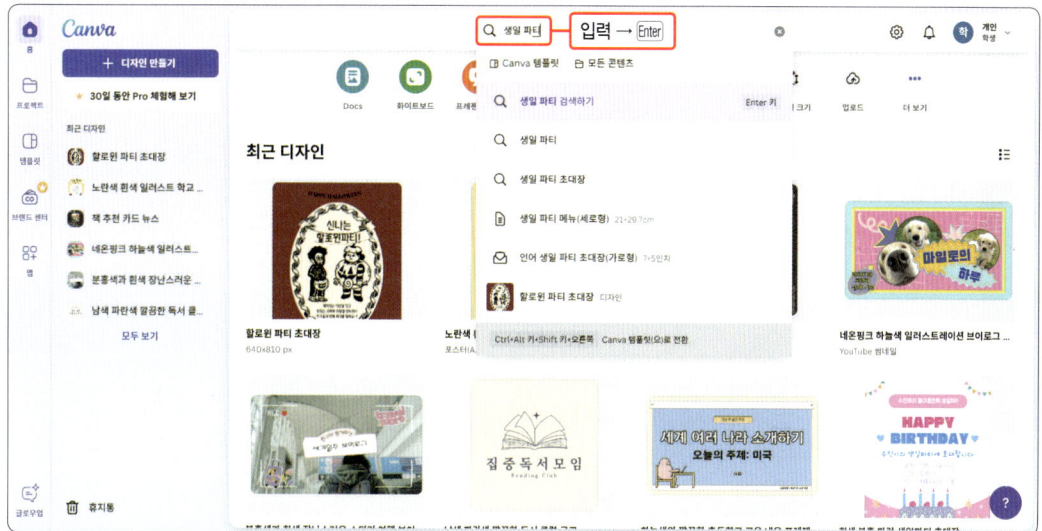

02 마음에 드는 템플릿을 선택하고 [이 템플릿 맞춤 편집하기]를 클릭해요.

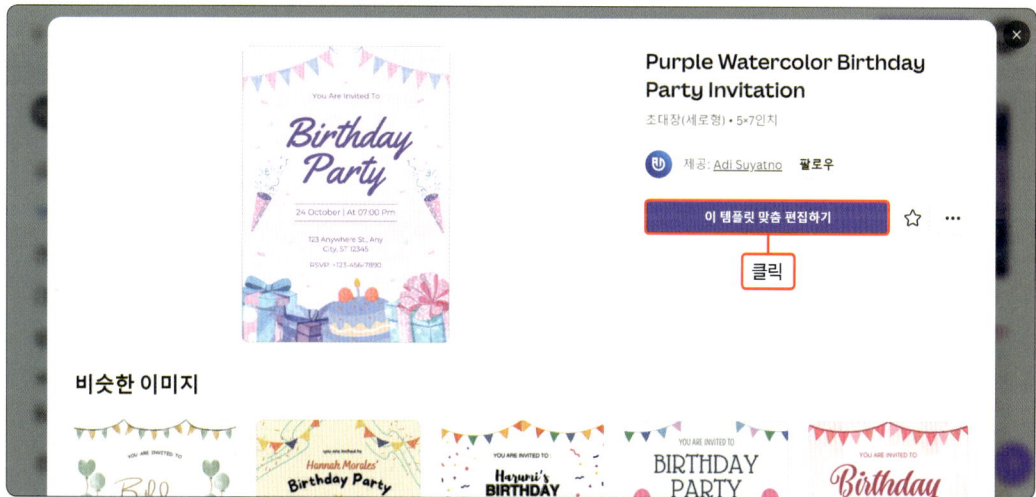

STEP 03 ▶ 텍스트에 효과 넣기

01 텍스트 편집 도구 모음에서 [효과]를 클릭하면 텍스트에 그림자나 테두리 등의 효과를 적용할 수 있어요. 효과를 넣으려는 텍스트를 선택하고 원하는 효과 스타일을 골라 클릭해 볼까요? 여기에서는 '스타일' 항목에서 [그림자]를 선택했어요.

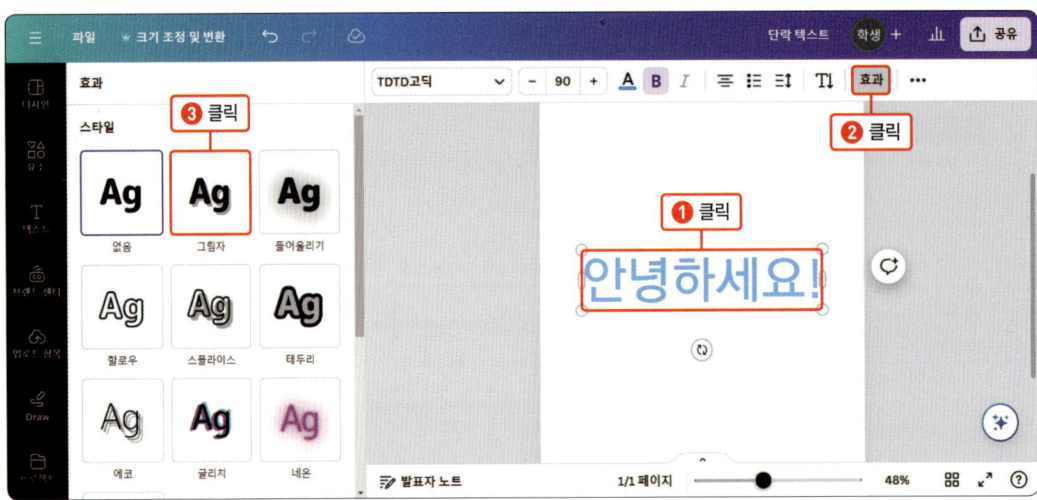

02 스타일을 선택하면 세부 설정을 할 수 있어요. 슬라이드바를 드래그하여 효과의 강도를 조정하세요.

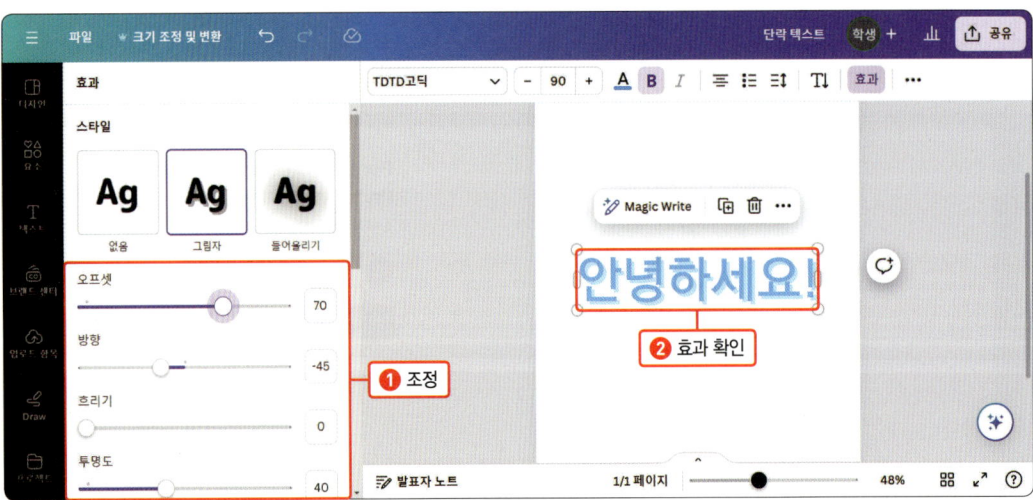

> **TipTalk** '오프셋'은 텍스트와 그림자가 얼마나 떨어져 있는지 설정하는 옵션이에요. 오프셋 값이 클수록 텍스트와 그림자가 많이 떨어져서 입체적으로 보이지만, 가독성이 떨어질 수 있으니 주의해야 합니다. 가독성이란 글자나 그림이 얼마나 쉽게 읽히는지를 의미해요. 예를 들어 글자가 너무 작거나 빽빽하면 읽기 힘들고, 글자 크기가 적당하고 띄어쓰기가 잘되어 있으면 읽기 편하죠? 이처럼 가독성은 글꼴, 글자의 크기와 간격, 줄 간격, 띄어쓰기에 따라 달라질 수 있어요.

06 텍스트를 투명하게 만들고 싶다면 [투명도] 도구(▦)를 클릭하고 슬라이드바를 좌우로 드래그하여 값을 조정하세요. 투명도의 값이 작아질수록 텍스트가 투명해져요.

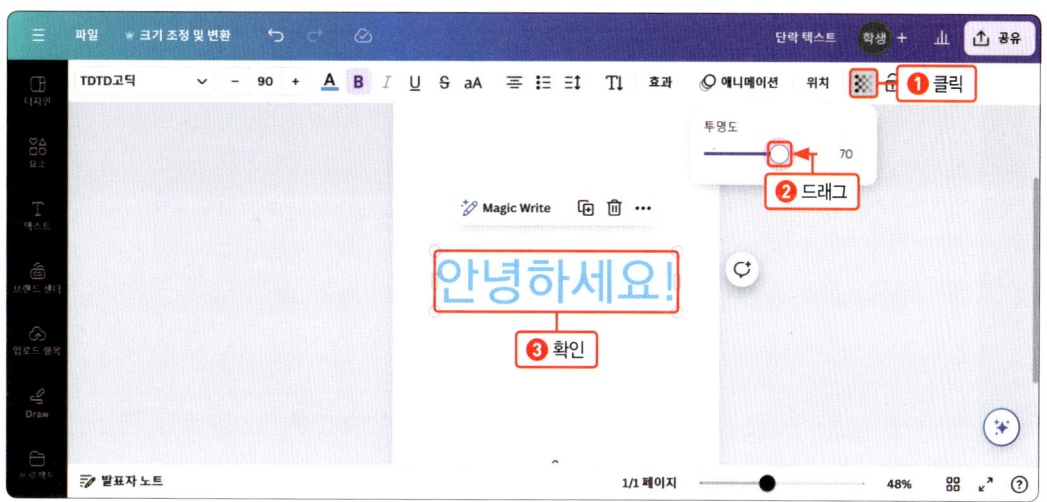

> **잠깐만요** 캔바의 글꼴은 저작권이 있나요?

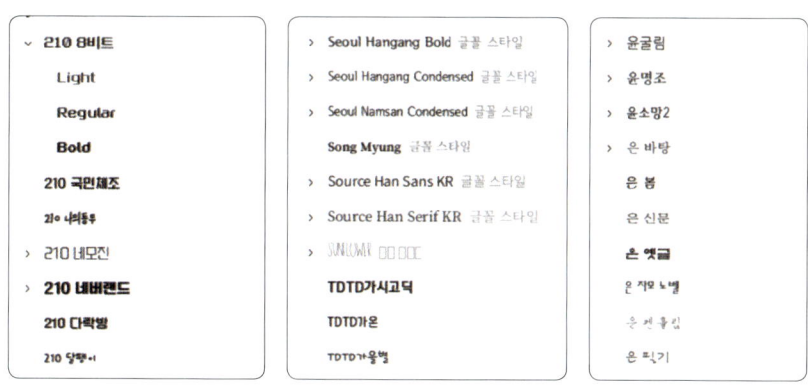

▲ 캔바에서 사용할 수 있는 다양한 한글 글꼴

캔바에는 다양한 글꼴이 내장되어 있어서 마음에 드는 글꼴을 자유롭게 선택하여 내 디자인에 적용할 수 있어요. 원하는 글꼴을 따로 다운로드하지 않아도 되므로 정말 편리하답니다. 글꼴을 포함해서 모든 저작물에는 저작권이 있으므로 주의해서 사용해야 해요. 하지만 캔바의 경우 폰트 파일을 직접 컴퓨터에 다운로드하지 않고 캔바 웹 사이트에서 사용하는 것이므로 자유롭게 글꼴을 사용해도 괜찮아요.

정리하자면, 캔바에서 다양한 글꼴을 활용해 결과물을 만든 후 이것을 출력하거나 저장해서 웹 사이트에 올려도 저작권에 문제가 되지 않아요! 게다가 캔바 무료 이용자가 사용할 수 있는 글꼴은 한정되어 있어서 대부분 상업적으로 무료로 사용해도 돼요. 다만 내 컴퓨터에 글꼴을 다운로드해서 사용하고 싶다면, 폰트 제작사 홈페이지를 통해 글꼴의 무료 사용 범위를 꼭 확인해야 합니다. 그래야 저작권 문제 없이 안전하게 사용할 수 있어요.

04 [정렬], [목록], [간격] 도구를 활용하면 텍스트를 더 깔끔하게 정리할 수 있어요.

❶ **[정렬] 도구**: 텍스트를 균형 있게 배치하는 도구로, [왼쪽 정렬](≡), [가운데 정렬](≡), [오른쪽 정렬](≡), [양쪽 정렬](≡)과 같이 네 가지 옵션이 있어요. 이 중에서 [양쪽 정렬](≡)을 선택하면 텍스트를 좌우 양쪽에 고르게 분포해서 정렬할 수 있어요. 그래서 문서나 보고서에서 정돈된 느낌을 줄 때 [양쪽 정렬](≡)을 추천해요.

❷ **[목록] 도구**: 텍스트 앞에 번호나 글머리 기호를 추가하여 내용을 한눈에 정리하는 도구예요. 순서가 있는 목록을 만들 경우에는 [번호 매기기](≡)를, 순서와 상관없이 항목을 나열할 때는 [글머리 기호](≡)를 사용하면 좋아요.

❸ **[간격] 도구(≡)**: 글자 간격과 줄 간격을 조정하는 도구예요. 글자나 줄 간격을 적절히 조정하면 가독성을 높일 수 있어요.

05 텍스트를 세로로 정렬하고 싶다면 [세로 텍스트] 도구(T↓)를 클릭하세요.

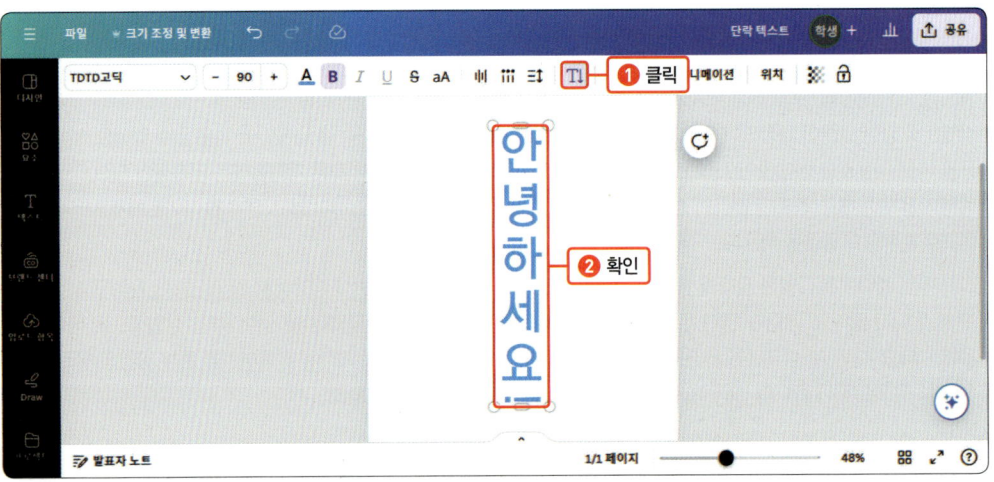

TipTalk 텍스트 상자를 선택했을 때 표시되는 회전 핸들(⟳)을 클릭한 상태에서 원하는 방향으로 드래그하면 텍스트를 회전할 수 있어요.

02 텍스트 크기를 바꿀 때는 숫자를 직접 입력하거나 ⊟, ⊞ 버튼을 클릭하여 조정하세요.

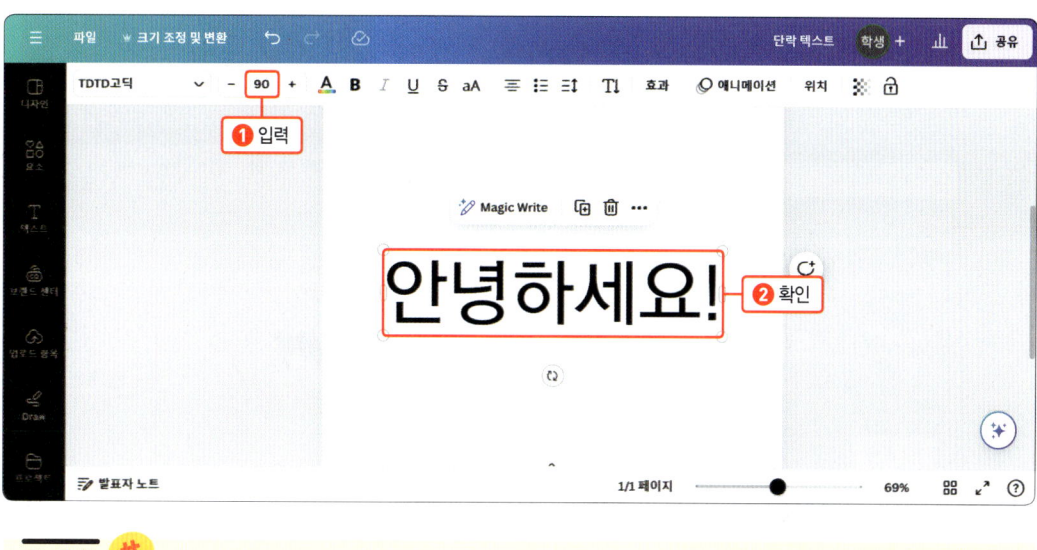

> **Tip Talk** 텍스트 상자의 크기 조정 핸들을 드래그하여 텍스트 상자 자체를 축소하거나 확대할 수 있어요.

03 텍스트 편집 도구 모음에서 텍스트의 색, 굵게, 기울임꼴, 밑줄, 취소선, 영어 대문자와 소문자 등 서식을 지정하세요.

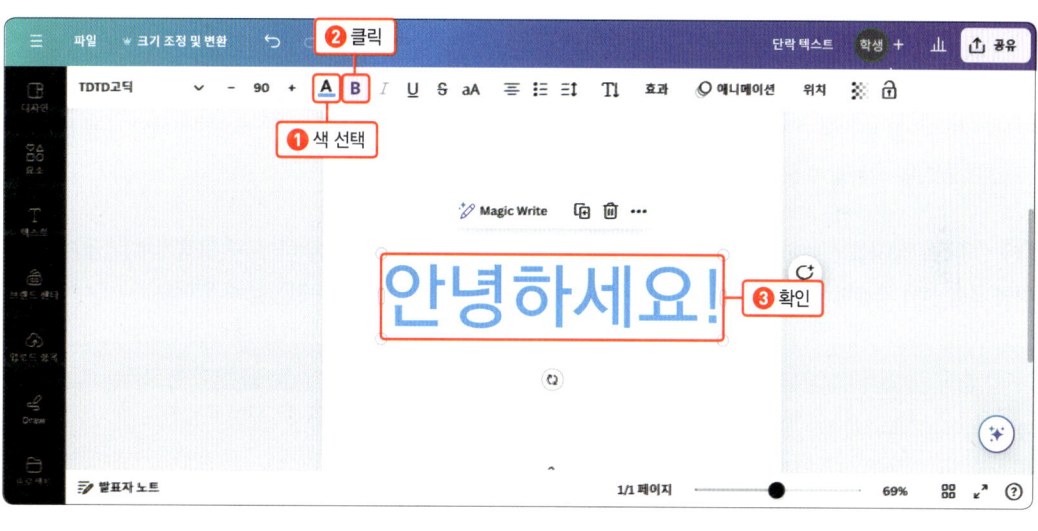

> **Tip Talk** 굵게나 기울임꼴 서식을 지정할 수 없는 글꼴도 있어요.

05 [텍스트] 탭의 '글꼴 조합' 항목을 이용하면 다양한 효과가 적용된 텍스트 상자를 쉽게 추가할 수 있어요. 마음에 드는 글꼴 조합을 클릭해서 페이지에 추가할 수 있는데요, 글꼴이나 색깔, 효과 등을 내 디자인에 맞게 좀 더 수정하면 좋겠지요?

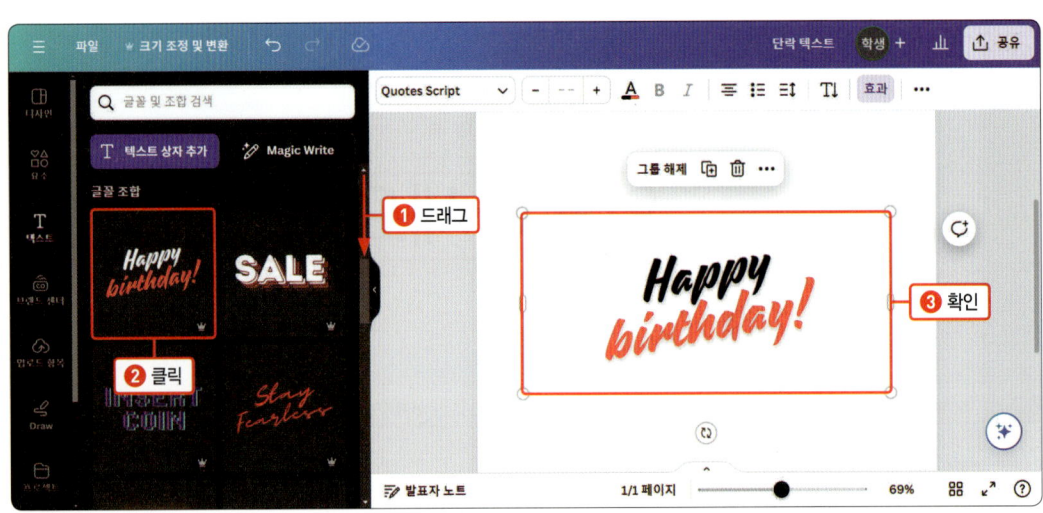

TipTalk 한 번 사용한 글꼴 조합은 '최근에 사용함' 항목에 자동으로 추가되어 손쉽게 다시 사용할 수 있어요.

STEP 02 텍스트 편집하기

삽입한 텍스트를 편집하고 싶은가요? 텍스트 편집 도구 모음을 이용하면 글꼴과 텍스트 크기, 색깔 등을 바꿀 수도 있고, 효과를 적용할 수도 있어요.

01 텍스트 상자를 선택하면 화면의 위쪽에 텍스트 편집 도구 모음이 표시됩니다. 도구 모음에서 [글꼴]을 클릭하면 글꼴 선택 패널이 나타나는데요, 여기에서 원하는 글꼴을 찾거나 검색하여 지정할 수 있어요.

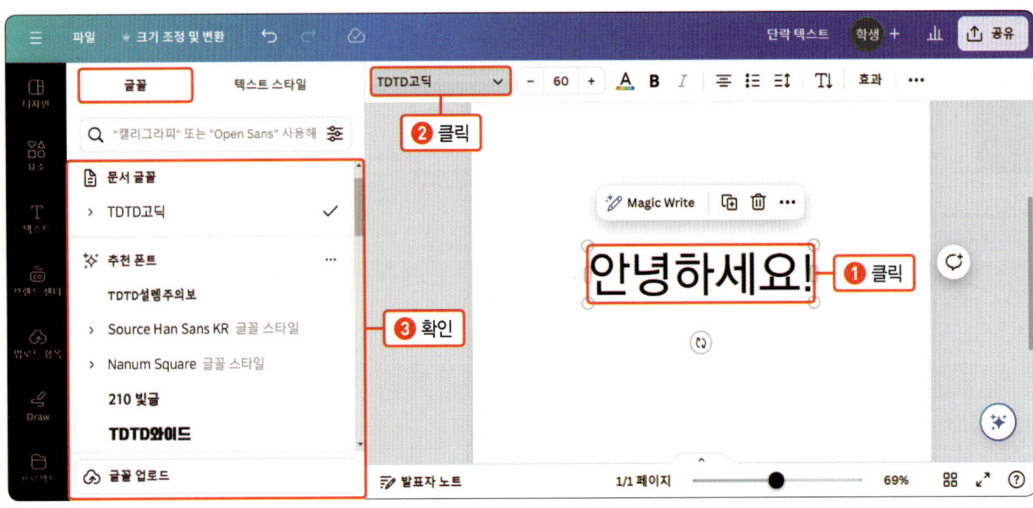

03 [텍스트 상자 추가] 버튼을 클릭하세요. 그러면 페이지에 기본 텍스트 상자가 추가돼요.

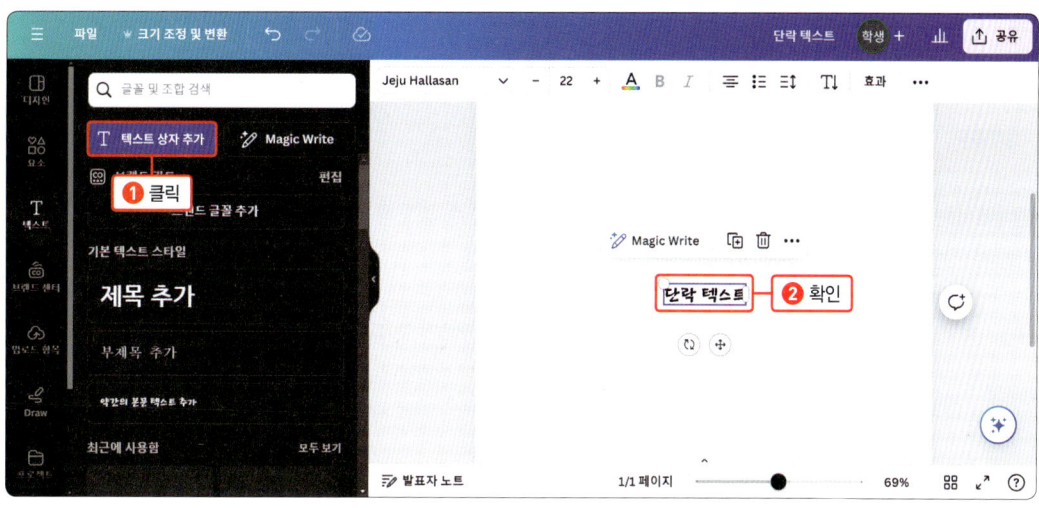

> **TipTalk** 기본 텍스트 상자는 키보드의 T를 눌러 추가할 수도 있어요.

04 '기본 텍스트 스타일' 항목에서 [제목 추가], [부제목 추가], [약간의 본문 텍스트 추가]를 클릭하면 크기가 다른 텍스트 상자를 차례대로 추가할 수 있어요.

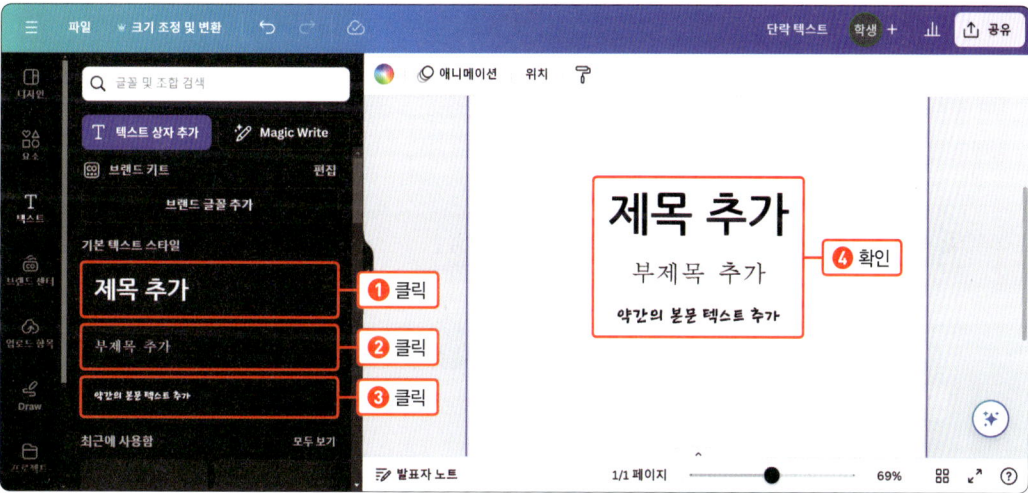

텍스트의 기능 익히기

STEP 01 텍스트 삽입하기

캔바에서는 디자인 작업을 할 때 예쁘고 멋진 텍스트를 추가할 수 있도록 다양한 기능을 제공하고 있는데요, 어떤 기능이 있는지 하나씩 살펴볼게요.

01 홈 화면에서 [디자인 만들기] 버튼을 클릭하여 [디자인 만들기] 창을 열고 [전단지]를 선택하세요.

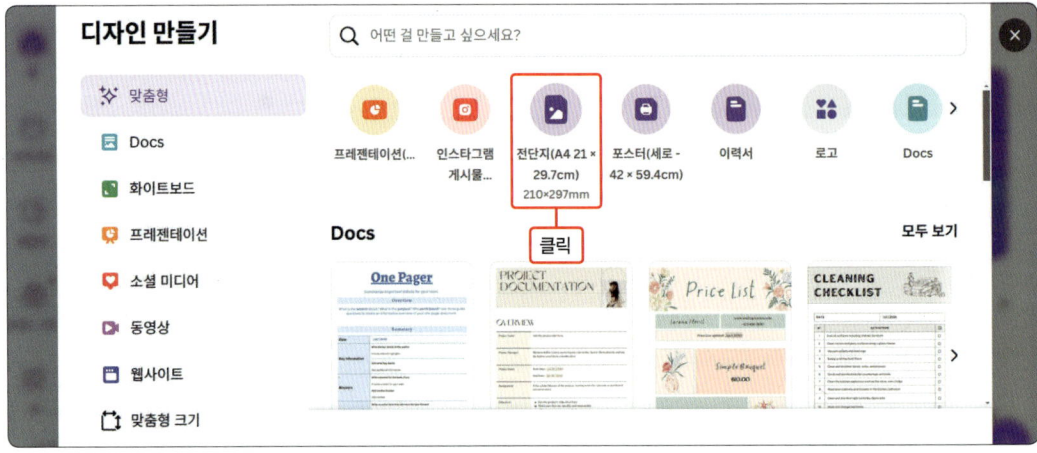

> **TipTalk** '전단지' 양식이 바로 보이지 않나요? 그렇다면 [디자인 만들기] 창에서 '어떤 걸 만들고 싶으세요?' 검색 창에 '전단지'를 직접 입력해서 검색해 보세요.

02 편집 화면이 열리면 사이드 패널에서 [텍스트] 탭을 클릭하세요.

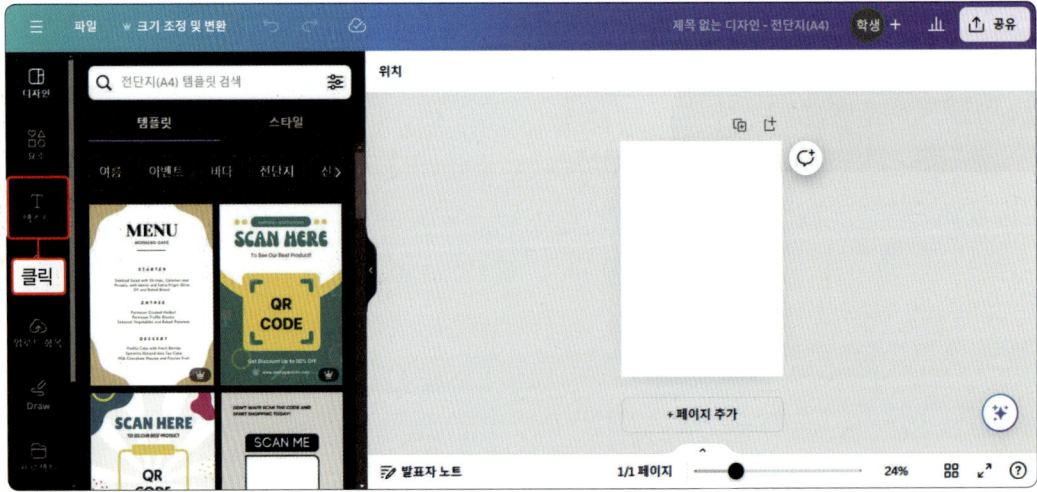

텍스트를 입력하고 수정해요

친구들에게 보낼 생일 파티 초대장을 만들려고 해요. 예쁜 케이크 이미지와 풍선, 축하 폭죽 이미지를 넣으면 멋진 초대장이 될 것 같아요. 그런데 이것만으로는 생일 파티를 언제, 어디서 하는지 알 수 없겠지요? 이럴 때 바로 텍스트가 필요해요. **텍스트는 정보를 전달하는 데 꼭 필요한 필수 요소예요.** 이미지만으로는 전달하기 어려운 자세한 내용이나 복잡한 정보를 텍스트로 명확하게 전달할 수 있거든요.

우리는 이렇게 이미지와 글을 적절하게 활용해서 자료를 만들 수 있어요. 그래서 이미지와 함께 텍스트를 잘 어울리게 넣는 것은 아주 중요한 작업이에요. 이번에는 텍스트를 입력하고 수정할 수 있는 캔바의 [텍스트] 패널 기능을 익혀 볼까요?

그림만으로는 제가 하고 싶은 말을 전부 전달하기가 어려워요. 좋은 방법이 있나요?

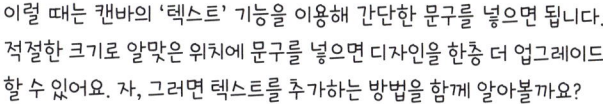

이럴 때는 캔바의 '텍스트' 기능을 이용해 간단한 문구를 넣으면 됩니다. 적절한 크기로 알맞은 위치에 문구를 넣으면 디자인을 한층 더 업그레이드 할 수 있어요. 자, 그러면 텍스트를 추가하는 방법을 함께 알아볼까요?

학습 목표
- '텍스트 상자'를 삽입하고 '글꼴 조합'을 이용할 수 있어요.
- 텍스트를 편집할 수 있어요.
- 캔바 글꼴의 저작권을 이해할 수 있어요.

03 선글라스를 살짝 투명하게 만들어서 강아지의 눈이 비치게 해 볼게요. 선글라스 그래픽을 클릭하고 도구 모음에서 [투명도] 도구(▦)를 클릭한 후 슬라이드바를 좌우로 드래그하여 값을 조정하세요. '투명도' 값이 작아질수록 그래픽이 투명해져서 아래쪽 레이어에 있는 요소가 잘 보여요.

04 귀여운 강아지 작품을 완성했어요.

STEP 03   요소 잠그고 투명도 조정하기

01   강아지 그래픽을 좀 더 꾸며 보고 싶다면 사이드 패널의 [요소] 탭에서 어울리는 그래픽을 찾아 추가해야 합니다. 여기에서는 선글라스와 모자 그래픽을 추가했어요.

02   강아지 그래픽에 선글라스와 모자를 씌워 봅시다. 그런데 자꾸만 강아지 그래픽이 선택되어 불편하지 않나요? 이럴 때는 더 이상 변경하고 싶지 않은 강아지 그래픽을 클릭하고 도구 모음에서 [잠금] 도구(🔒)를 클릭하세요. 이렇게 잠금 기능을 활용해서 요소를 잠그면 요소가 움직이거나 변경되지 않아서 무척 편리해요.

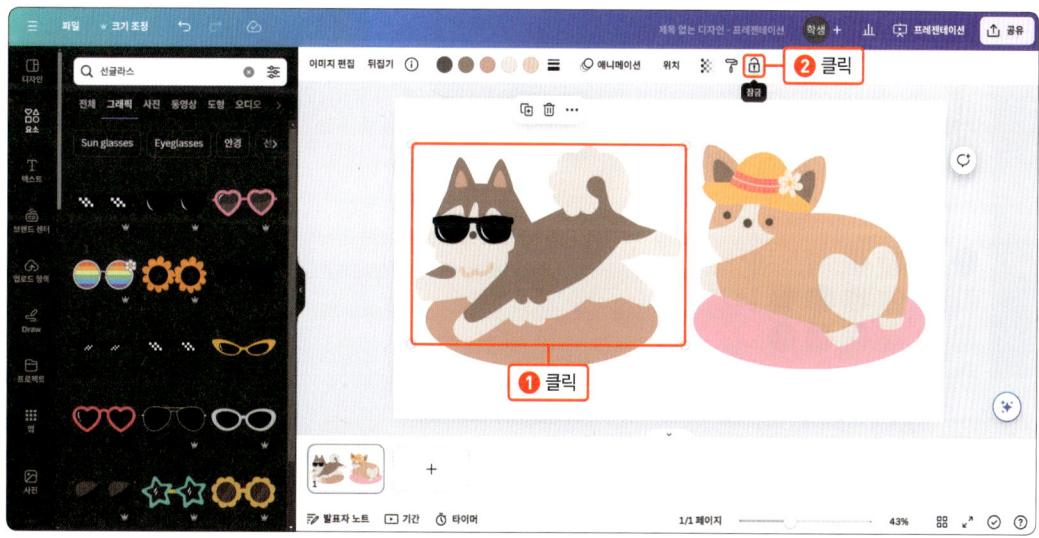

TipTalk   캔바 버전에 따라 도구 모음에 [잠금] 도구(🔒)가 보이지 않을 수 있어요. 이럴 때는 요소를 선택하고 마우스 오른쪽 버튼을 클릭하면 [잠금] 도구(🔒)가 보일 거예요.

08 이번에는 요소의 색상을 바꿔 볼게요. 웰시코기 그래픽의 아래쪽에 있는 원 도형을 선택하고 도구 모음에서 [색상]을 클릭하세요. 색상 패널이 열리면 마음에 드는 색을 선택해서 원 도형의 색을 바꾸세요.

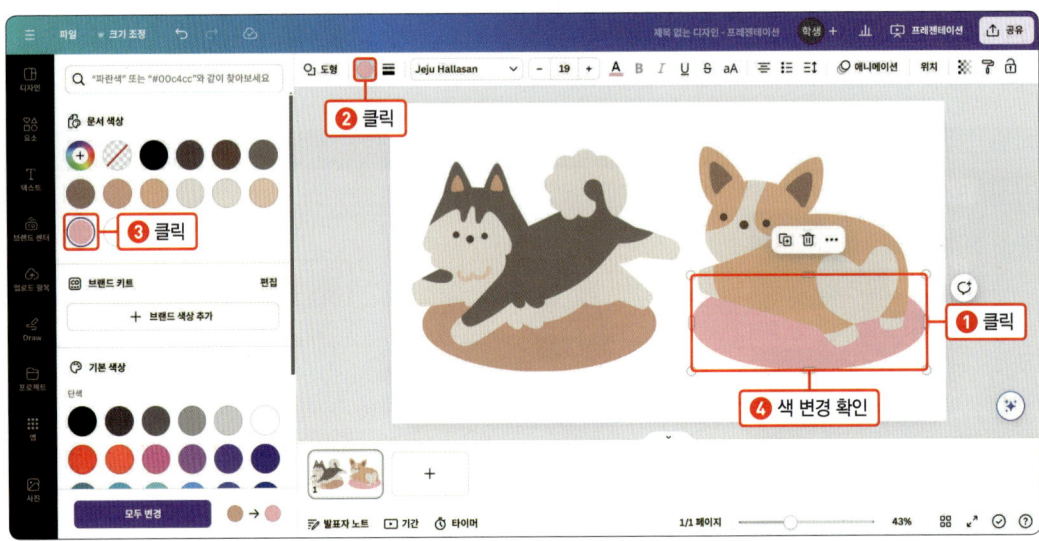

09 허스키 그래픽의 색상도 바꿔 볼게요. 허스키 그래픽을 클릭하고 도구 모음에서 [색상]을 클릭한 후 마음에 드는 색을 선택해요.

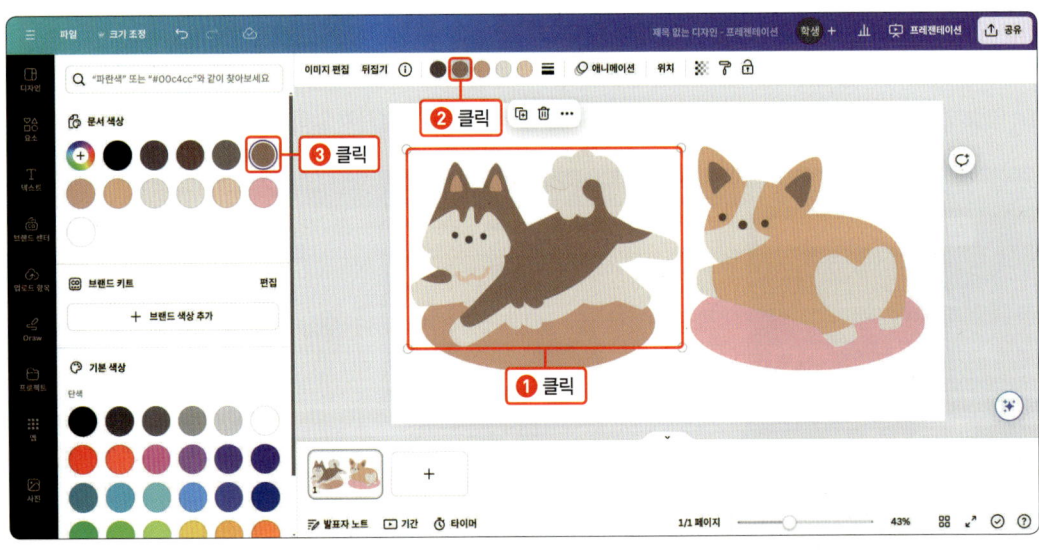

> **TipTalk** 캔바의 그래픽 요소 중에는 색상을 바꿀 수 없는 일부 요소가 있어요. 다행히 우리가 선택한 강아지 그래픽은 색상을 변경할 수 있네요.

06 웰시코기 그래픽 아래에도 둥근 땅을 만들어 볼까요? 이때 앞에서 만들었던 둥근 땅 도형을 복사하면 편리해요. 원 도형을 클릭하고 [복제] 아이콘(🗐)을 클릭하세요.

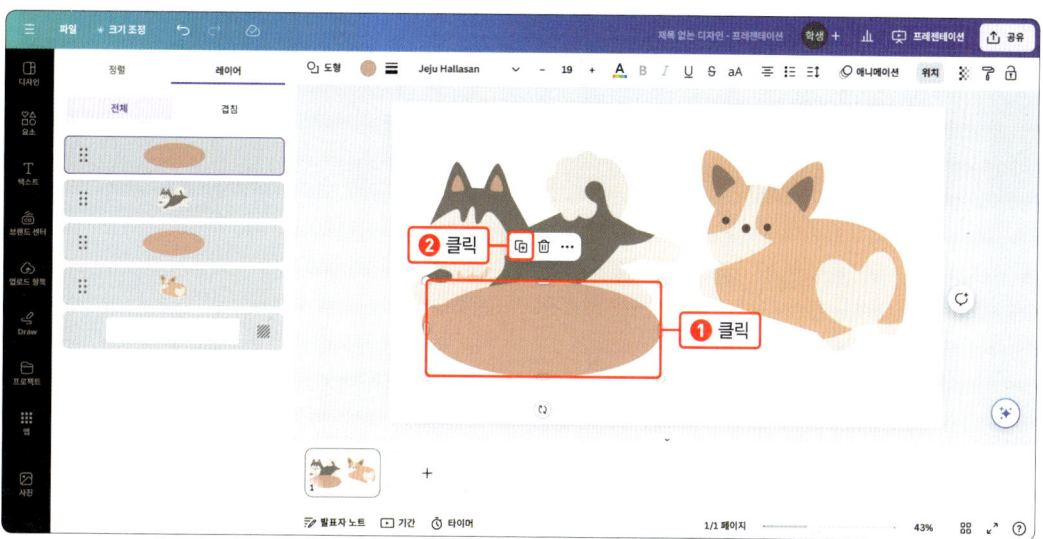

07 복제한 원 도형의 위치를 웰시코기 그래픽의 아래쪽으로 드래그해 옮기고 [레이어]에서 레이어 순서를 조정하세요.

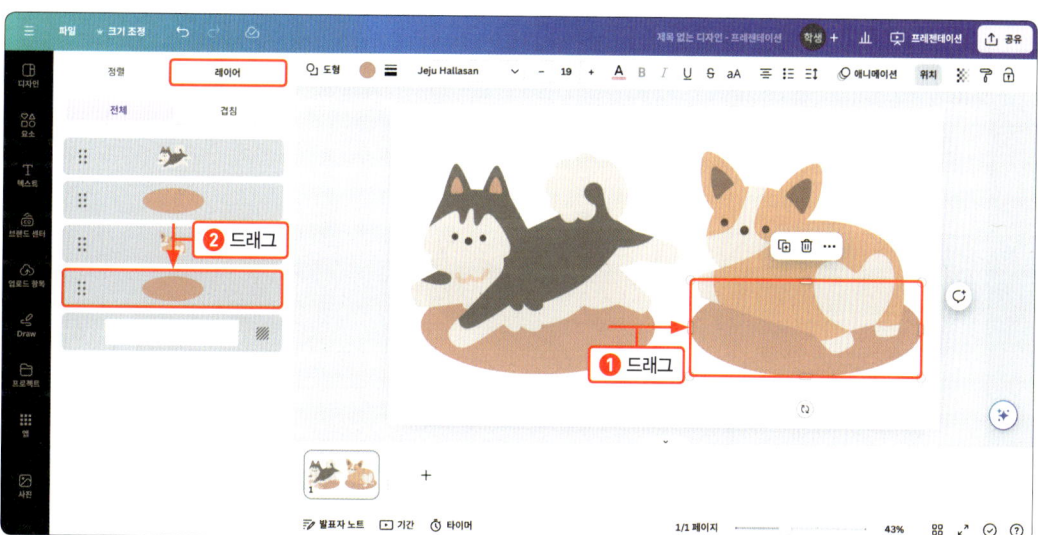

04 레이어 순서를 바꾸어서 원 도형을 허스키 그래픽의 뒤로 옮겨 볼게요. 원 도형을 선택한 상태에서 마우스 오른쪽 버튼을 클릭하고 [레이어]-[레이어 보기]를 선택하세요.

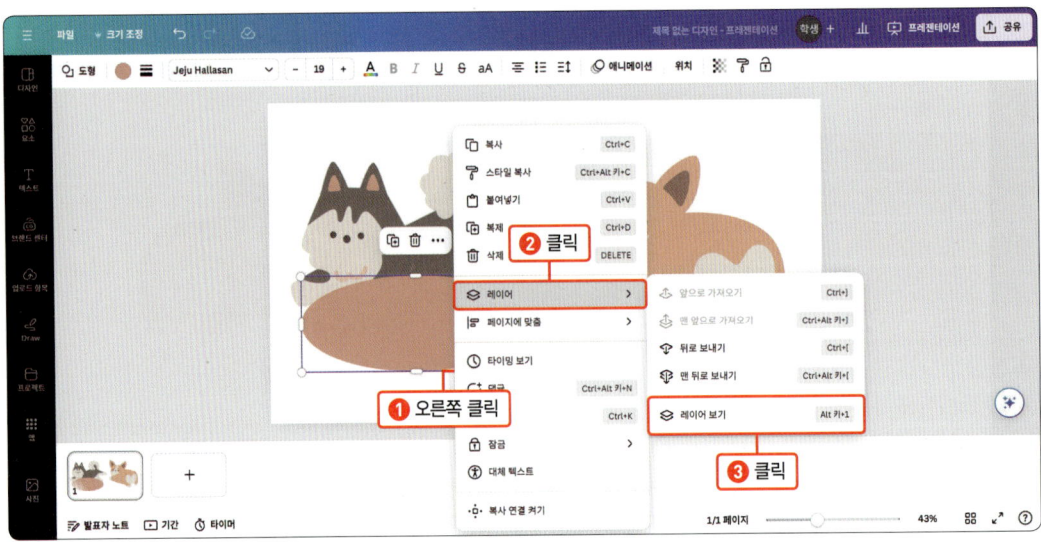

05 화면의 왼쪽에 [레이어]가 열리면 각 레이어를 드래그하여 레이어 순서를 변경할 수 있어요. 원 도형 레이어를 클릭한 상태에서 허스키 레이어의 아래쪽으로 드래그하여 옮기세요. 그러면 원 도형에 가려졌던 허스키 그래픽이 앞으로 나오면서 표시돼요.

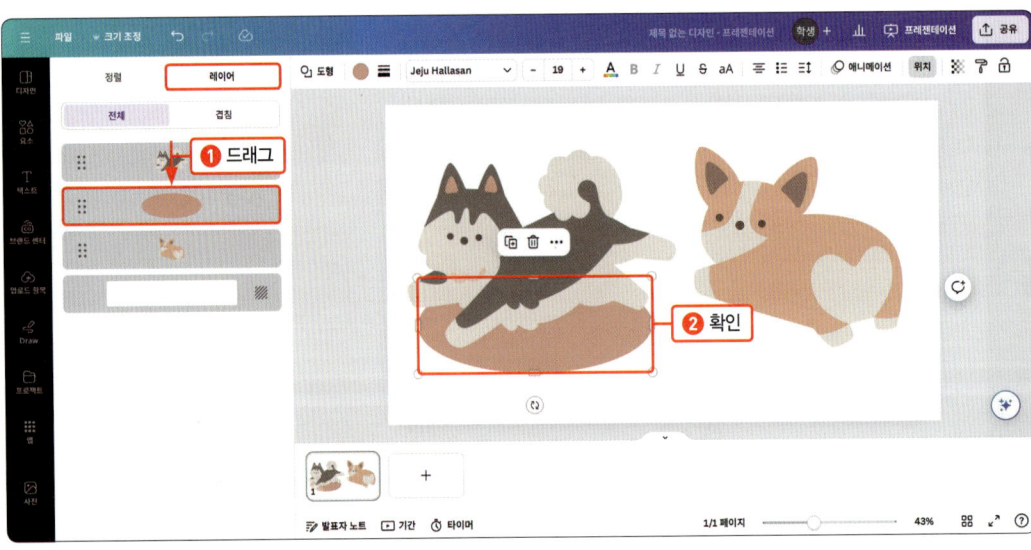

> **TipTalk** 요소를 클릭하면 화면의 위쪽에 관련 도구 모음이 나타나는데요, 여기에서 [위치]를 클릭하여 레이어를 확인할 수도 있어요.

02 도형 목록 중 정원을 찾아서 클릭하세요. 페이지에 원 도형을 추가했으면 허스키 그래픽의 아래쪽으로 드래그해 위치를 옮기세요.

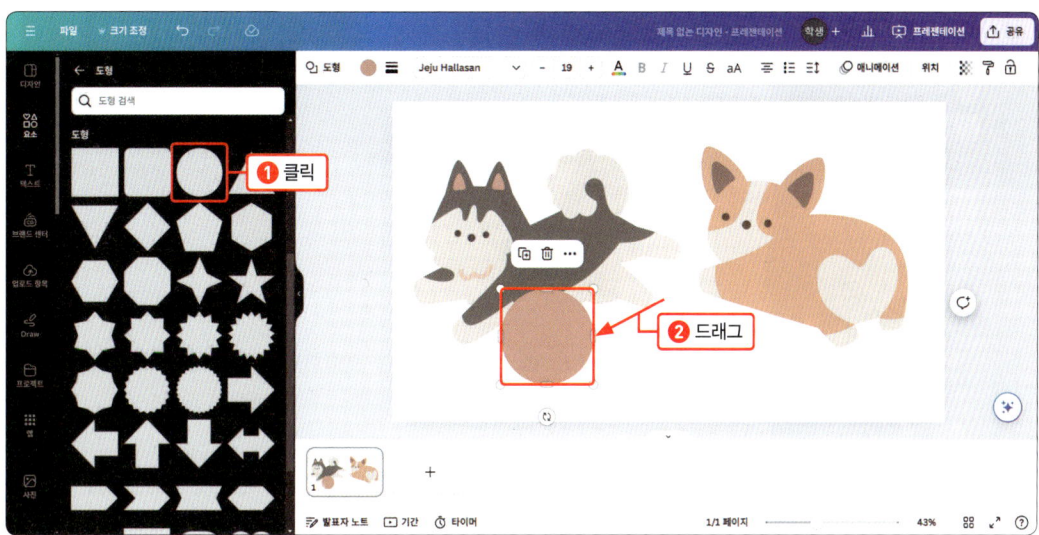

03 이번에는 원의 크기를 조정해 볼게요. 원 도형을 클릭하면 테두리에 여덟 개의 크기 조정 핸들이 나타나는데요, 이것을 드래그해서 원을 가로로 길게 늘리세요.

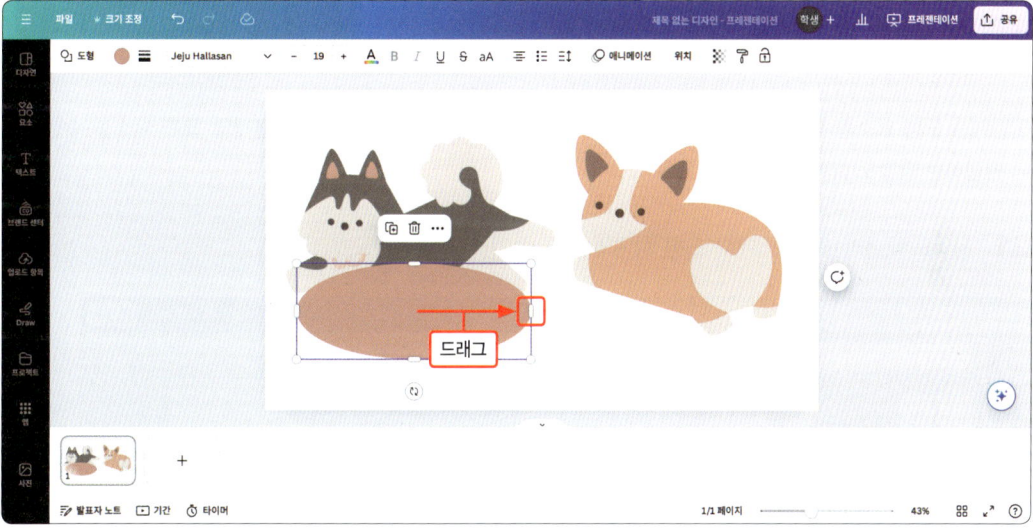

07 해당 작가가 캔버에 업로드한 그래픽이 모두 나타나는데요, 그래픽 목록 중 내 디자인에 어울리는 그림을 찾아서 클릭해 보세요. 어떤가요? 같은 작가가 만든 그래픽이어서 그림 분위기가 비슷하지요?

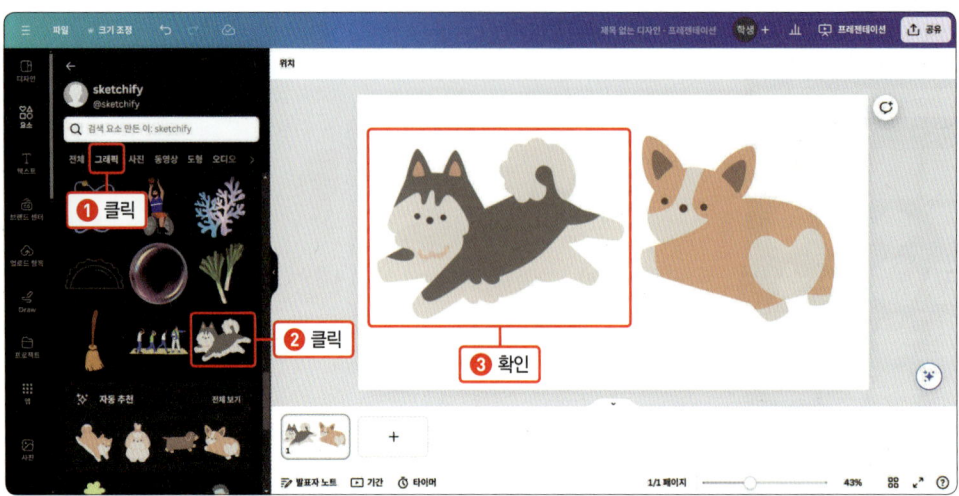

TipTalk # 캔버의 '자동 추천'을 활용하는 방법도 있어요. 요소를 클릭하면 바로 아래쪽에 '자동 추천' 항목이 활성화되면서 해당 요소와 잘 어울리는 다양한 요소를 캔버에서 자동으로 추천해 줘요.

STEP 02 ▸ 요소 편집하기

이번에는 도형 요소를 활용해서 강아지 그래픽의 아래쪽에 둥근 땅 모양을 추가해 볼게요. 또한 요소를 수정하거나 편집하는 방법도 함께 알아볼 거예요.

01 사이드 패널의 [요소] 탭에서 '도형' 항목의 [모두 보기]를 클릭하세요.

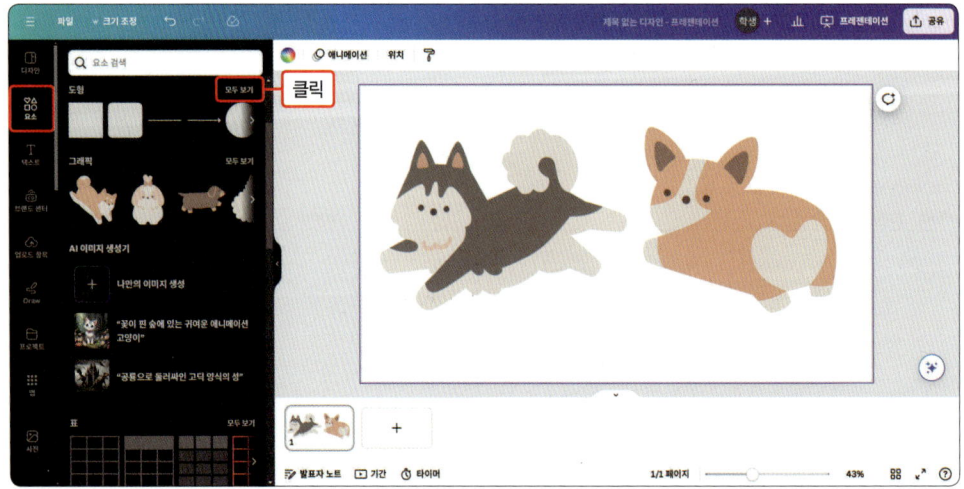

WEEK 08

87

05 선택한 두 개의 요소를 나란히 놓으니 서로 그림 분위기가 달라서 무언가 어색하네요. 이번에는 분위기가 비슷한 그림으로 교체하기 위해 푸들 그래픽을 클릭하고 [휴지통] 아이콘(🗑)을 클릭하여 삭제하세요.

TipTalk 여러 요소를 잘 어울리게 배치하는 것은 디자인에서 아주 중요해요. 여기에서 푸들 그래픽과 웰시코기 그래픽이 어울리지 않는 이유는 무엇일까요? 두 그림의 그림체가 비슷하지 않기 때문이에요. 자세히 보면 테두리의 여부, 선의 굵기 등이 서로 다르죠?

06 사이드 패널에서 웰시코기 그래픽에 마우스 포인터를 올려놓고 [더 보기] 아이콘(⋯)이 표시되면 클릭하세요. 해당 요소와 관련된 다양한 메뉴가 나타나면 [○○○ 님의 콘텐츠 더 보기]를 선택하세요.

03 요소 검색 창에서 '강아지'를 검색하면 강아지와 관련된 그래픽, 사진, 동영상 등이 모두 나타나요. 여기에서는 강아지 그래픽을 추가하기 위해 [그래픽]을 클릭해 볼게요.

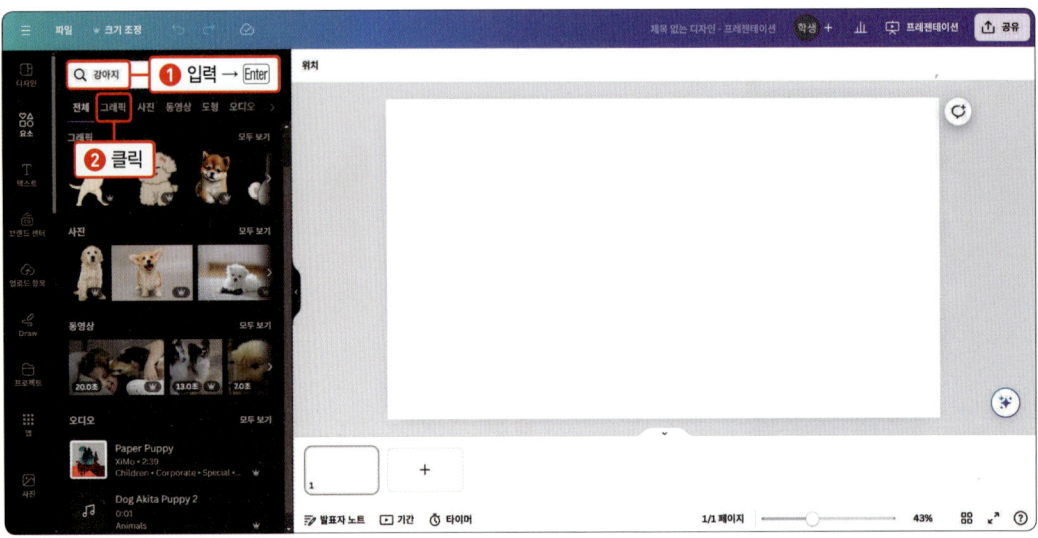

04 강아지와 관련된 그래픽 요소가 나타나면 마음에 드는 두 개의 요소를 골라서 차례대로 클릭하세요. 선택한 두 요소가 삽입되면 드래그하여 겹치지 않게 배치해요.

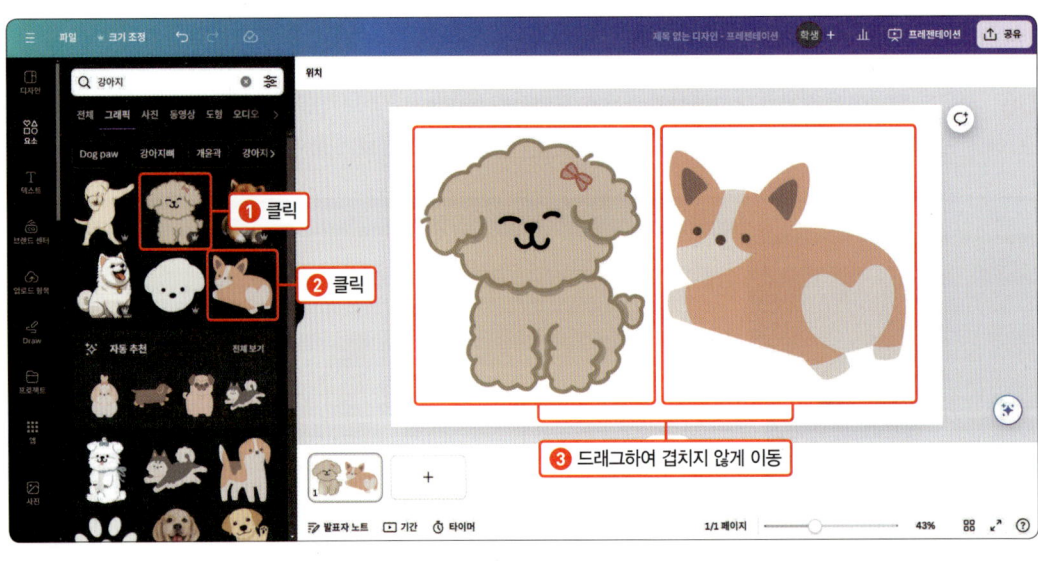

TipTalk 스크롤바를 아래쪽으로 드래그하면서 마음에 드는 그래픽 요소를 찾아보세요.

요소의 기능 익히기

STEP 01 요소 삽입하기

캔바의 [요소] 탭에서는 도형, 이미지, 표, 스티커, 사진뿐만 아니라 비디오와 노래까지 다양한 요소를 제공하고 있어요. 이러한 요소를 잘 활용한다면 나만의 디자인을 뚝딱 만들 수 있답니다.

01 홈 화면에서 [디자인 만들기] 버튼을 클릭하여 [디자인 만들기] 창을 열고 [프레젠테이션]-[프레젠테이션(16:9)]을 선택하세요.

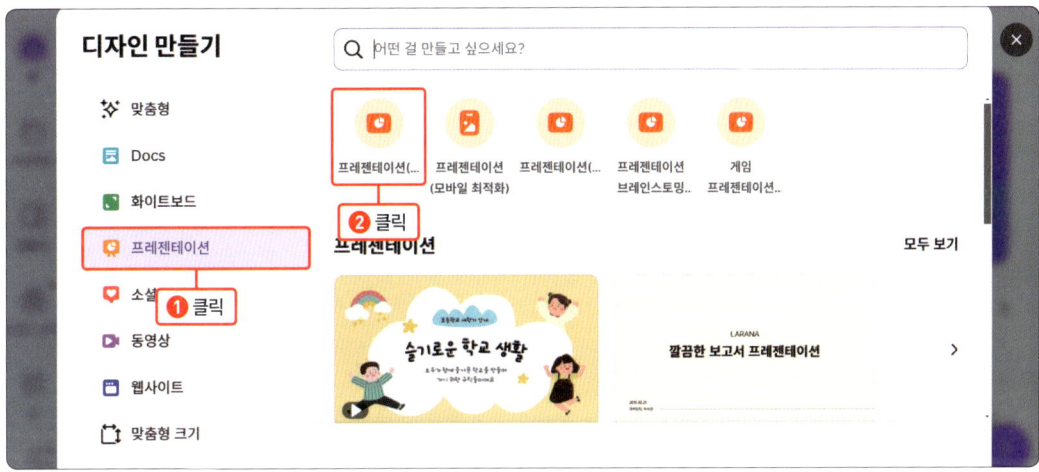

02 사이드 패널에서 [요소] 탭을 클릭한 후 스크롤바를 아래쪽으로 드래그하세요. 그러면 도형뿐만 아니라 그래픽, AI 이미지 생성기, 표, 사진, 동영상, 오디오, 차트, 스티커, 프레임 등 다양한 요소를 확인할 수 있어요.

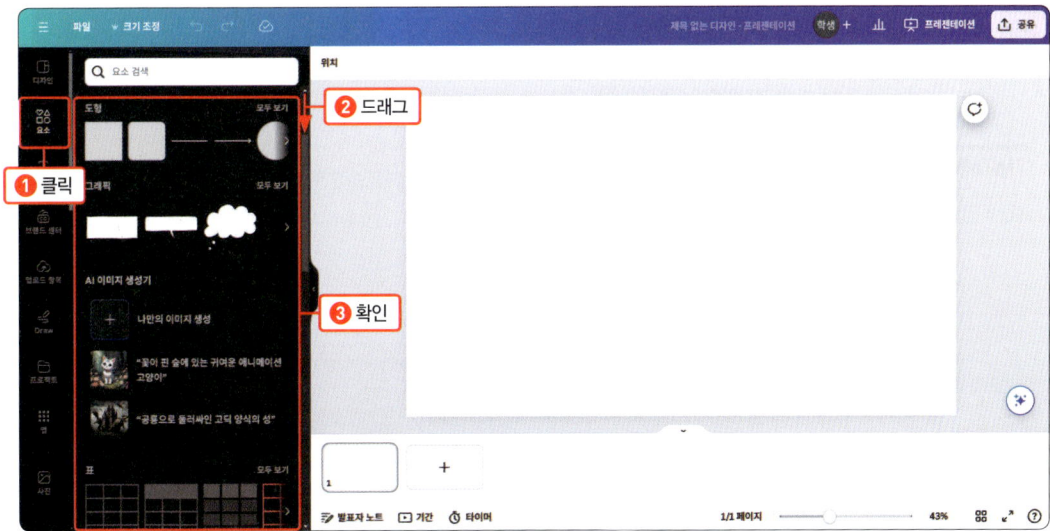

레이어의 개념 이해하기

본격적으로 요소를 활용하기 전에 꼭 알아야 하는 개념이 하나 있어요. 바로 '**레이어(layer)**'예요. 레이어는 '겹겹이 쌓은 층'을 의미하는 영어 단어로, **하나의 디자인을 이루는 여러 요소가 서로 다른 층에 있다는 것을 표현할 때 사용해요.**

햄버거를 떠올려 볼까요? 맨 아래는 빵, 그 위에 패티, 소스, 양상추, 토마토 등이 순서대로 올라가요. 마치 햄버거 재료처럼 여러분이 캔바에서 디자인할 때도 각종 요소가 아래층부터 순서대로 쌓여요. 여러 요소가 겹쳐 있을 때는 같은 층에 있는 것 같지만, 사실은 모두 다른 층에 있는 것이에요. 따라서 어떤 요소가 몇 층에 있느냐에 따라 맨 앞에 보일 수도 있고, 다른 요소 때문에 가려져서 안 보일 수도 있어요.

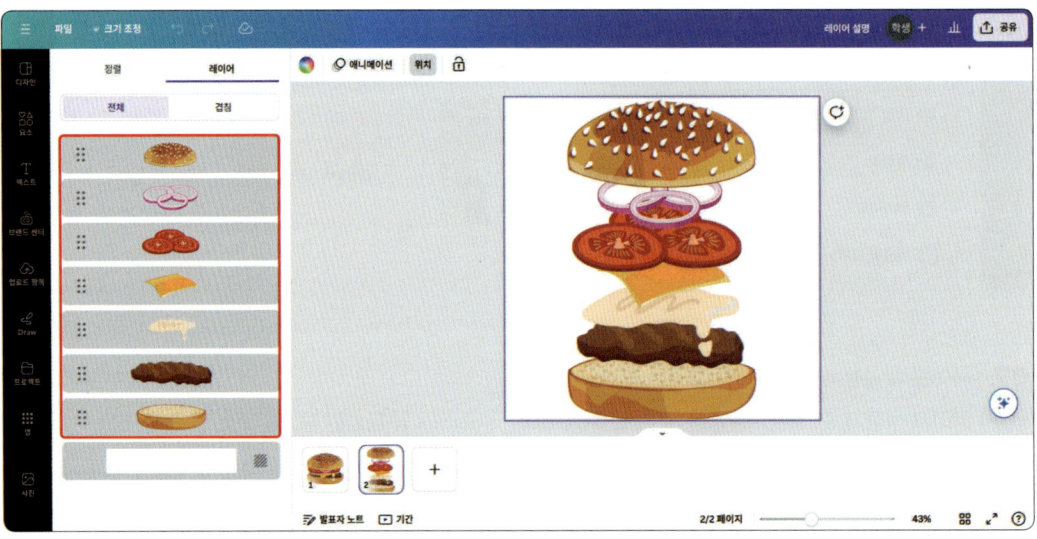
▲ 다양한 요소를 층(레이어)으로 만들어서 완성한 햄버거 그래픽

TipTalk 여러 요소가 겹쳐 있는 상태에서 아래쪽 레이어에 있는 요소를 보여 주고 싶다면 '투명도'를 조정해야 해요. 투명도를 조정하는 방법은 92쪽을 참고하세요.

WEEK 08 다양한 요소를 추가하고 수정해요

여러분은 미술 시간에 어떻게 그림을 그리나요? 하얀 도화지에 집과 나무, 자동차를 그리다 보면 하나의 작품이 완성될 거예요. 캔바에서 만드는 디자인도 마찬가지예요. 빈 페이지에 집, 나무, 자동차와 같은 그래픽을 하나하나 추가하다 보면 어느새 내가 원하는 디자인을 완성할 수 있어요.

여기에서 사용하는 **집, 나무, 자동차와 같은 것들을 '요소'라고 해요.** 손으로 그린 그림은 도화지와 하나가 되어 수정하기 어렵지만, 캔바에서는 요소의 위치를 옮기거나 색과 크기를 바꿀 수 있어요. 그리고 캔바의 [요소] 탭을 활용하면 필요한 그래픽이나 이미지를 빠르게 찾아내어 디자인의 완성도를 높일 수 있어요. 자, 그러면 이번에는 캔바의 '요소' 기능을 하나하나 살펴볼게요.

\학생/
디자인에 넣을 이미지는 어떻게 찾아야 하나요? 저작권 문제 때문에 사용할 수 있는 이미지를 구하기가 어려워요.

\선생님/
캔바의 [요소] 탭을 이용하면 아주 간편하게 내 디자인에 사진이나 그래픽을 추가할 수 있어요. 어떻게 요소를 추가하는지 함께 알아볼까요?

학습 목표
- 레이어가 무엇인지 이해할 수 있어요.
- '요소'를 검색하고 삽입할 수 있어요.
- '요소'를 편집할 수 있어요.

캔바의 첫인상은 어떤가요?
쉽지만 강력한 캔바의 매력에 쏙 빠져버렸나요?
이제 본격적으로 캔바의 기능을 자세히 살펴보면서
멋진 디자인 작품을 만들어 봅시다.

Canva

WEEK **08** ··· 다양한 요소를 추가하고 수정해요

WEEK **09** ··· 텍스트를 입력하고 수정해요

WEEK **10** ··· 애니메이션과 효과를 넣어 주목도를 높여요

WEEK **11** ··· 멀티미디어를 활용해서 효과적으로 발표해요

WEEK **12** ··· 직접 그림을 그려 나만의 디자인 요소를 만들어요

WEEK **13** ··· 내가 만든 결과물을 공유해요

넷째마당

캔바와 친해지기

03 매직 익스팬드는 이미지를 원래 크기보다 더 크게 확장하는 기능이에요. 다음의 설명을 참고하여 사이즈를 선택하고 이미지를 크게 드래그해 원하는 크기만큼 확장한 후 [Magic Expand] 버튼을 클릭하세요.

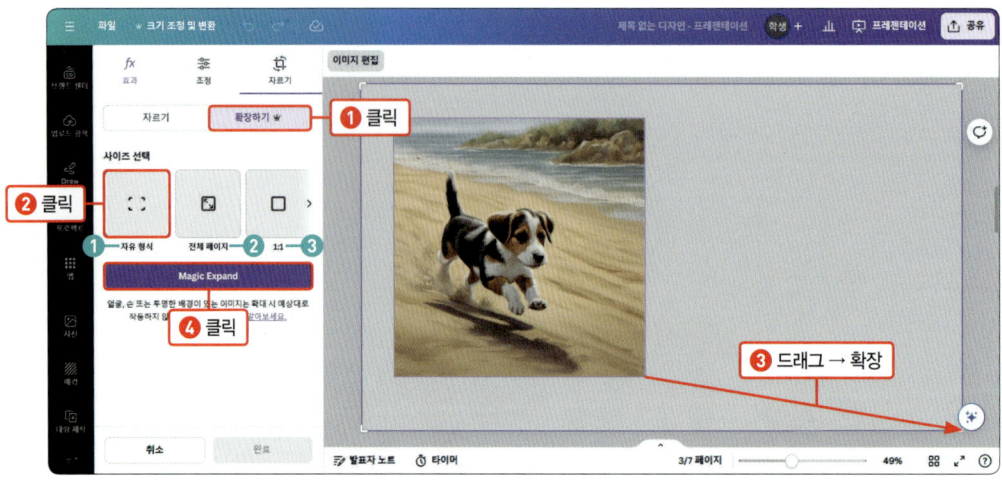

① **자유 형식**: 내가 지정한 크기만큼 이미지가 확장되어요. 영역 조정 핸들을 드래그하여 영역을 늘리거나 줄일 수 있어요.
② **전체 페이지**: 페이지의 크기에 꽉 차게 이미지를 확장할 수 있어요.
③ **지정 비율**: 1:1이나 16:9처럼 정해진 비율대로 이미지를 확장할 수 있어요.

TipTalk 무작정 사진을 확장하면 이미지 품질이 떨어질 수 있으니까 적절한 크기를 선택해 보세요. 가장 자연스러운 결과물을 얻으려면 이미지의 원래 비율을 유지한 상태에서 확장하는 것이 좋아요. 그리고 이미지를 축소할 때는 이미지에 있는 중요한 요소가 잘리지 않도록 주의해야 해요.

04 잠시 기다리면 AI가 보이지 않는 부분을 상상하여 자연스럽게 배경을 채워요. 바닷가 모래사장에서 강아지와 염소가 만나는 그림이 탄생했네요.

STEP 04 매직 익스팬드로 이미지의 크기 확장하기

이번에는 **STEP 02**에서 배운 '배경 제거' 기능과 '매직 익스팬드(Magic Expand)' 기능을 함께 사용해 볼게요. 이들 두 기능을 함께 활용하면 이미지의 배경을 지운 후 다시 채우면서 동시에 이미지를 확장할 수 있어요.

01 작업할 이미지를 선택하고 화면의 오른쪽 아래에 있는 [빠른 작업] 아이콘(✦)을 클릭하세요. 다양한 이미지 작업 도구가 나타나면 이미지의 배경을 제거하기 위해 [Magic Eraser]를 선택하세요.

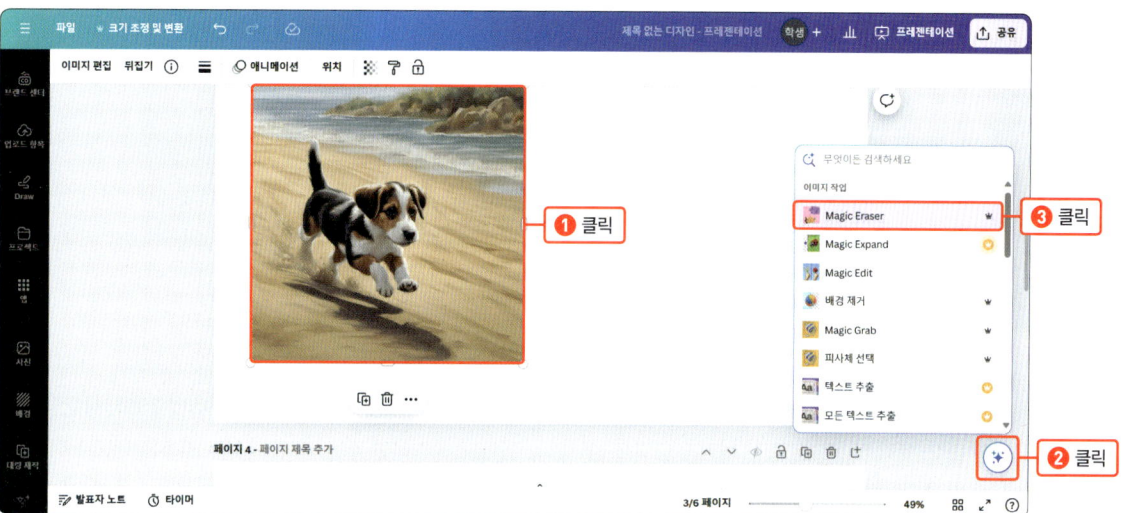

> **TipTalk** [빠른 작업] 아이콘(✦)은 캔바 버전에 따라 화면의 왼쪽 아래에 위치할 수도 있어요.

02 잠시 기다리면 그림의 주인공을 제외하고 모두 지워지는데요, 여기에서는 강아지만 남았네요. 이제 배경을 채우기 위해 [이미지 편집]을 클릭하고 [효과]의 'Magic Studio' 항목에서 [Magic Expand]를 클릭하세요.

03 매직 이레이저에는 두 가지 옵션이 있는데요, 다음의 설명을 참고하여 옵션을 선택하세요. 여기에서는 [브러시]를 선택할게요. 지우고 싶은 부분을 그림 그리듯이 드래그하면 보라색으로 영역이 지정돼요. 지우려는 영역을 모두 선택하고 [지우기] 버튼을 클릭하세요.

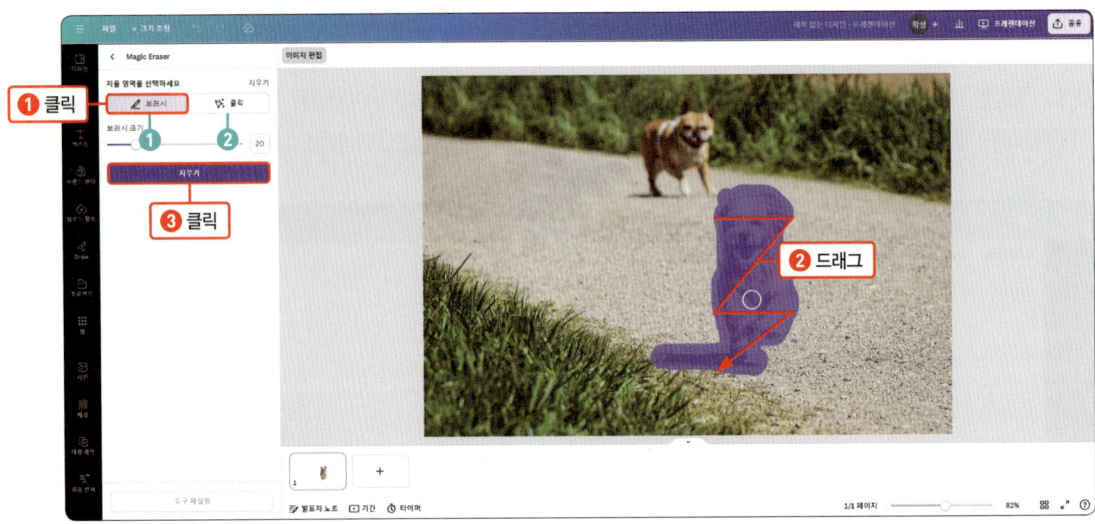

❶ **브러시**: 영역을 세밀하게 선택할 수 있어요. 브러시 크기를 적절하게 조정한 후 사용하는 방법을 추천해요.

❷ **클릭**: 클릭 한 번으로 쉽고 빠르게 영역을 선택할 수 있어요. 클릭하면 주변 영역이 자동으로 지정되므로 여러 번 클릭하여 선택 영역을 계속 넓힐 수 있어요. 이미지 속 주인공이 명확할 경우에는 이 옵션을 사용해 선택하는 방법을 추천해요.

04 선택한 부분을 감쪽같이 지웠어요.

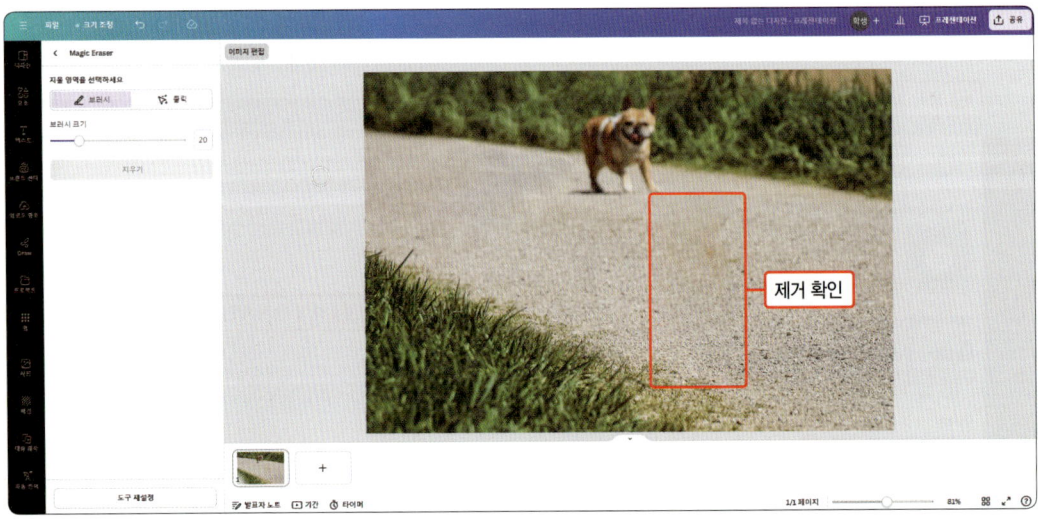

STEP 03 매직 이레이저로 이미지의 특정 부분만 지우기

캔바 AI의 '매직 이레이저(Magic Eraser)' 기능을 사용하면 이미지의 특정 부분만 감쪽같이 지울 수 있어요.

01 사이드 패널에서 [업로드 항목] 탭의 [파일 업로드] 버튼을 클릭하고 지우고 싶은 부분이 있는 이미지를 업로드하세요.

02 업로드한 이미지를 선택하고 [이미지 편집]을 클릭합니다. 그런 다음 [효과]를 클릭하고 'Magic Studio' 항목에서 [Magic Eraser]를 클릭하세요.

03 [효과]를 클릭하고 'Magic Studio' 항목에서 [배경 제거]를 클릭하세요.

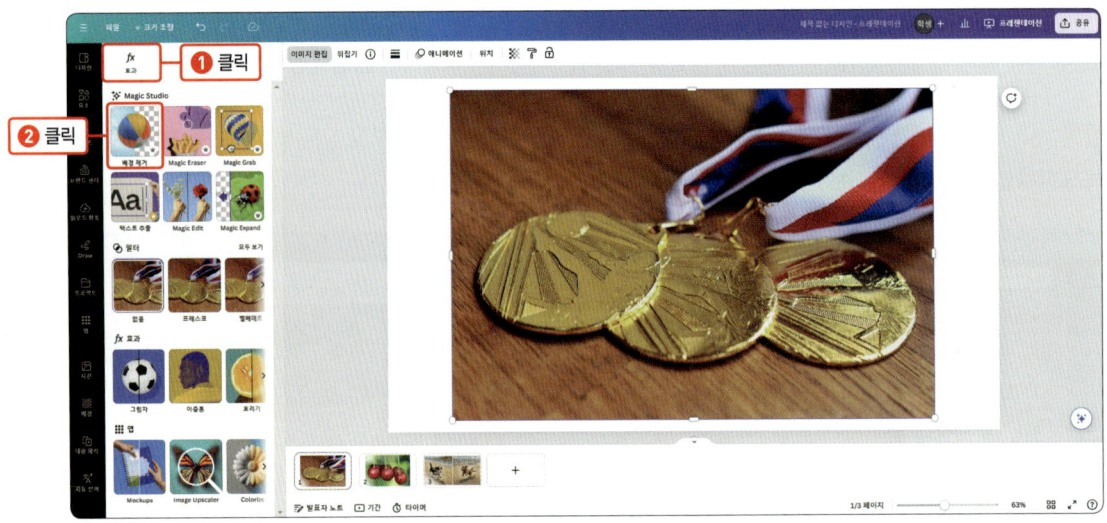

04 잠시 후 이미지의 배경이 깔끔하게 잘 제거되었는지 확인하세요.

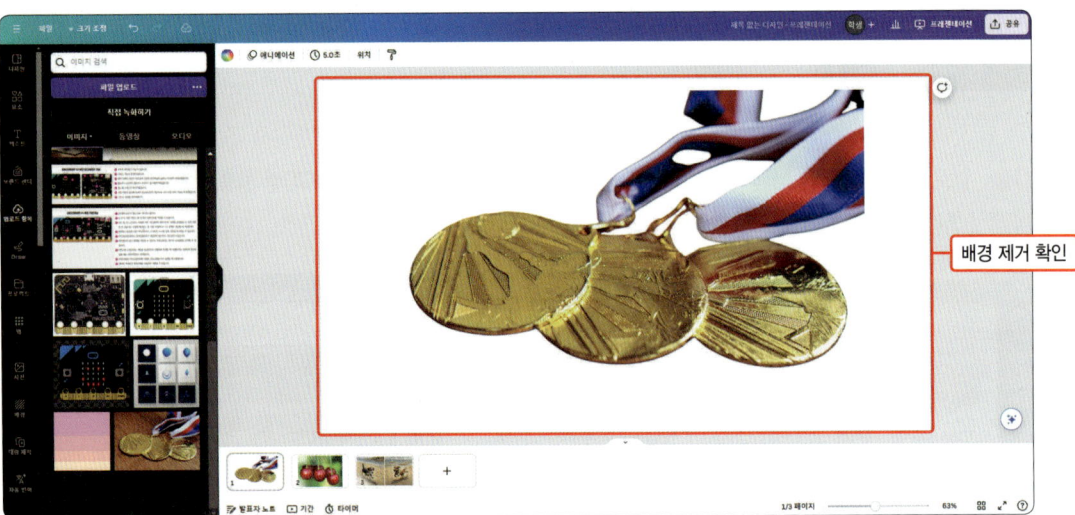

STEP 02 캔바 AI로 이미지의 배경 제거하기

캔바 AI의 '배경 제거' 기능은 배경을 지운 피사체만 필요하거나, 피사체는 그대로 둔 상태에서 배경만 바꾸고 싶을 때 유용하게 사용할 수 있어요.

01 사이드 패널에서 [업로드 항목] 탭의 [파일 업로드] 버튼을 클릭하고 배경을 제거하려는 이미지를 업로드하세요.

02 업로드한 이미지를 선택하고 [이미지 편집]을 클릭하세요.

03 [효과]의 'Magic Studio' 항목에서 캔바의 AI 기능을 확인할 수 있어요.

① **배경 제거**: 이미지의 배경을 자동으로 지워요. 그러면 피사체만 남아 깔끔한 이미지를 만들 수 있어요.

② **매직 이레이저(Magic Eraser)**: 이미지 속 특정 요소나 지우고 싶은 부분을 선택하여 쉽게 제거할 수 있어요.

③ **매직 그랩(Magic Grab)**: 배경을 유지하면서 이미지 속 특정 요소의 크기를 조정하거나 위치를 옮길 수 있어요.

④ **텍스트 추출**: 이미지 속 텍스트를 인식하여 추출할 수도 있고 이미지에서 텍스트를 복사해 바로 사용할 수도 있어요.

⑤ **매직 에딧(Magic Edit)**: 이미지 속 특정한 요소를 수정하거나 변경할 수 있어요. 예를 들어, 이미지 속 하얀색 꽃을 빨간색 꽃으로 바꿀 수 있어요.

⑥ **매직 익스팬드(Magic Expand)**: 이미지를 원래 크기보다 더 크게 확장할 때 사용해요. 보이지 않는 부분을 상상하여 새로 그릴 수도 있고, 정사각형 사진을 세로로 긴 인스타그램 스토리 박스 크기로 수정할 수도 있어요.

 캔바의 AI 이미지 편집 기능은 캔바 프로(PRO) 버전에서만 사용할 수 있어요.

캔바의 AI 기능 이용하기

STEP 01 캔바의 AI 기능 살펴보기

캔바는 현재 여섯 가지 AI 기능을 제공하고 있어요. AI 기술이 계속 발전하고 있으므로 캔바에서 제공하는 AI 기능도 얼마든지 더 많이 추가될 수 있어요.

01 캔바의 AI 기능을 이용해서 편집하고 싶은 이미지를 추가해 볼게요. 사이드 패널에서 [업로드 항목] 탭의 [파일 업로드] 버튼을 클릭하고 원하는 이미지를 업로드하세요.

02 업로드한 이미지를 선택하고 [이미지 편집]을 클릭하세요.

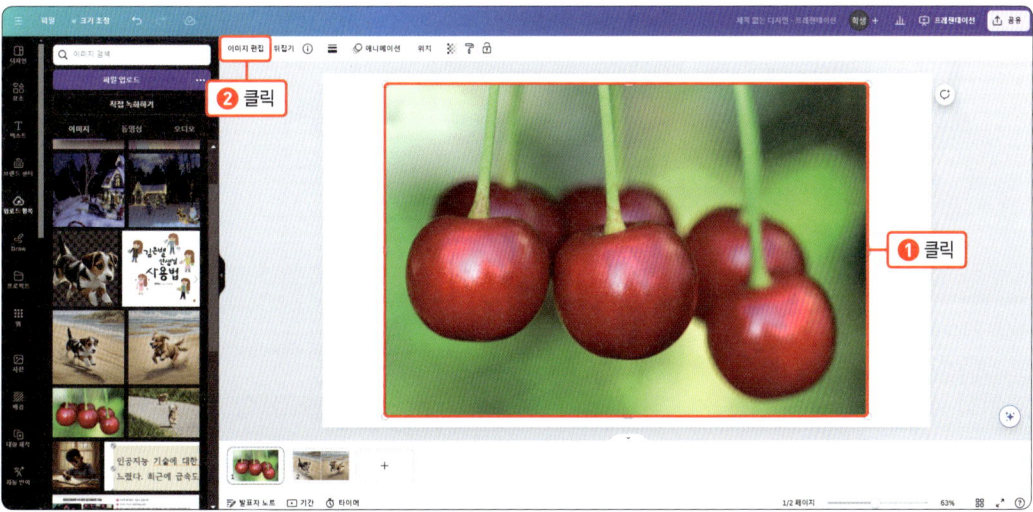

생성형 AI는 무엇인가요?

'생성형 AI'라는 단어가 낯선 친구들이 많을 거예요. 쉽게 말해서 생성형 AI는 우리가 원하는 것을 뚝딱 만들어 주는 도깨비방망이 같은 것이에요. **생성형 AI에게 나의 아이디어를 말하면 AI는 이러한 아이디어를 바탕으로 멋진 그림이나 디자인, 영상, 음성 등을 만들어요.** 예를 들어, "강아지가 있는 그림을 그려 줘!"라고 명령하면 실제로 강아지가 들어간 그림을 만들어 주는 것이지요.

캔바에서도 생성형 AI를 이용할 수 있어요. 사이드 패널에서 [Magic Media] 탭을 클릭하고 만들고 싶은 이미지를 설명하면 이것을 바탕으로 이미지나 디자인을 자동으로 만들어 준답니다. 예를 들어, "바닷가 모래밭을 뛰어다니는 강아지를 그려 줘."라고 입력해 보았어요. 그리고 잠시 기다렸더니 짠~! 캔바의 생성형 AI가 뛰어다니는 강아지 그림을 만들었어요.

▲ 캔바의 생성형 AI로 만든 그림

이처럼 우리가 일일이 그림을 그리지 않아도 생성형 AI의 도움으로 쉽고 빠르게 원하는 그림과 멋진 디자인을 만들 수 있어요. 정말 편리하지요?

캔바의 AI 기능을 이용해서 작업해요

캔바의 AI(인공지능) 기능을 이용하면 좀 더 쉽고 재미있게 디자인 작업을 할 수 있어요. AI는 우리를 도와주는 똑똑한 컴퓨터 친구여서 우리가 원하는 것을 빠르게 이해하고 멋진 결과물을 만들어 줘요. 예를 들어, AI를 이용하면 사진의 배경이나 불필요한 부분을 자동으로 지울 수도 있고, 사진의 배경을 유지하면서 사람이나 건물 등 특정 피사체만 원하는 곳으로 옮길 수도 있어요. 이 밖에도 캔바 AI에는 다른 신기한 기능이 많아요.

캔바 AI는 마치 미술 선생님처럼 어려운 디자인 작업을 대신해 주고, 더욱 멋지고 창의적인 결과물을 만들어 줘요. 그래서 디자인 작업을 처음 해 보는 친구들도 예쁜 작품을 쉽게 만들 수 있어요. AI 기능을 이용하면 캔바로 디자인 작업을 하는 과정이 훨씬 더 쉽고 재미있을 거예요!

 캔바에서 이용할 수 있는 AI 기능은 무엇이 있나요?

 캔바에서는 배경 제거, 매직 이레이저, 매직 그랩, 텍스트 추출, 매직 에딧, 매직 익스팬드와 같은 이미지 편집 AI 기능을 제공하고 있어요. 각 기능에 대한 자세한 설명은 73쪽을 참고하세요. 또한 캔바에서 자체적으로 제공하는 AI 기능 외에 외부 AI 앱을 연동하여 활용할 수도 있는데요, 외부 AI 앱 활용법은 '셋째마당'에서 배울 거예요.

학습 목표
- 생성형 AI가 무엇인지 이해할 수 있어요.
- 캔바의 AI 기능을 이해할 수 있어요.
- 캔바의 AI 기능을 이용할 수 있어요.

04 사이드 패널에서 [요소] 탭을 클릭하고 목업에 삽입하고 싶은 사진을 골라서 클릭하세요. 페이지에 사진을 추가했으면 목업 이미지로 드래그해 보세요. 그러면 비행기 사진을 컵 목업의 표면에 자연스럽게 삽입할 수 있어요.

잠깐만요 목업이란 무엇인가요?

목업(mock-up)은 제품을 디자인할 때 많이 사용하는 가상의 모델이에요. 제품을 만들기 전, 내가 상상한 디자인을 제품에 미리 입혀 본 후 "실제로 만들면 이렇게 되겠구나!" 하고 직관적으로 쉽게 이해할 수 있어서 매우 효과적이에요.

앞에서 따라 해 본 예시처럼 캔바에서 제공하는 빈 컵 목업 디자인에 비행기 사진을 집어넣으니 마치 컵에 스티커를 붙인 것처럼 자연스럽지요? 이처럼 목업 모델을 완성한 후 비행기 사진의 크기를 조절하고 위치를 옮겨가면서 가장 잘 어울리는 상태를 찾으면 나만의 멋진 컵을 디자인할 수 있어요! 정말 신나죠?

02 사이드 패널에서 [앱] 탭을 클릭하고 'mock' 또는 'mock up'을 검색하세요. 검색 결과가 나타나면 [Mockups] 앱을 클릭하세요.

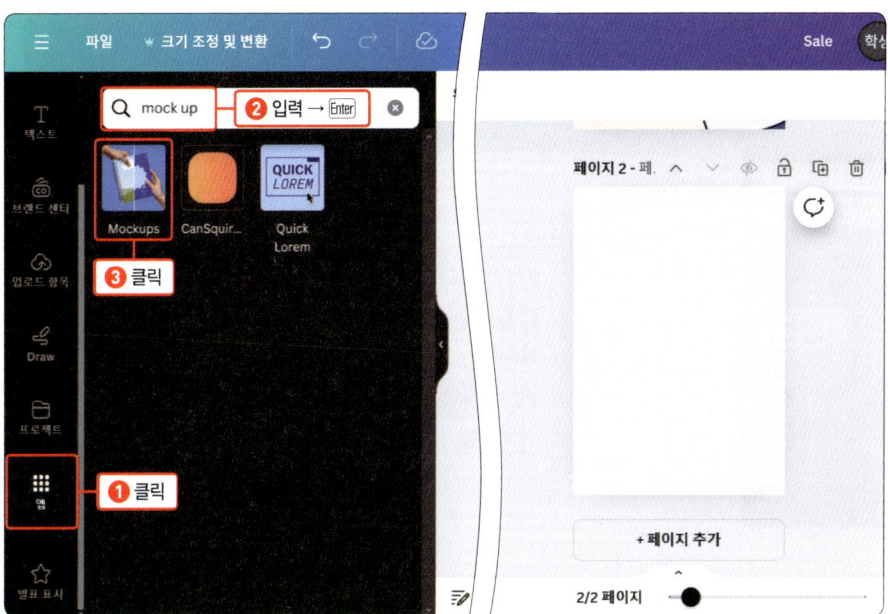

> **Tip Talk** 한 번 실행한 앱은 사이드 패널 아래쪽에 추가되어 다음에도 편하게 이용할 수 있어요. 그리고 사이드 패널의 [앱] 탭에서 제공하는 앱의 활용도는 무궁무진한데요, 자세한 내용은 210쪽에서 확인하세요.

03 'Mockups'는 제품의 목업을 쉽게 만들 수 있도록 도와주는 앱이에요. 목업 이미지 목록이 나타나면 마음에 드는 목업 이미지를 클릭해서 페이지에 추가하세요.

68

STEP 06 [프로젝트] 탭 살펴보기

[프로젝트] 탭에서는 지금까지 만든 디자인이나 별표 표시해 둔 디자인을 살펴볼 수 있어요. 34쪽에서 배운 [프로젝트] 탭과 같다고 생각하면 됩니다.

TipTalk [프로젝트] 탭에서는 폴더를 만들어 내가 만든 디자인을 분류할 수 있어요. 디자인 작업물이 많을 때 이 기능을 활용해서 정리하면 편리하게 관리할 수 있겠지요?

STEP 07 [앱] 탭 살펴보기

[앱] 탭에서는 캔바와 연계하여 사용할 수 있는 다양한 앱이 표시돼요. [앱] 탭에는 인공지능(AI)을 활용한 앱이 많이 있으므로 이들 앱을 잘 활용한다면 내 디자인을 더욱 풍성하게 꾸밀 수 있어요. 이번에는 'Mockups' 앱을 활용하여 제품 목업을 만들어 볼게요.

01 [페이지 추가] 아이콘(⬆)을 클릭하여 새로운 페이지를 만드세요.

TipTalk 목업(mock-up)에 대해서는 69쪽의 '잠깐만요'를 참고하세요.

STEP 05 [Draw] 탭 살펴보기

[Draw] 탭에서는 펜, 마커, 형광펜, 지우개 도구를 활용하여 그림을 그리거나 강조 표시를 할 수 있어요.

01 사이드 패널에서 [Draw] 탭을 클릭하고 [마커]를 선택하세요.

02 마우스를 드래그하여 그리고 싶은 것을 자유롭게 그려 보세요. 펜이나 형광펜을 사용해서 그려도 좋고 잘못 그렸으면 지우개로 지우고 처음부터 다시 그릴 수 있어요.

Tip Talk [Draw] 탭을 이용해서 그린 그림은 그 자체만으로도 하나의 요소가 되므로 위치를 옮기거나 색상을 변경하고 크기를 조정할 수 있어요.

02 [파일 업로드] 버튼을 클릭합니다. [열기] 창이 열리면 업로드하고 싶은 사진이나 동영상 파일을 선택하고 [열기] 버튼을 클릭하세요. 여러 개의 파일을 한꺼번에 선택하여 업로드할 수도 있어요.

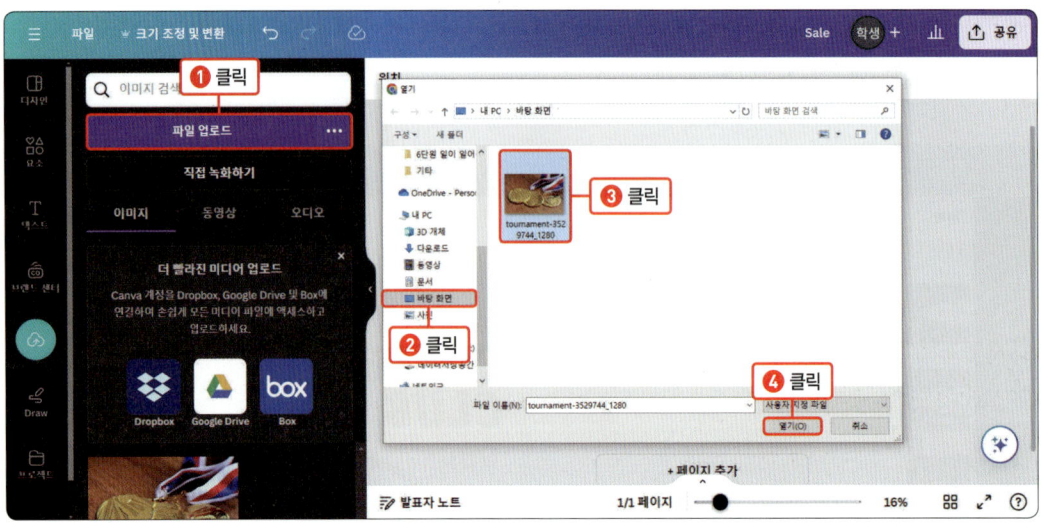

> **TipTalk** 사진이나 동영상 파일을 사이드 패널이나 작업 화면으로 드래그하여 업로드할 수 있어요. 그리고 Shift나 Ctrl을 누른 상태에서 파일을 차례대로 선택하면 여러 개의 파일을 한 번에 선택할 수 있습니다.

03 [업로드 항목] 탭의 [이미지]에 선택한 이미지를 추가했으면 클릭하여 내 디자인에 첨부하세요. 그런 다음 이미지의 위치를 옮기고 크기를 조정해 적절하게 배치하세요.

> **TipTalk** 캔바 무료 계정은 최대 5GB까지, 프로 계정은 1TB까지 [업로드 항목] 탭에 콘텐츠를 올릴 수 있어요.

잠깐만요 [브랜드 센터] 탭에서는 무엇을 할 수 있나요?

사이드 패널의 [브랜드 센터] 탭에서는 내 디자인이나 우리 팀의 디자인을 좀 더 일관성 있게 작성할 수 있어요. [브랜드 센터] 탭은 캔바 프로(PRO) 버전이나 교육용 계정에서만 사용할 수 있고, 좀 더 전문적으로 많은 양의 디자인을 작업할 때 사용하면 매우 편리해요. 또한 [브랜드 센터] 탭에서는 우리 팀만의 글꼴과 색깔 등을 지정할 수도 있고, 브랜드의 로고와 사진 등을 추가하여 일관성 있는 디자인을 제작할 수도 있어요.

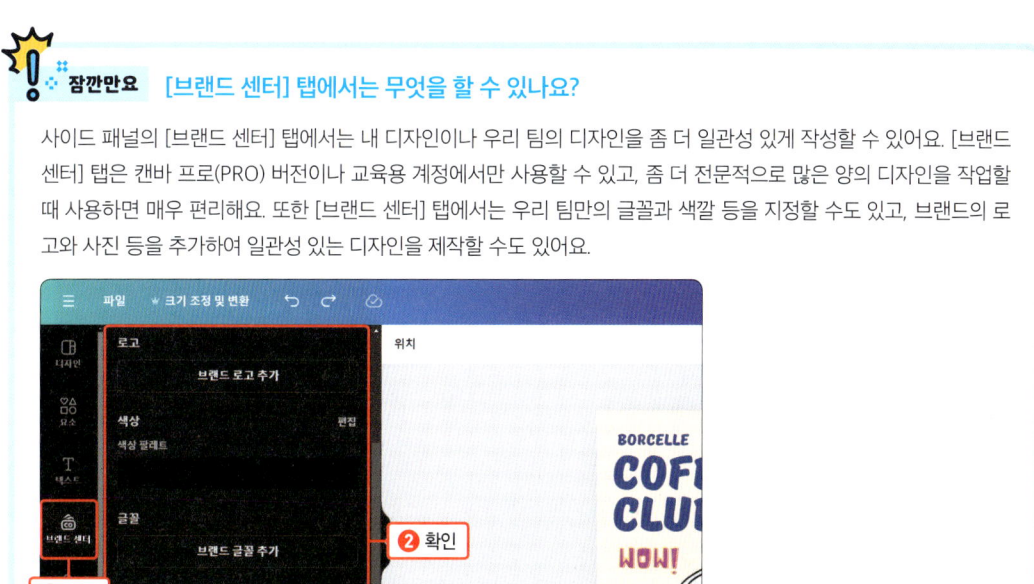

STEP 04 [업로드 항목] 탭 살펴보기

[업로드 항목] 탭에 내가 가지고 있는 이미지, 동영상, 오디오 파일을 업로드해 두면 디자인에 바로 첨부할 수 있어서 무척 편리해요. 또한 디자인 작업 중 한 번 첨부한 이미지, 동영상, 오디오 파일도 자동으로 이곳에 저장되어 나중에 다른 디자인을 작업할 때 다시 활용할 수 있어요.

01 사이드 패널에서 [업로드 항목] 탭을 클릭하세요.

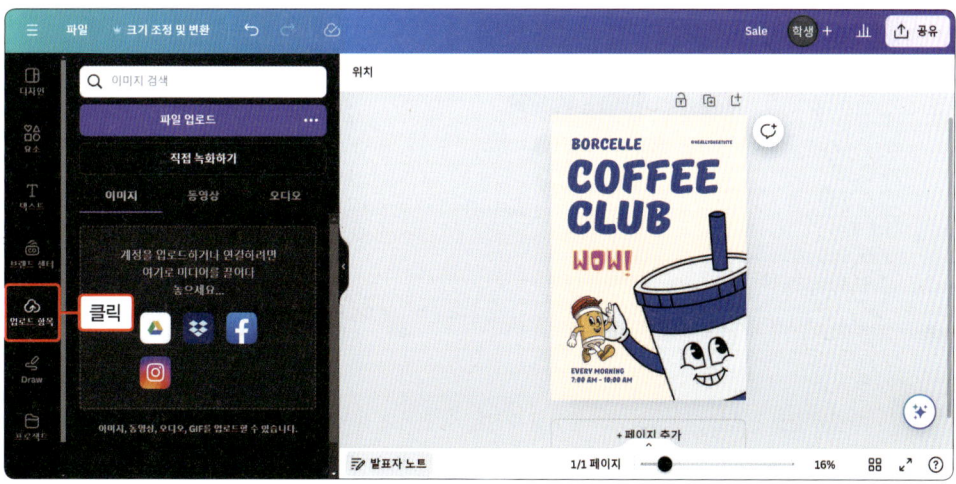

02 스크롤바를 아래쪽으로 드래그하면 다양한 글꼴 디자인 스타일이나 테마에 어울리는 글꼴 조합을 볼 수 있어요. 이 중에서 마음에 드는 글꼴 조합을 클릭하여 내 디자인에 추가하세요.

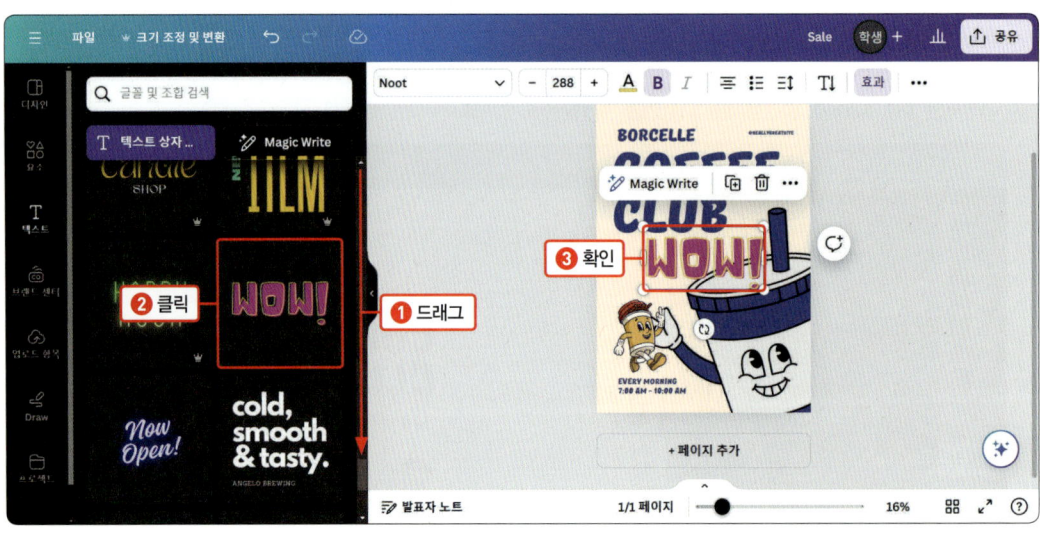

> **TipTalk #** 글꼴 조합 기능을 활용하면 전문적인 디자인 감각이 없어도 다양한 분위기의 텍스트 조합을 손쉽게 구현할 수 있어요.

03 글꼴 조합의 위치를 옮기고 크기를 조정해 적절하게 배치하세요.

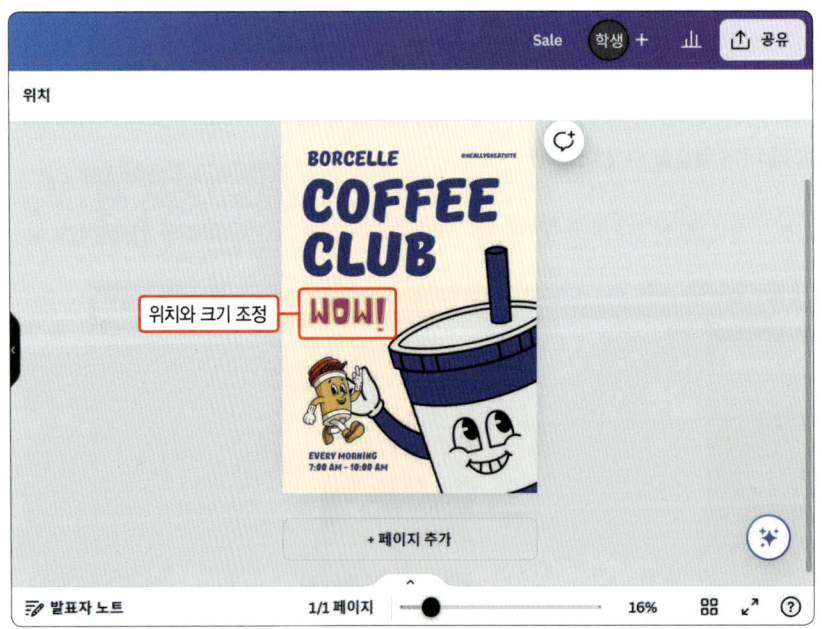

> **TipTalk #** 추가한 글꼴 조합을 더블클릭하여 문구를 수정할 수 있어요. 물론 문구를 수정해도 글꼴 조합에 설정된 글꼴과 효과는 그대로 유지돼요.

03 추가한 요소의 위치를 옮기고 크기를 조정해 적절하게 배치하세요.

TipTalk 사이드 패널에서 [요소] 탭의 목록 중 왕관 아이콘(👑)이 붙어 있는 요소는 캔바 프로(PRO) 버전 요금제에 가입했거나 교육용 캔바 계정에서만 사용할 수 있어요. 캔바의 요금제에 대해서는 25쪽을 참고하세요.

STEP 03 [텍스트] 탭 살펴보기

[텍스트] 탭에서는 텍스트 상자를 추가하거나 글꼴을 설정할 수도 있고, '글꼴 조합'이라는 글씨 디자인을 사용하여 더욱 편하게 디자인을 꾸밀 수도 있어요.

01 사이드 패널에서 [텍스트] 탭을 클릭하세요.

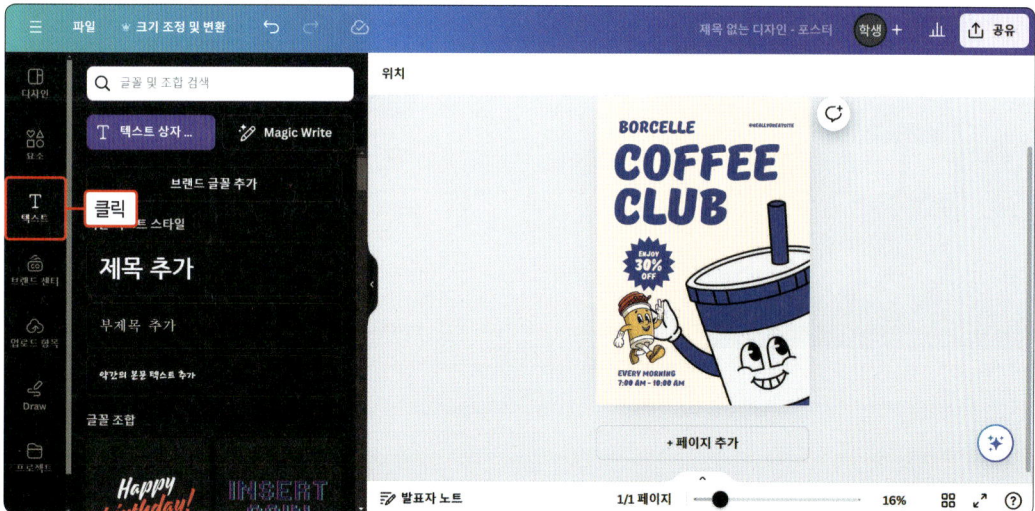

STEP 02 [요소] 탭 살펴보기

[요소] 탭에서 제공하는 사진, 텍스트, 그래픽, 오디오, 동영상 등을 활용하면 내 디자인을 다채롭게 채울 수 있어요.

01 사이드 패널에서 [요소] 탭을 클릭하세요. 도형, 그래픽, 사진 등 다양한 요소가 나타나면 내 디자인에 어울리는 요소를 골라 클릭하세요.

02 디자인에 선택한 요소가 추가되었는지 확인하세요.

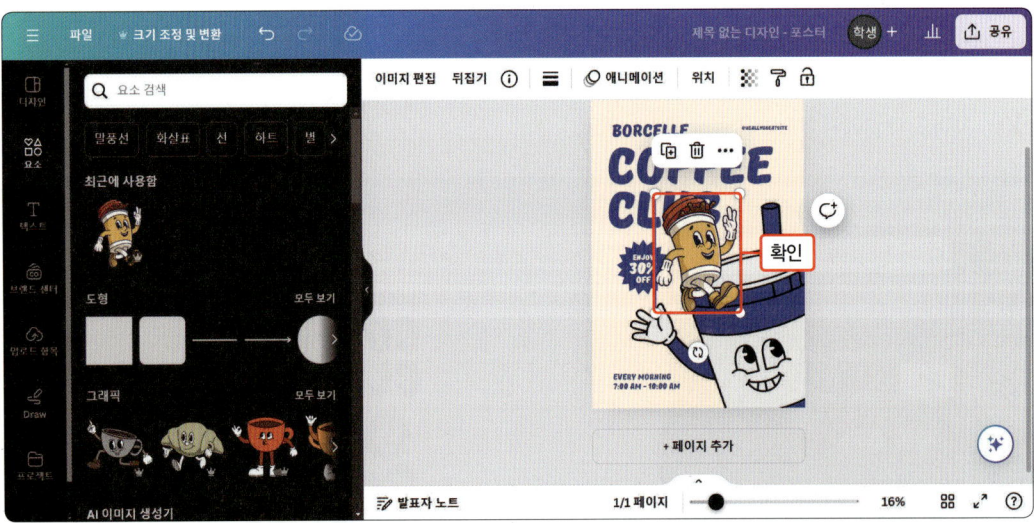

사이드 패널 살펴보기

STEP 01 [디자인] 탭 살펴보기

[디자인] 탭에는 [템플릿]과 [스타일]이 있는데요, 각각 어떤 기능을 가지고 있는지 살펴볼게요.

01 사이드 패널에서 [디자인] 탭-[템플릿]을 클릭하세요. 선택한 디자인 양식에 맞추어 다양한 템플릿이 표시되면 추천된 항목 중 하나를 선택하거나 원하는 템플릿을 검색할 수 있어요. 만약 빈 화면에서 시작하고 싶다면 아무것도 선택하지 않아도 됩니다.

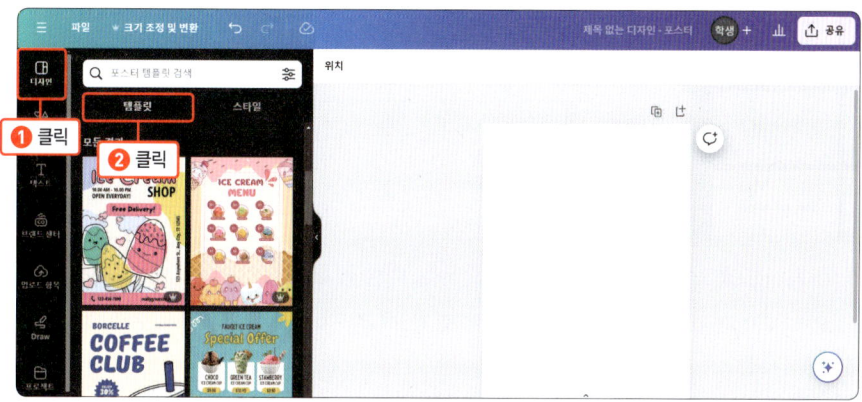

TipTalk 템플릿을 참고용으로만 사용하고 싶다면 작업 화면의 오른쪽 위에 있는 [페이지 추가] 아이콘(⊞)을 클릭한 후 한 페이지에는 템플릿을 적용하고 나머지 한 페이지에는 나만의 디자인을 만드세요.

02 [스타일]에서는 선택한 템플릿의 색상 조합이나 글꼴 세트를 한 번에 바꿀 수 있어요. 색상 조합을 클릭하면 템플릿에 포함된 배경과 개체가 다른 색으로 변경되어 기존의 디자인과 다른 느낌을 줄 수 있어요. 내가 원하는 색감을 찾아보세요.

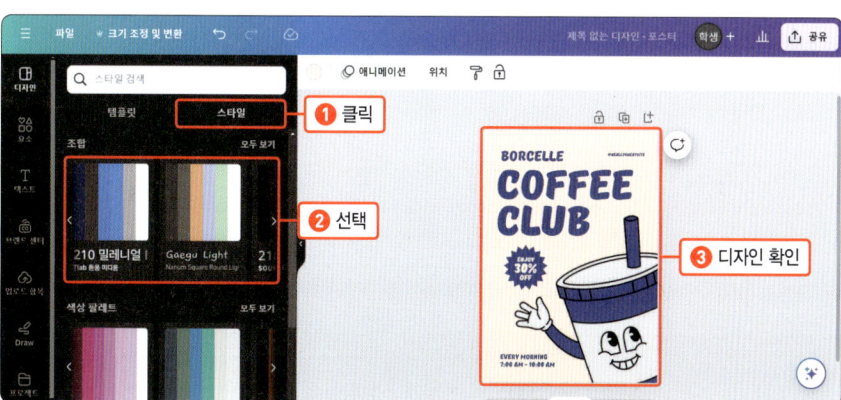

편집 화면 살펴보기

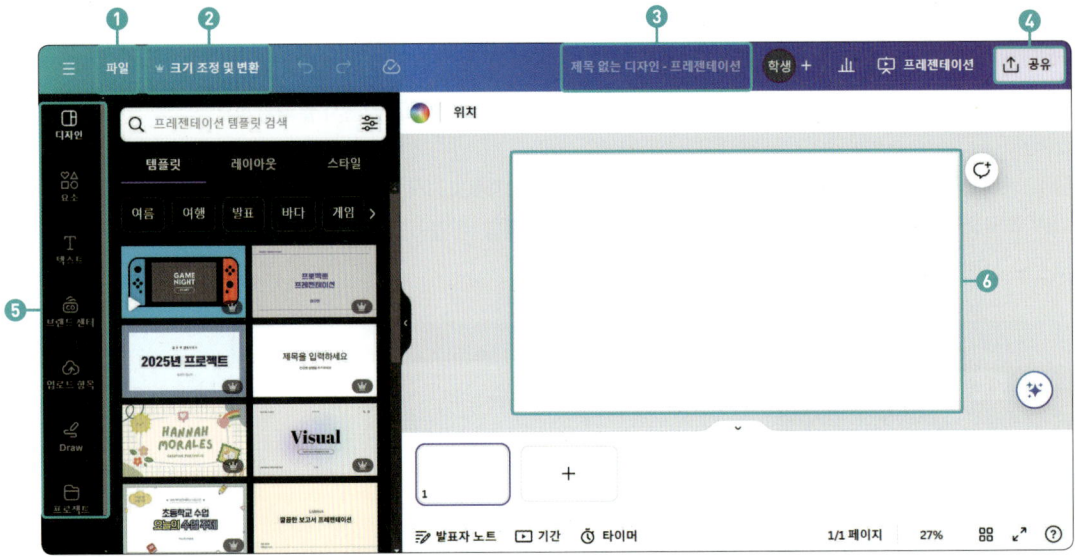

① **파일**: 현재 작업 중인 디자인 파일과 관련된 사항을 설정할 수도 있고 디자인이 저장된 폴더를 바꾸거나 수정 기록을 확인하여 수정하기 전으로 되돌릴 수도 있어요.

② **크기 조정 및 변환**: 디자인 양식을 바꾸거나 크기를 조정할 수 있어요.

③ **디자인 제목**: 클릭하면 제목을 수정할 수 있어요. 내가 만든 다른 디자인과 구별하려면 제목을 알기 쉽게 지정해야 해요.

④ **[공유] 버튼**: 다른 사람과 함께 디자인을 작업하거나 결과물을 보여 줄 때 사용해요. '프레젠테이션' 양식에서는 결과물을 전체 화면으로 표시할 수 있는 [프레젠테이션] 버튼이 활성화됩니다.

⑤ **사이드 패널**: 디자인에 다양한 개체를 추가할 수 있는 패널이에요. [디자인] 탭, [요소] 탭, [텍스트] 탭 등 여러 탭으로 구성되어 있고, 텍스트나 사진을 삽입하거나 외부 프로그램을 연동하여 디자인을 효율적으로 편집할 수 있어요.

⑥ **작업 화면**: 작업 결과물이 표시되는 화면이에요. 작업 화면에 다양한 개체를 추가하여 적절한 위치에 배치하거나 삭제할 수도 있고, 페이지를 추가하거나 디자인을 전체 화면으로 볼 수도 있어요.

WEEK 06

편집 화면이 어떻게 구성되어 있는지 충분히 이해했어!

캔바의 편집 화면을 살펴봐요

아주 재미있는 액션 게임을 발견했어요! 적을 물리치려면 효과적으로 이동하고 마법도 잘 써야 해요. 그러려면 어떤 키가 이동 키인지, 어떻게 하면 마법을 쓸 수 있는지 미리 알고 게임을 시작해야겠지요?

캔바도 마찬가지예요. **캔바의 편집 화면은 실제로 디자인 작업을 하는 아주 중요한 공간**으로, 포토샵과 같은 전문적인 디자인 제작 프로그램보다 쉽게 익힐 수 있도록 구성되어 있어요. 캔바는 전 세계 모든 사람이 어디서든지 간편하게 디자인 작업을 할 수 있는 환경을 만드는 것이 목표거든요. 그래서 편집 화면에 어떤 기능이 있는지 한 번만 익혀 두면 여러분도 아주 멋진 디자인을 만들 수 있으니 잘 익혀 두세요.

선생님! 편집 화면을 꼭 살펴봐야 하나요?

내가 몰라서 사용하지 못하는 것과, 알지만 필요 없어서 사용하지 않는 것은 아주 큰 차이가 있답니다. 아는 것이 힘! 알고 있어야 필요할 때 적절하게 사용할 수 있어요.

학습 목표
- 캔바의 편집 화면은 어떤 모습인지 알 수 있어요.
- 편집 화면의 왼쪽에 있는 사이드 패널의 기능을 이해하고 이용할 수 있어요.
- 캔바로 디자인 목업을 만들 수 있어요.

 **잠깐만요** 디자인 양식에 없는 화면 크기로 만들고 싶어요!

51쪽에서 디자인 양식에 따라 화면의 크기와 비율이 정해진다고 했지요? 그런데 내가 만들려는 디자인의 크기가 캔바에서 제공하는 양식에 없다면 어떻게 해야 할까요? 이런 경우에는 맞춤형 크기를 사용하면 돼요.

홈 화면에서 [디자인 만들기] 버튼을 클릭하고 [디자인 만들기] 창에서 [맞춤형 크기]를 선택하면 가로와 세로 크기를 직접 입력할 수 있는 창이 열려요. 여기에서 원하는 단위를 선택하고 '가로'와 '세로'에 숫자를 입력한 후 [새 디자인 만들기] 버튼을 클릭하면 내가 입력한 크기로 빈 화면이 만들어져요.

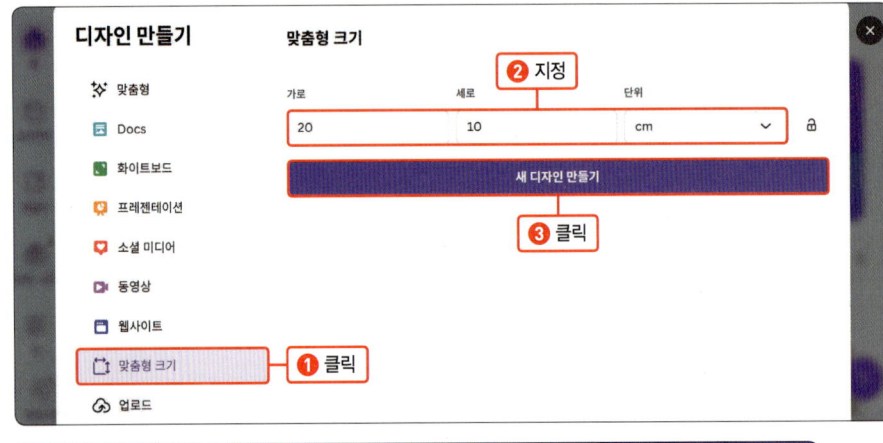

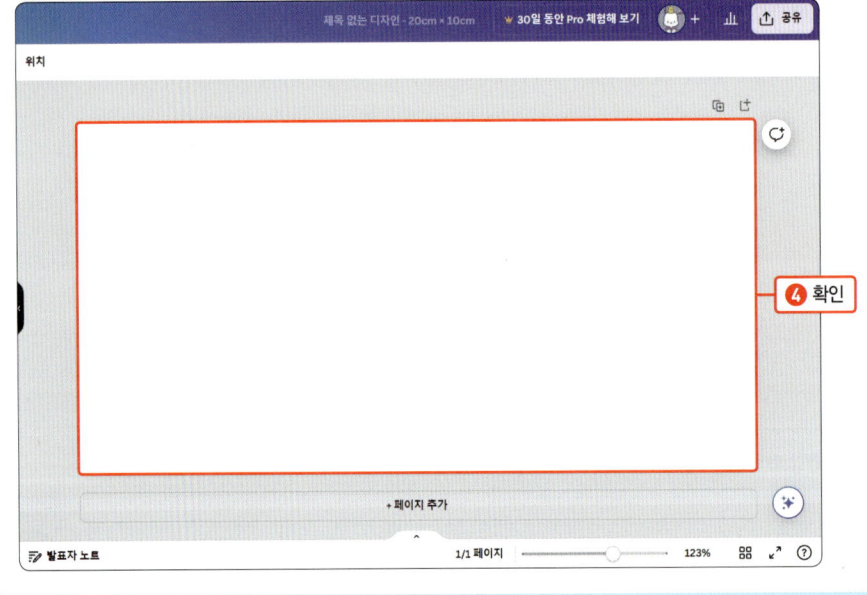

03 편집 화면이 열리면 빈 페이지에 내가 넣고 싶은 개체를 추가하여 디자인을 만드세요.

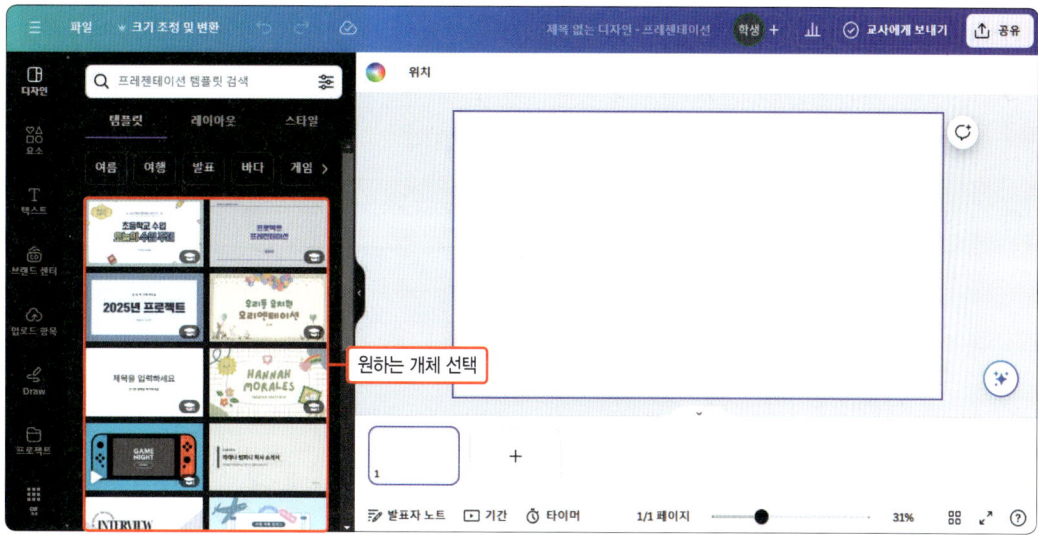

TipTalk 사이드 패널의 [요소] 탭, [텍스트] 탭 등을 활용해 디자인을 채울 수 있어요. 사이드 패널을 활용하는 방법은 60쪽을 참고하세요.

04 개체들을 어울리게 배치하고 디자인을 마무리하세요. 화면 위쪽에 있는 디자인 이름을 클릭하여 제목 탭의 제목을 바꾸면 나중에 내가 만든 디자인을 쉽게 찾을 수 있어요.

STEP 02 디자인 만들기

어울리는 디자인 양식을 골랐으면 본격적으로 디자인을 만들어 볼까요?

01 홈 화면에서 [디자인 만들기] 버튼을 클릭하세요.

02 [디자인 만들기] 창이 열리면 원하는 디자인 양식을 선택하세요. 여기에서는 자기 소개 발표에 사용할 자료를 만들기 위해 [프레젠테이션]을 선택했어요.

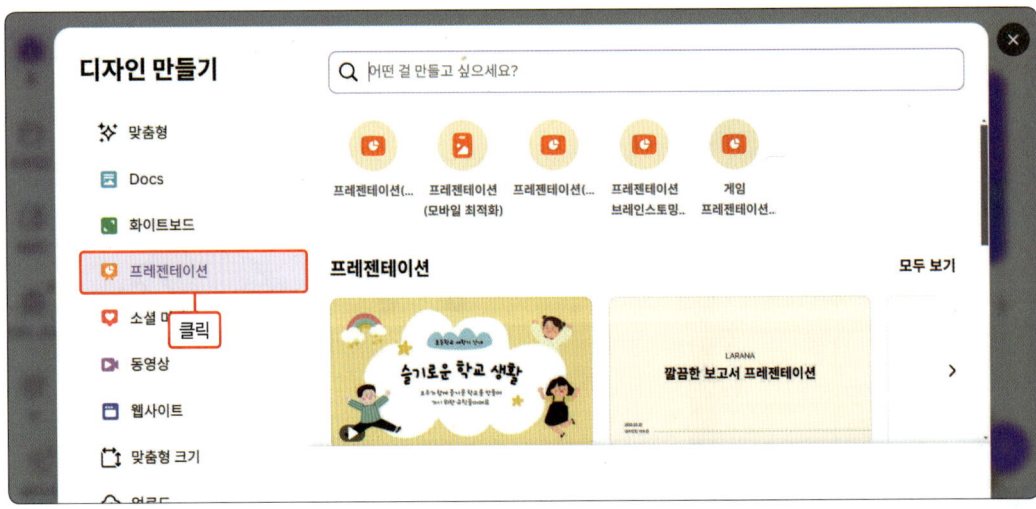

05 '화이트보드' 양식은 아주 큰 도화지라고 생각하면 편해요. 이 양식은 공동 작업을 할 때 유용하고, 넓은 공간에 글과 이미지를 넣으면서 아이디어를 정리하거나 마인드맵을 만들 때 사용해도 좋아요.

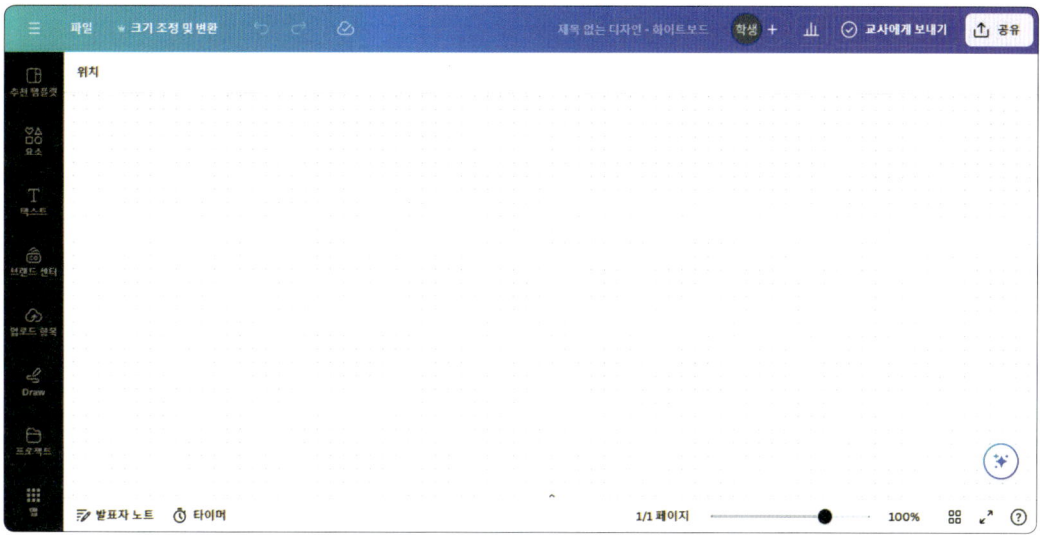

06 '동영상' 양식은 동영상을 만들 수 있도록 지원하는 양식이에요. 파워포인트의 '프레젠테이션' 양식과 비슷한 것 같지만, 각 페이지의 재생 시간을 설정할 수 있다는 점이 달라요. 페이지에 사진, 영상, 음악 등을 넣어 작성한 후 다운로드하면 하나의 영상으로 저장할 수 있어요.

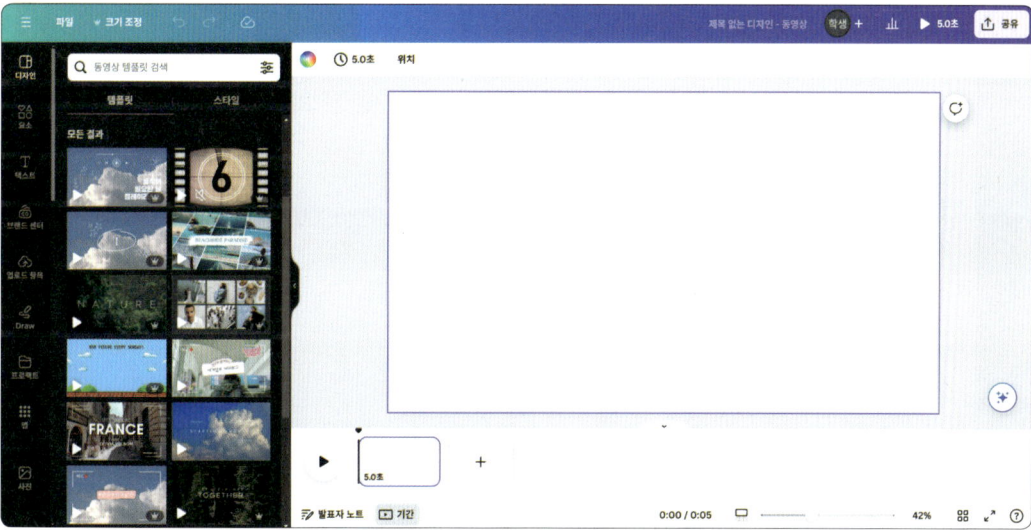

03 '인스타그램 게시물(정사각형)' 양식은 정사각형 비율로, SNS 게시물을 만들거나 카드뉴스를 제작할 때 주로 사용해요.

04 '문서' 양식은 글 작성에 최적화되어 있어요. 그래서 화면의 빈 곳을 클릭하면 자동으로 글 작성 모드로 전환되면서 페이지에 상관없이 계속해서 글을 쓸 수 있어요. '문서' 양식은 세로 길이가 정해져 있지 않아 세로로 계속 확장되거든요.

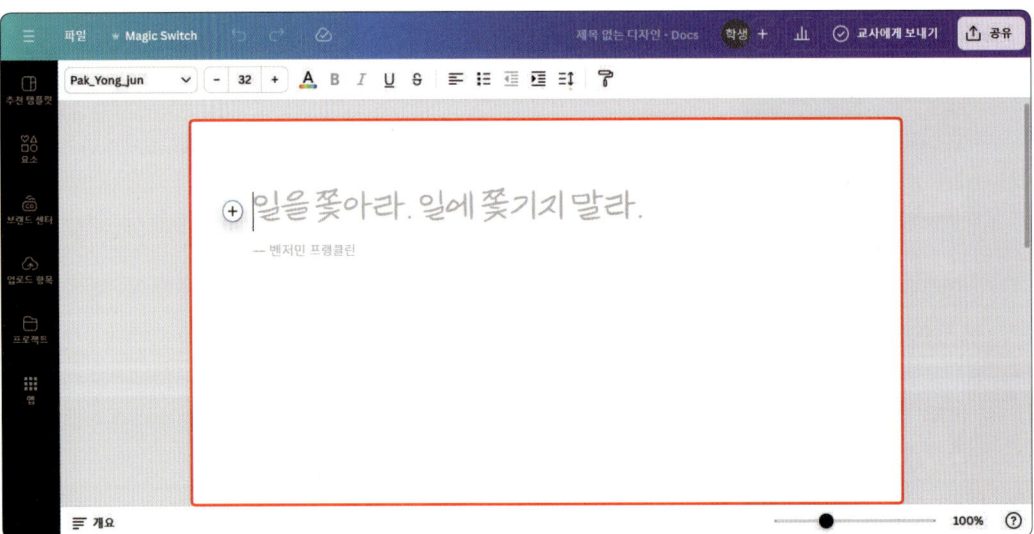

 ## 빈 화면에서 디자인 시작하기

STEP 01 디자인 양식 살펴보기

내가 만들려고 하는 결과물에 어울리는 디자인 양식을 찾아봅시다. 학교 수업에서는 주로 '프레젠테이션', '포스터', '인스타그램 게시물(정사각형)', '문서' 등의 양식을 많이 사용하는데요, 각 디자인 양식의 특징을 살펴볼까요?

01 '프레젠테이션' 양식은 가로로 길어요. TV 화면 비율과 비슷하므로 내가 만든 디자인을 TV 화면에서 열고 소개하고 싶다면 '프레젠테이션' 양식을 추천해요. 조사한 내용을 정리해서 발표하거나 영상 섬네일을 만들 때 '프레젠테이션' 양식을 주로 활용해요.

02 '포스터' 양식은 A2 용지(420×594mm) 크기로, A4 용지(210×297mm)와 비율은 같지만 크기가 훨씬 커요. 포스터나 메뉴판, 안내문 등을 만들어서 출력하고 싶다면 포스터 양식을 추천해요.

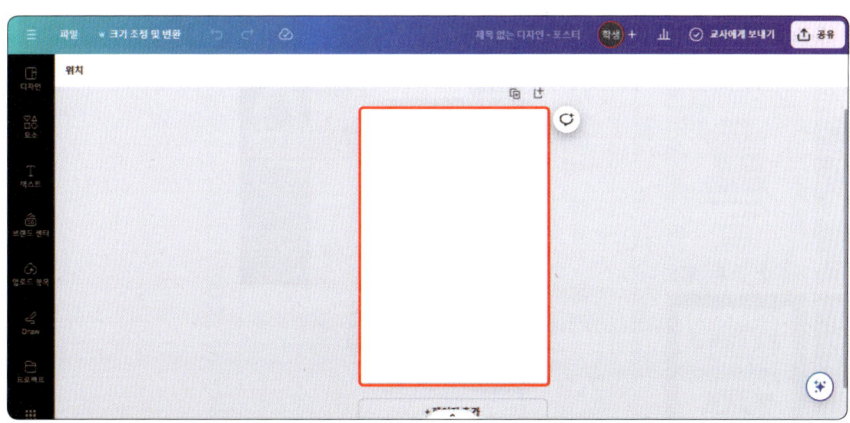

 같은 비율로 A4 용지 크기의 디자인을 만들고 싶다면 '전단지' 양식을 사용하세요.

디자인 양식 활용하기

캔바는 프레젠테이션, 포스터, 전단지 등 다양한 디자인 양식을 제공해요. 그리고 디자인 양식에 따라 각 페이지의 크기와 비율이 정해져요. 빈 화면으로 시작해도 내가 만들고 싶은 디자인에 알맞은 디자인 양식을 선택하면 좀 더 쉽게 원하는 디자인을 만들 수 있어요.

> **TipTalk** 물론 페이지의 크기나 비율은 나중에 조정할 수 있어요. 하지만 열심히 꾸며 놓은 요소들의 위치가 바뀔 수 있으므로 처음부터 알맞게 페이지의 크기나 비율을 설정해 두고 디자인을 시작하는 것이 좋아요.

어떤 디자인 양식을 선택하느냐에 따라 편집 화면이나 추천되는 템플릿이 달라져요. 예를 들어, '전단지' 양식과 '이력서' 양식은 똑같이 A4 크기지만, 사이드 패널의 [디자인] 탭을 클릭했을 때 추천되는 템플릿과 키워드가 달라요. '전단지' 양식을 선택하면 추천 템플릿에 전단지 템플릿이 나타나고 전단지와 관련된 키워드가 추천되어요. 반면에 '이력서' 양식을 선택하면 추천 템플릿에 이력서 템플릿이 나타나고 이력서와 관련된 키워드가 추천되어요.

▲ '전단지' 양식을 선택한 경우

▲ '이력서' 양식을 선택한 경우

WEEK 05 스스로 캔바를 시작할 수 있어요

WEEK 04에서 배운 템플릿을 활용하면 기본 틀을 조금만 수정하여 디자인을 쉽게 완성할 수 있어요. 하지만 때로는 시간이 오래 걸려도 템플릿 없이 직접 나만의 디자인을 만들어야 할 때가 있어요. 이럴 때는 '디자인 만들기'를 통해 빈 화면에서 디자인을 시작할 수 있어요.

==빈 화면에서 디자인을 시작하면 나만의 독특한 개성과 창의성을 마음껏 발휘할 수 있어요.== 물론 템플릿을 이용할 때보다는 신경 써야 할 부분이 많아요. 하지만 캔바에서 제공하는 요소, 텍스트, 사진 등의 기능을 이용하면 좀 더 쉽게 자신만의 디자인을 만들 수 있으니까 너무 걱정하지 말고 도전해 보세요!

처음부터 나만의 개성 있는 디자인을 만들고 싶은데 어떻게 하면 될까요?

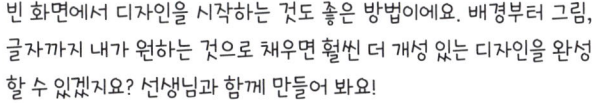

빈 화면에서 디자인을 시작하는 것도 좋은 방법이에요. 배경부터 그림, 글자까지 내가 원하는 것으로 채우면 훨씬 더 개성 있는 디자인을 완성할 수 있겠지요? 선생님과 함께 만들어 봐요!

학습 목표
- 디자인 양식에 대해 이해할 수 있어요.
- 내가 만들려고 하는 디자인에 어울리는 디자인 양식을 선택할 수 있어요.
- 디자인 양식을 이용해서 디자인을 만들 수 있어요.

08 다른 개체들도 삭제하거나 수정하여 디자인을 완성하세요.

06 개체를 복사하고 싶나요? 그러면 개체를 선택하고 [복제] 아이콘(⬚)을 클릭하거나 Ctrl+C를 눌러 복사한 후 Ctrl+V를 눌러 붙여 넣으세요. Ctrl+D를 눌러 바로 옆에 똑같은 개체를 하나 더 만들 수도 있어요.

07 글자를 수정하고 싶다면 텍스트 개체를 더블클릭하세요. 글자가 블록으로 지정되면서 수정할 수 있는 상태로 바뀌면 원하는 글자로 수정해요.

 **잠깐만요** 화면 위쪽에 있는 도구 모음이 자꾸 변해요!

캔바는 어떤 개체를 선택하느냐에 따라 관련 도구 모음이 다르게 표시됩니다. 예를 들어, 이미지 개체를 선택하면 뒤집기, 테두리 설정, 애니메이션과 관련된 도구 모음이 표시되고, 텍스트 개체를 선택하면 글꼴과 글자 크기, 글자 색 등을 설정할 수 있는 도구 모음이 표시돼요. 개체에 따라 꼭 필요한 도구 모음만 표시되니 편집하기가 더 쉽겠지요?

▲ 이미지 개체를 선택했을 때의 도구 모음

▲ 텍스트 개체를 선택했을 때의 도구 모음

04 개체를 선택하면 화면의 위쪽에 도구 모음이 표시되는데요, 이것을 활용하여 개체를 편집할 수 있어요. 크기를 조정하고 싶으면 개체를 선택하고 크기 조정 핸들을 원하는 크기만큼 드래그하세요.

05 개체를 삭제하고 싶다면 개체를 선택한 후 [휴지통] 아이콘(🗑)을 클릭하거나 Delete를 누르세요.

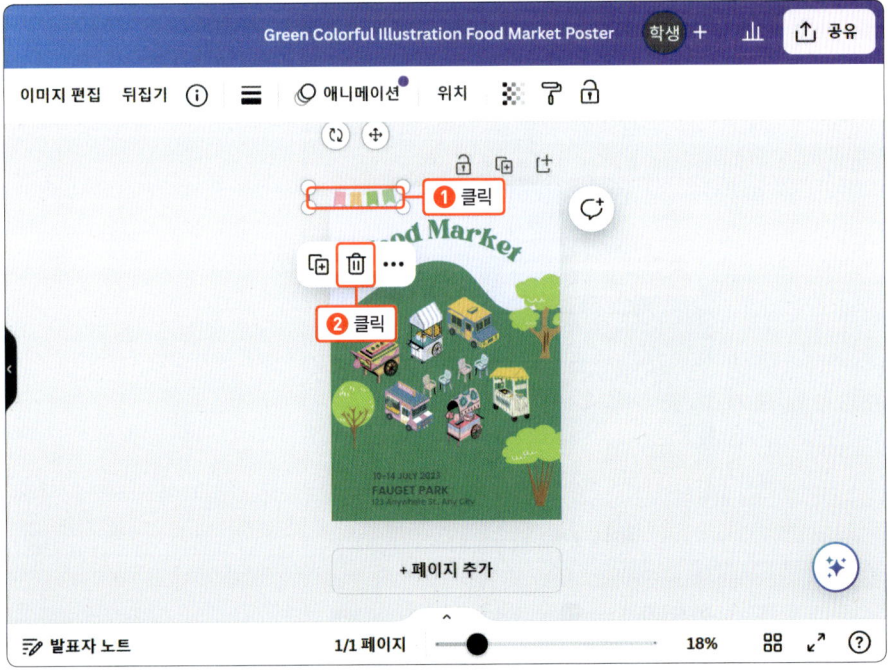

02 팝업 창이 열리면 [이 템플릿 맞춤 편집하기] 버튼을 클릭하세요.

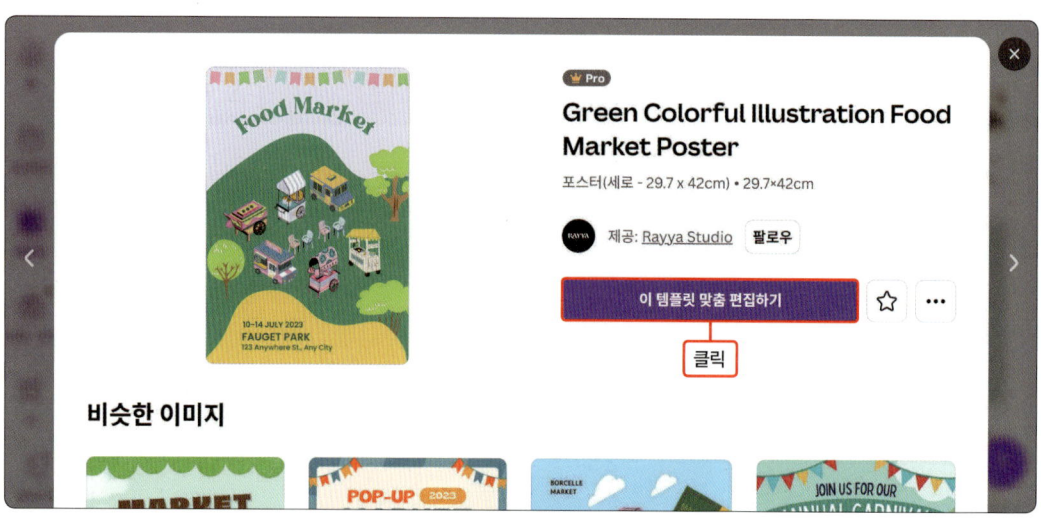

> **TipTalk** 내가 고른 템플릿이 2페이지 이상이면 대표 이미지의 아래쪽에 페이지 미리 보기가 나타나요. 그러면 템플릿을 사용하기 전에 페이지가 어떻게 구성되어 있는지 미리 확인할 수 있어요.

03 템플릿을 편집할 수 있는 편집 화면이 열리면 템플릿에 포함된 다양한 개체 중에서 무엇을 수정할지 살펴보세요. 개체의 위치를 옮기고 싶다면 개체를 선택하고 원하는 위치로 드래그하세요.

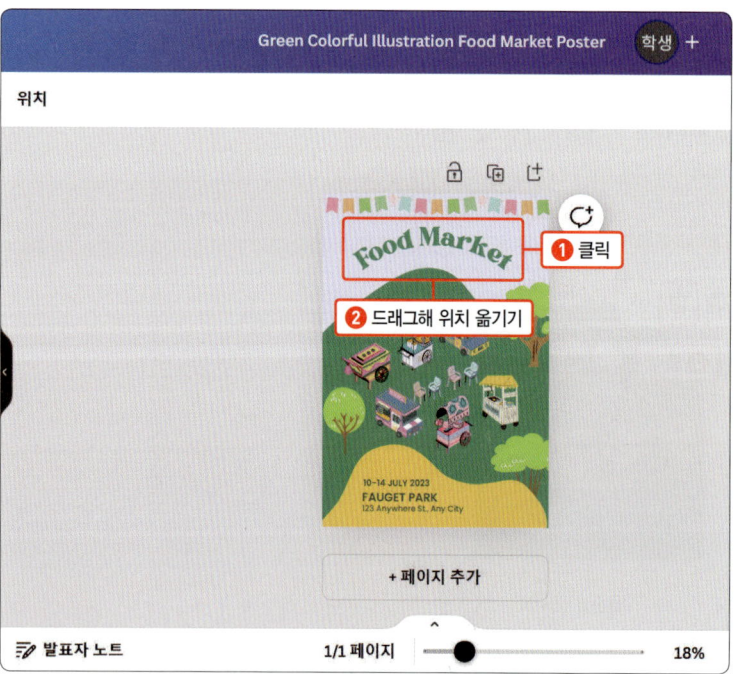

잠깐만요 — 템플릿을 살펴볼 수 있는 다른 방법이 있나요?

홈 화면에서 [템플릿] 탭을 클릭하면 디자인 양식별로 템플릿을 살펴볼 수 있어요. 원하는 템플릿을 찾는 데 시간이 오래 걸릴 수도 있지만, 새로운 아이디어를 얻을 수 있는 좋은 방법이에요.

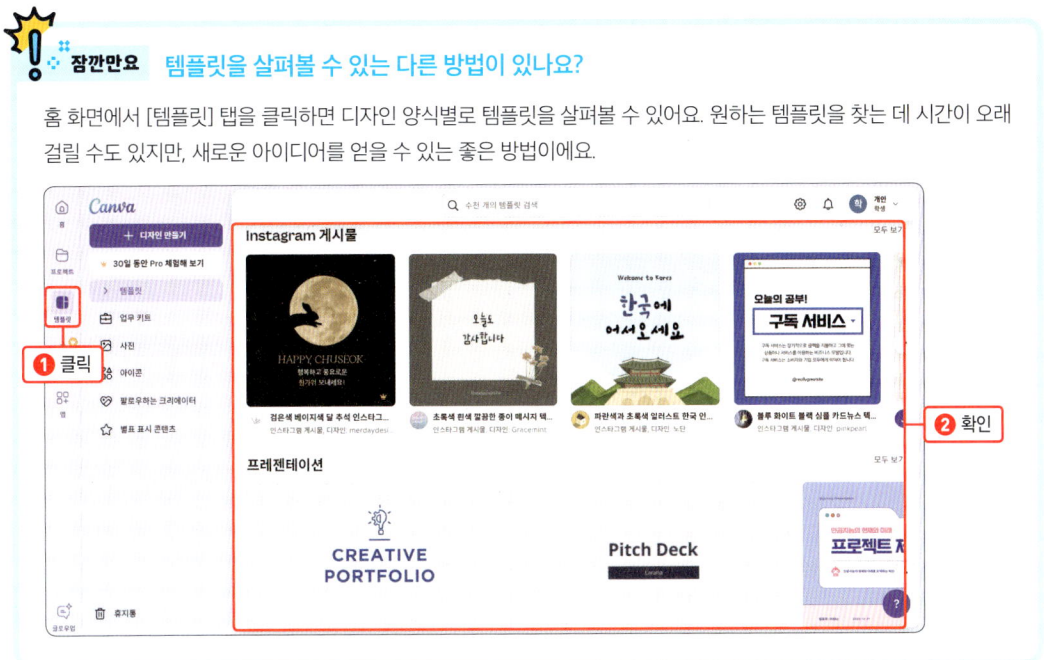

STEP 02 › 템플릿 수정하기

원하는 템플릿을 찾았으면 이제 본격적으로 활용해 볼까요? 템플릿을 선택하고 수정하는 방법을 알아볼게요.

01 검색 결과 중 마음에 드는 템플릿을 클릭하세요.

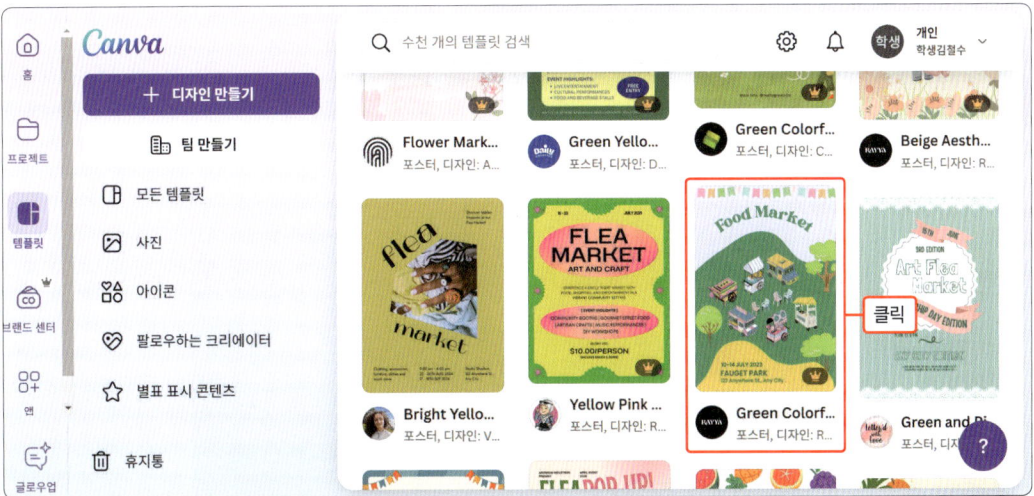

03 세부 필터 옵션을 설정하면 원하는 템플릿을 더 쉽게 찾을 수 있어요. [모두 보기]를 클릭하세요.

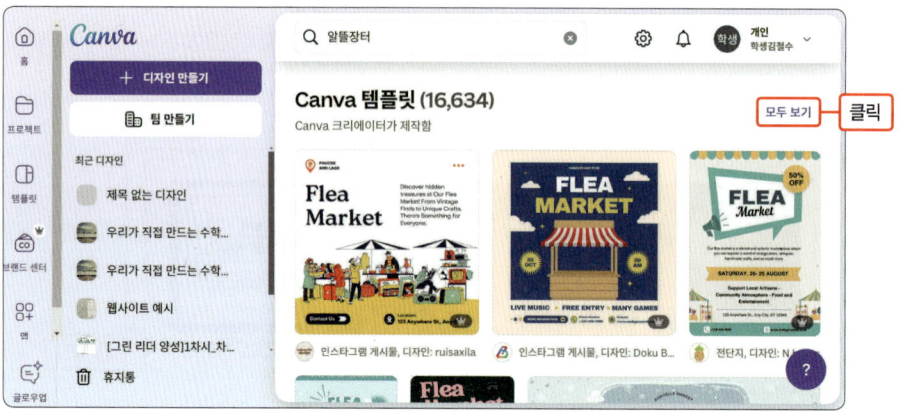

04 검색 결과의 위쪽에 표시되는 [모든 필터] 버튼을 클릭하세요.

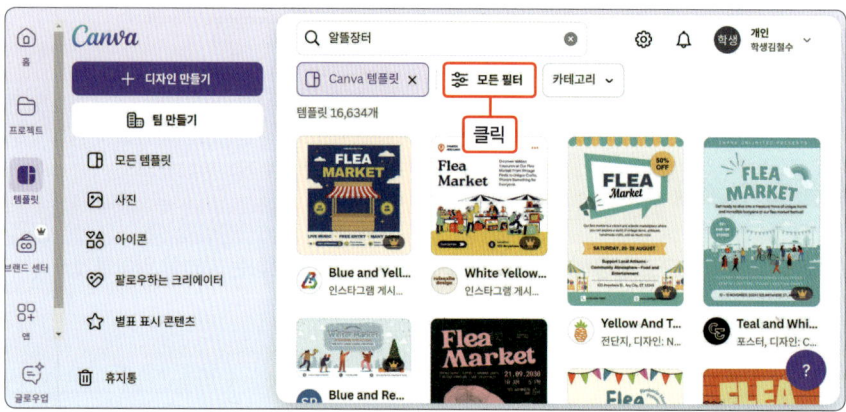

05 [스타일], [테마], [기능], [제목], [색상] 등 원하는 템플릿에 어울리는 조건을 모두 클릭하여 체크 표시하고 [적용] 버튼을 클릭하세요. 그러면 선택한 조건에 맞는 템플릿만 찾을 수 있어요.

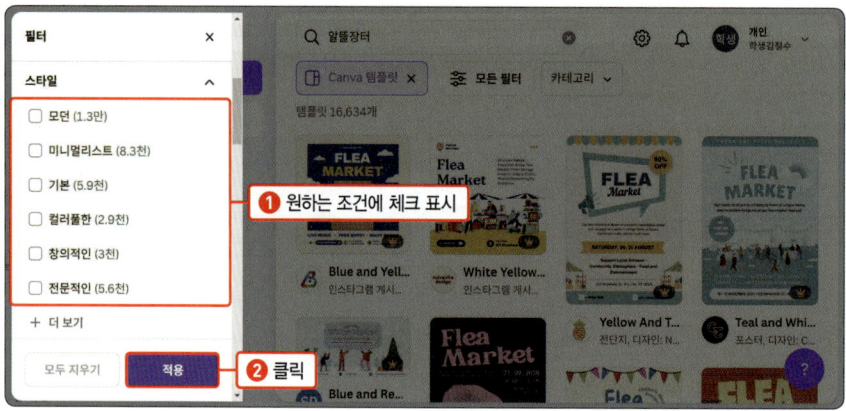

 ## 템플릿으로 시작하기

STEP 01 원하는 템플릿 검색하기

캔바에서 제공하는 템플릿은 홈 화면의 콘텐츠 검색 창에서 직접 검색하거나 [템플릿] 탭을 클릭하여 살펴볼 수 있어요. 이 중에서 콘텐츠 검색 창에서 직접 검색하는 방법이 훨씬 빠르고 간편해요.

01 홈 화면에서 콘텐츠 검색 창을 클릭하고 만들고자 하는 디자인의 핵심 키워드를 입력한 후 Enter를 누르세요. 여기에서는 '알뜰장터'를 검색했어요.

TipTalk 콘텐츠 검색 창의 아래쪽에 있는 [Canva 템플릿] 버튼을 클릭하면 검색 결과에서 내가 제작한 디자인을 제외하고 캔바 템플릿 콘텐츠만 확인할 수 있습니다.

02 검색 결과 중 마음에 드는 템플릿이 있는지 살펴보세요. 원하는 템플릿을 발견했으면 클릭하여 바로 편집할 수도 있고, 템플릿에 마우스 포인터를 올려놓은 후 별표를 클릭하여 별표 표시 콘텐츠에 저장할 수도 있어요. 이렇게 저장한 콘텐츠는 [템플릿] 탭-[별표 표시 콘텐츠]에서 확인할 수 있어요.

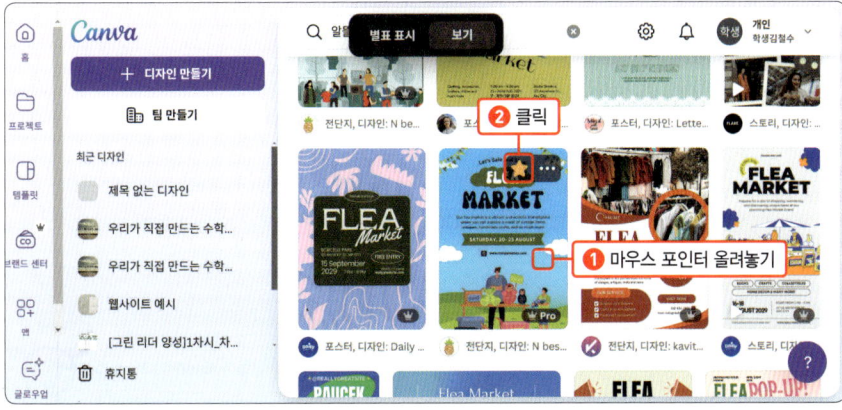

템플릿을 잘 활용하려면 어떻게 해야 할까요?

템플릿은 디자인을 쉽게 만들 수 있도록 도와주는 기본 디자인 틀이에요. 캔바는 포스터, 문서, 달력, 메뉴판, 프레젠테이션 등 다양한 디자인 양식의 템플릿을 무료로 제공하고 있어요. 어떻게 하면 이러한 템플릿을 잘 활용할 수 있을까요?

› 핵심 키워드를 생각하세요 ‹

템플릿을 검색할 때 핵심 키워드를 잘 설정해야 해요. 예를 들어, 생일 파티 초대장을 만든다면 '초대장'이라고 검색하는 것보다 '생일'이나 '생일 파티'라고 검색해야 참고할 만한 디자인을 더 많이 찾을 수 있어요.

› 디자인의 목적을 생각하세요 ‹

내가 만든 디자인을 누가 보고 어디에 사용할지 생각해야 해요. 전체적인 디자인의 분위기가 결정되면 템플릿을 더 쉽게 선택할 수 있어요. 예를 들어, 어린이날 행사 포스터를 만든다면 밝고 활기찬 분위기에 귀여운 캐릭터가 그려진 템플릿을 선택하면 되겠죠? 또한 템플릿을 수정할 때도 일관성을 가지고 디자인을 만들어 갈 수 있어요.

› 다른 사람들과 생각을 나누세요 ‹

템플릿을 선택하거나 수정할 때 다른 사람들과 의견을 주고받으면 내가 미처 생각하지 못한 부분에 대해 영감을 얻을 수 있어요. 친구, 선생님, 부모님과 이야기를 나누며 내 디자인을 더 멋지게 개선해 보세요.

> **TipTalk #** 유튜브 크리에이터처럼 캔바에도 다양한 디자인 템플릿을 제작하여 캔바에 제공하는 캔바 크리에이터가 있어요. 마음에 드는 디자인이 있다면 해당 크리에이터를 팔로우하여 비슷한 느낌의 다른 디자인을 활용해 보세요.

선생님이 알려 주신 세 가지 포인트를 고려하여 템플릿을 골라봐야지!

WEEK 04 템플릿으로 캔바를 시작해요

학급 회의를 통해 우리 반에서는 알뜰 장터를 열기로 했어요. 알뜰 장터가 언제, 어디서 열리는지 널리 알려야 다른 반 친구들이 찾아오겠지요? 홍보를 위해 알뜰 장터 포스터를 만들기로 했어요. 멋진 포스터를 만들면 친구들의 흥미를 더 끌 수 있을 거예요.

사람들의 관심을 끄는 포스터를 만드는 것은 쉬운 일이 아니에요. 정보를 충실히 담아야 할 뿐만 아니라 전체적인 색과 이미지가 조화를 이루어야 하고, 각 요소도 적절하게 배치해야 해서 신경을 많이 써야 하지요.

이럴 때 '템플릿(template)'을 이용하면 손쉽게 포스터를 만들 수 있어요. 템플릿에 대해서는 **WEEK 01**에서 간단히 배우고 살펴봤지요? 이번에는 직접 템플릿을 이용해 멋진 디자인을 만들어 볼게요.

알뜰 장터 홍보 포스터를 만들어야 하는데 너무 막막해요. 무엇부터 시작하면 좋을까요?

미리 만들어진 디자인 템플릿을 활용하면 원하는 디자인을 쉽게 만들 수 있어요. 어울리는 템플릿을 찾아 멋진 디자인을 만들어 볼까요?

학습 목표
- 캔바에서 제공하는 템플릿을 효과적으로 활용할 수 있어요.
- 마음에 드는 템플릿을 선택할 수 있어요.
- 템플릿을 수정해서 자료를 만들 수 있어요.

02 편집 화면에 선택한 템플릿이 나타나면 나에게 맞게 템플릿을 수정할 수 있어요.

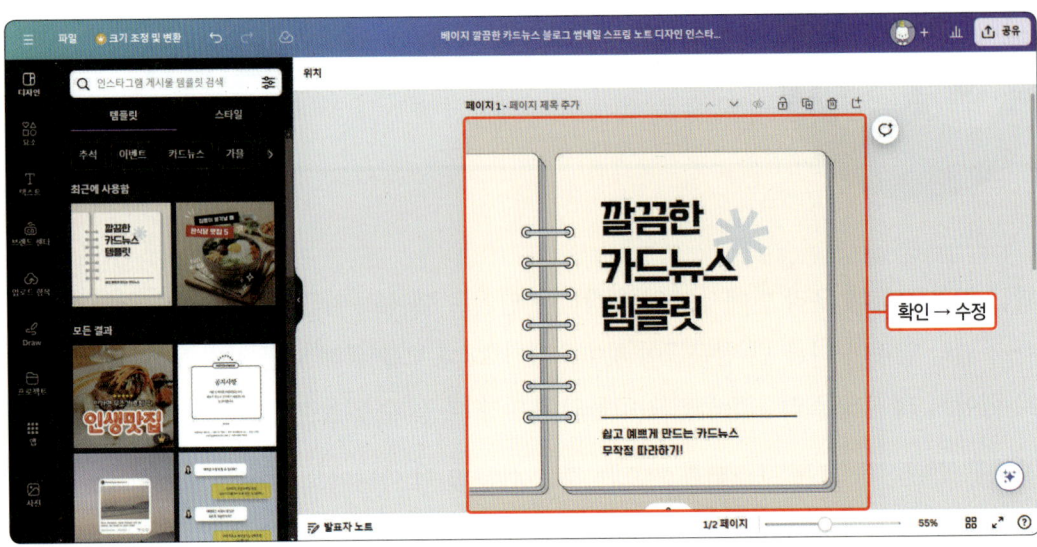

TipTalk 편집 화면은 새로운 창으로 열려요. 따라서 템플릿 목록이 모여 있는 곳으로 되돌아가려면 이전에 열려 있는 창을 확인하세요.

잠깐만요 — 최근 디자인을 목록으로 보고 싶어요!

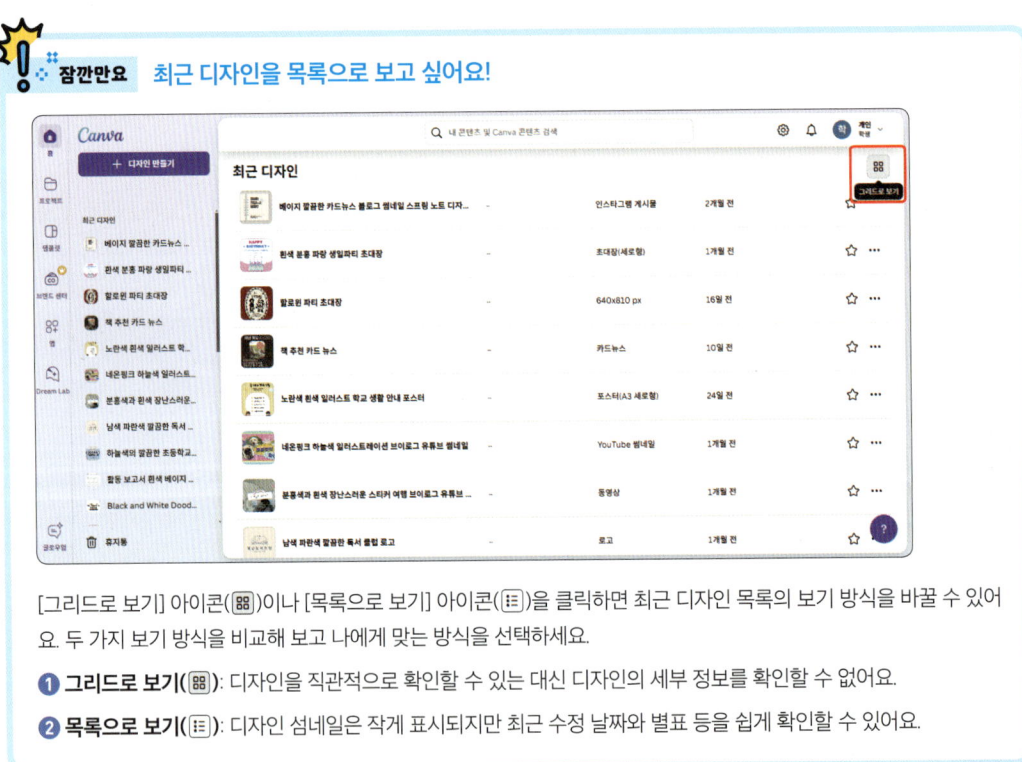

[그리드로 보기] 아이콘(▦)이나 [목록으로 보기] 아이콘(☰)을 클릭하면 최근 디자인 목록의 보기 방식을 바꿀 수 있어요. 두 가지 보기 방식을 비교해 보고 나에게 맞는 방식을 선택하세요.

❶ **그리드로 보기(▦)**: 디자인을 직관적으로 확인할 수 있는 대신 디자인의 세부 정보를 확인할 수 없어요.

❷ **목록으로 보기(☰)**: 디자인 섬네일은 작게 표시되지만 최근 수정 날짜와 별표 등을 쉽게 확인할 수 있어요.

캔바의 홈 화면과 편집 화면이 조금 익숙해졌나요? 그렇다면 본격적으로 캔바를 활용하여 나만의 디자인을 만들어 볼게요!

04 편집 화면에 선택한 템플릿이 나타나면 나에게 맞게 템플릿을 수정하여 사용하세요.

TipTalk 편집 화면에서 템플릿을 수정하는 방법은 44쪽을 참고하세요.

STEP 03 홈 화면의 최근 디자인 살펴보기

01 홈 화면의 '최근 디자인' 항목에서는 내가 열어 보거나 만든 디자인을 한눈에 확인할 수 있어요. 최근 디자인 목록을 다시 살펴보고 마음에 드는 디자인을 클릭하세요.

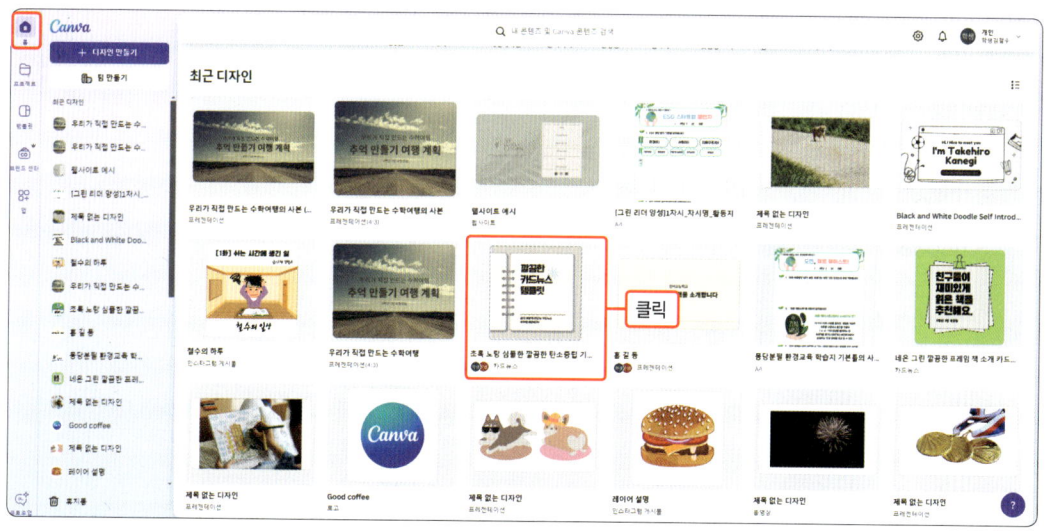

02 [템플릿] 탭을 클릭하고 나에게 필요한 디자인 양식을 고민하면서 추천 항목을 살펴볼게요. 여기에서는 [프레젠테이션(16:9)]을 클릭했어요.

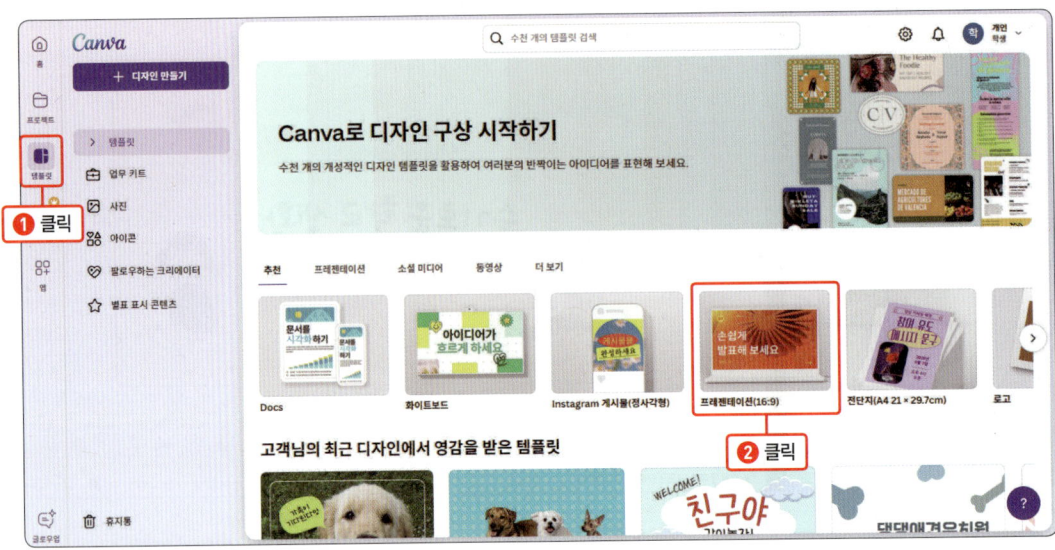

03 편집 화면이 열리면 화면의 왼쪽에 있는 사이드 패널에서 [디자인] 탭-[템플릿]을 클릭하세요. 이곳에는 내가 선택한 디자인 양식에 어울리는 템플릿이 추천돼요. 이 중에서 마음에 드는 템플릿을 클릭하세요.

> **TipTalk** 여기에서는 [프레젠테이션(16:9)] 양식을 선택했으므로 가로로 긴 프레젠테이션 템플릿이 나타나요. 이처럼 디자인 양식에 따라 템플릿의 레이아웃이 정해지므로 다른 템플릿 양식도 함께 살펴보면 좋아요.

03 편집 화면에 선택한 템플릿이 나타나면 나에게 맞게 템플릿을 수정하여 사용하세요.

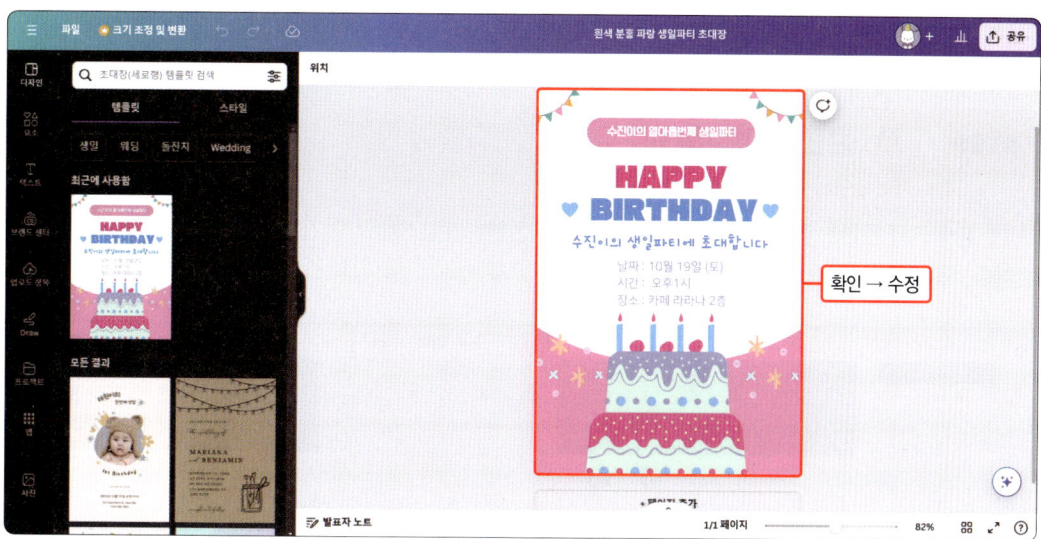

Tip Talk 편집 화면에서 템플릿을 수정하는 방법은 44쪽을 참고하세요.

STEP 02 [템플릿] 탭의 추천 항목 살펴보기

01 홈 화면에서 [템플릿] 탭을 클릭하면 '추천'에서 다양한 디자인 양식을 선택할 수 있어요.

홈 화면의 기본 기능 살펴보기

STEP 01 콘텐츠 검색하기

01 홈 화면의 콘텐츠 검색 창에서 내가 만들고 싶은 콘텐츠를 검색해요. 여기에서는 '생일파티 초대장'을 검색했어요.

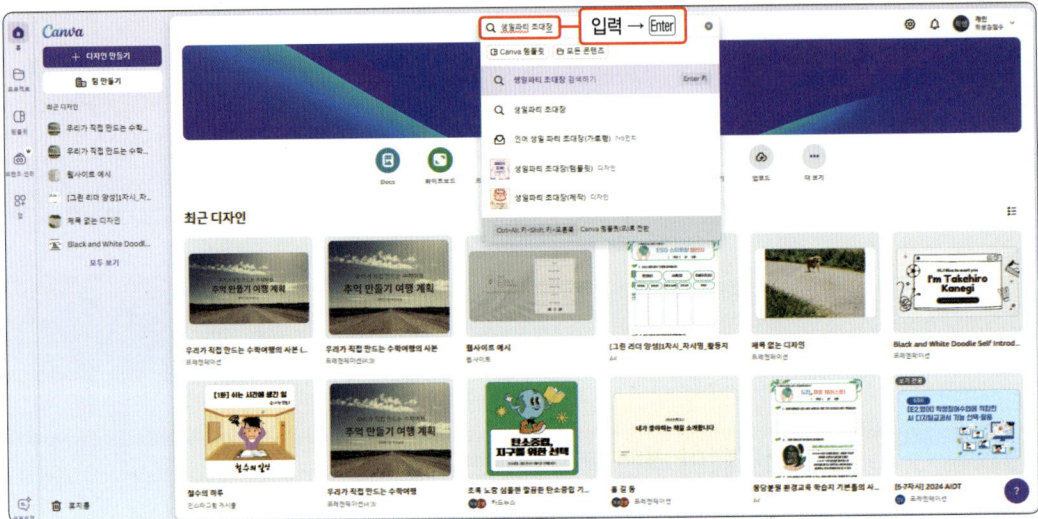

02 다양한 종류의 생일 파티 초대장 템플릿이 나타나면 마음에 드는 것을 골라 클릭하세요.

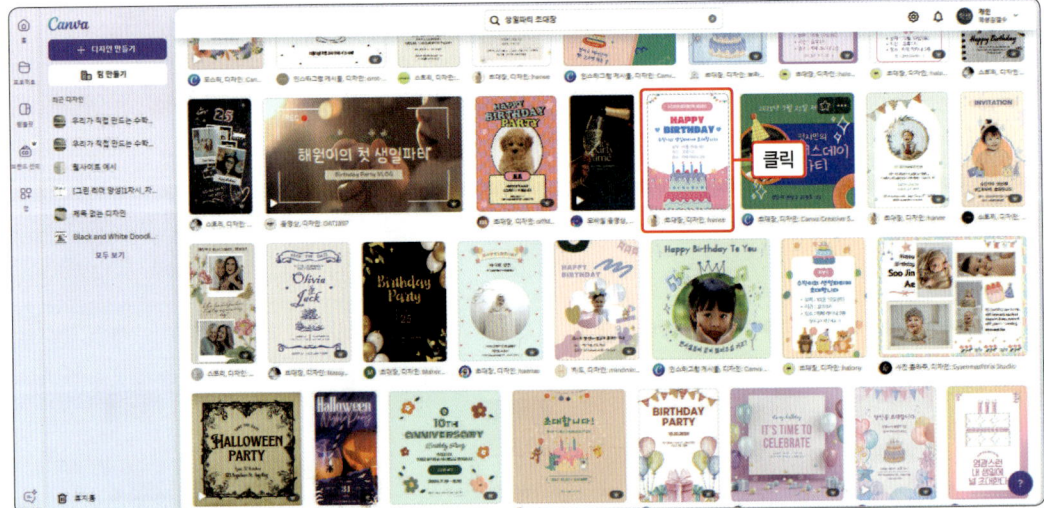

캔바의 홈 화면 살펴보기

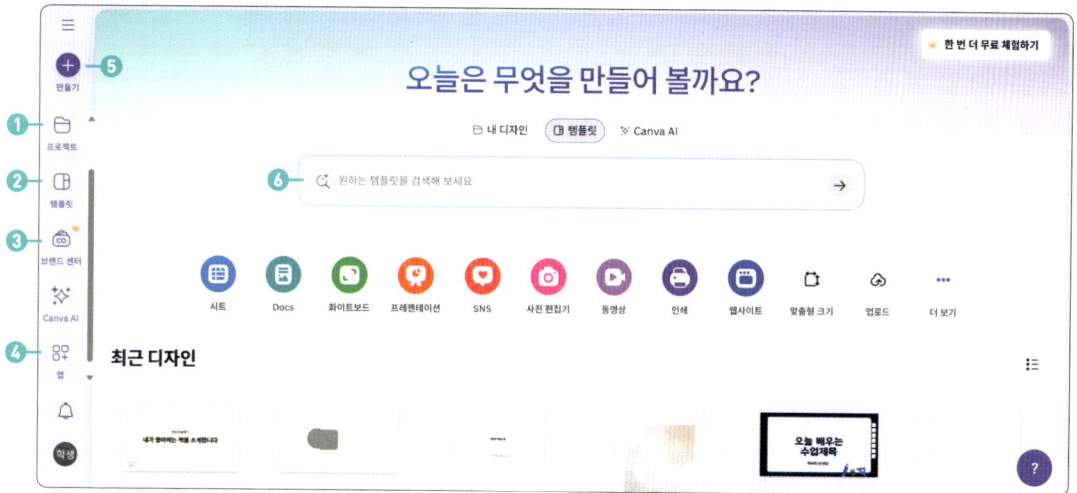

❶ **[프로젝트] 탭**: 내가 작업한 다양한 프로젝트를 한눈에 확인할 수 있는 탭이에요. [프로젝트] 탭에서는 여러 디자인 작업을 하나의 프로젝트로 묶어 관리할 수 있어서 팀과 함께 일할 때 매우 유용해요.

❷ **[템플릿] 탭**: 소셜 미디어, 교육용, 동영상, 마케팅 등 템플릿을 카테고리별로 살펴보고 바로 사용할 수 있는 탭이에요.

❸ **[브랜드 센터] 탭**: 나만의 브랜드 키트를 설정하는 탭이에요. [브랜드 센터] 탭에 브랜드의 로고, 색상, 글꼴 등을 저장해 두고 바로 사용할 수 있어서 일관성 있게 디자인할 때 활용하면 좋아요.

❹ **[앱] 탭**: 디자인 작업을 효율적으로 도와주는 다양한 앱과 도구를 제공하는 탭이에요. [앱] 탭에서 제공하는 앱은 캔바에서 바로 사용할 수 있으므로 3D 텍스트를 만들거나, 생성형 AI를 이용해 이미지나 영상을 만드는 등 다양한 앱을 캔바와 연동하여 사용해 보세요.

❺ **[만들기] 버튼**: 원하는 크기와 형식을 선택해 바로 디자인 작업을 시작할 수 있어요.

❻ **콘텐츠 검색 창**: 내 콘텐츠나 원하는 디자인 템플릿을 바로 검색할 수 있어요.

레이아웃은 무엇인가요?

캔바의 홈 화면에서 새로운 디자인을 시작하기 전에 꼭 알아야 하는 개념이 있어요. 바로 '레이아웃(layout)'이에요. **레이아웃은 우리말로 '배치'라는 뜻**인데요, 쉽게 말해서 **특정한 공간에 글자와 그림, 사진과 같은 요소를 보기 좋게 배치하는 작업**이에요. 마치 퍼즐을 맞추는 것처럼 말이지요. 다양한 요소를 알맞은 자리에, 적당한 크기로 잘 배치하면 보기 좋고 이해하기도 쉽게 디자인할 수 있어요.

◀ 가구를 잘 배치한 어린이 방

예를 들어, 방을 꾸민다고 생각해 볼게요. 침대와 책상 등 가구를 어디에 어떤 방향으로 놓을지 고민하게 되지요? 침대를 문 앞에 둔다면 문을 열고 닫을 때마다 침대에 걸릴 테니 불편할 거예요. 하지만 창문 옆에 책상을 둔다면 공부할 때 햇빛이 잘 들어와서 좋겠지요? 디자인 레이아웃도 방을 꾸미는 것과 똑같아요. **디자인 공간에 글자와 그림을 잘 배치하여 내가 전달하려는 내용을 효과적으로 전달하면서 사람들이 쉽게 이해할 수 있도록 고민해야 해요.**

만약 포스터를 만들고 싶다면 어떤 부분을 고려하여 레이아웃을 구성해야 할까요? 포스터는 시선을 끌어 내용을 전달하는 것이 중요하기 때문에 제목을 맨 위에 크게 적고, 중요한 내용은 중간에, 설명이나 연락처는 아래쪽에 작게 적는 게 좋아요. 그래야만 포스터를 보는 사람이 한눈에 쉽게 정보를 이해할 수 있거든요.

내가 만들려고 하는 프레젠테이션, 포스터, 초대장 등에 어울리는 레이아웃이 무엇인지를 살펴본 후에 디자인을 시작할 거야!

WEEK 03 캔바의 홈 화면을 살펴봐요

캔바에 로그인하면 디자인 작업을 시작할 수 있는 홈 화면이 나타나요. 이 화면을 통해 다양한 디자인 템플릿을 찾을 수도 있고, 이전에 작업했던 디자인을 확인하면서 새로운 디자인 작업을 할 수도 있어요. 특히 '콘텐츠 검색', '추천 항목', '최근 디자인' 기능 등을 활용하면 내가 원하는 디자인 작업을 쉽고 빠르게 진행할 수 있어요.

캔바의 홈 화면은 보기 쉽고 간단하게 구성되어 있어서 초등학생들도 쉽게 사용할 수 있어요. 이번에는 캔바의 홈 화면을 살펴보면서 어떤 기능을 이용하면 좋을지, 어떻게 하면 창의적인 디자인 작업을 할 수 있을지 생각해 볼까요?

\학생/ 우와! 캔바의 홈 화면에 이런 기능이 있는지 몰랐어요.

\선생님/ 캔바의 홈 화면은 캔바에 로그인하고 처음 나오는 화면이어서 무심코 지나가기 쉬워요. 하지만 우리가 디자인하는 데 도움이 되는 기능이 많으니 잘 살펴보세요.

학습 목표
- 캔바의 홈 화면을 이루고 있는 구성 요소를 이해할 수 있어요.
- '콘텐츠 검색' 기능을 이해하고 이용할 수 있어요.
- [템플릿] 탭의 '추천 항목' 기능을 이해하고 이용할 수 있어요.
- '최근 디자인' 항목의 기능을 이해하고 이용할 수 있어요.

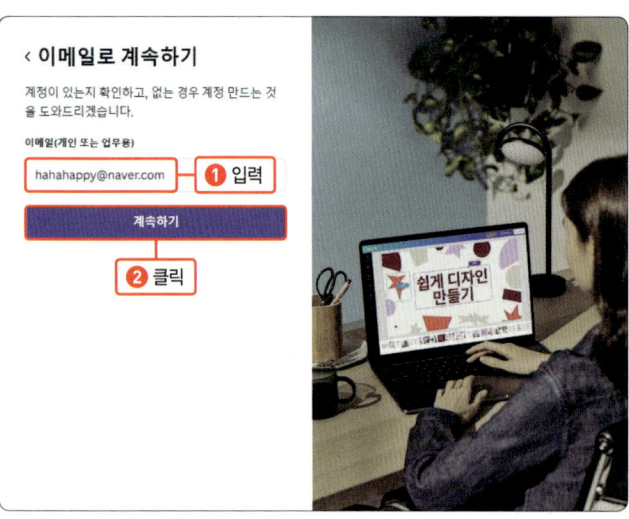

04 이메일 주소를 입력하고 [계속하기] 버튼을 클릭하세요.

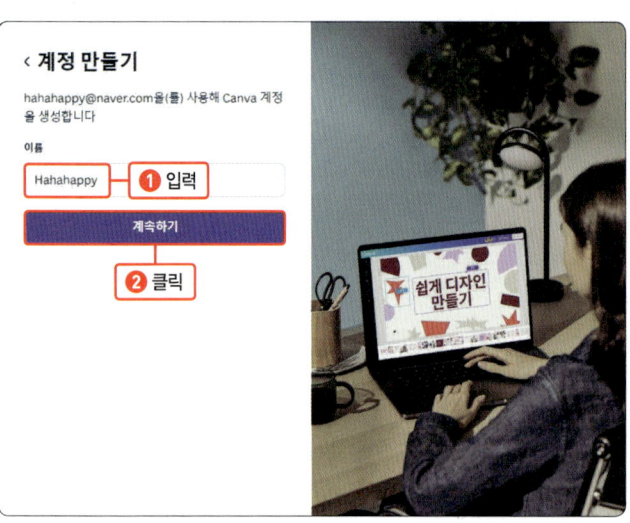

05 캔바에서 사용할 나의 이름을 입력하고 [계속하기] 버튼을 클릭하세요.

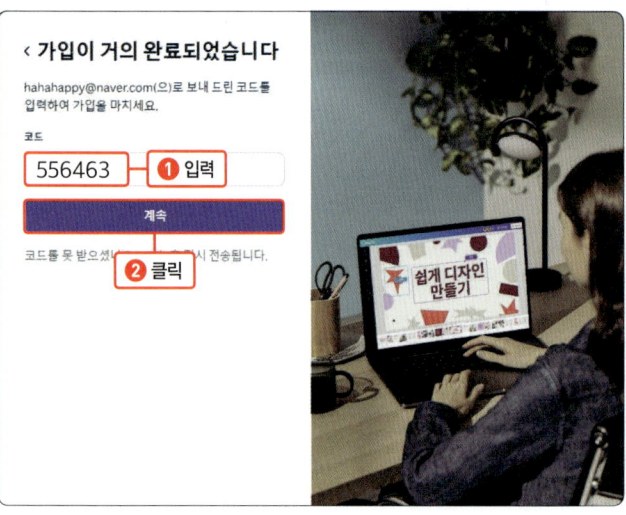

06 이메일로 전송된 코드를 입력하고 [계속] 버튼을 클릭하여 회원 가입을 끝내요.

TipTalk 이메일의 '받은 메일함'에 코드가 도착하지 않았으면 [코드 재전송] 버튼을 클릭하여 입력한 이메일 주소로 코드를 다시 전송받으세요.

STEP 02 캔바 계정 만들기

01 캔바 웹 사이트에서 화면의 오른쪽 위에 있는 [가입] 버튼을 클릭하세요.

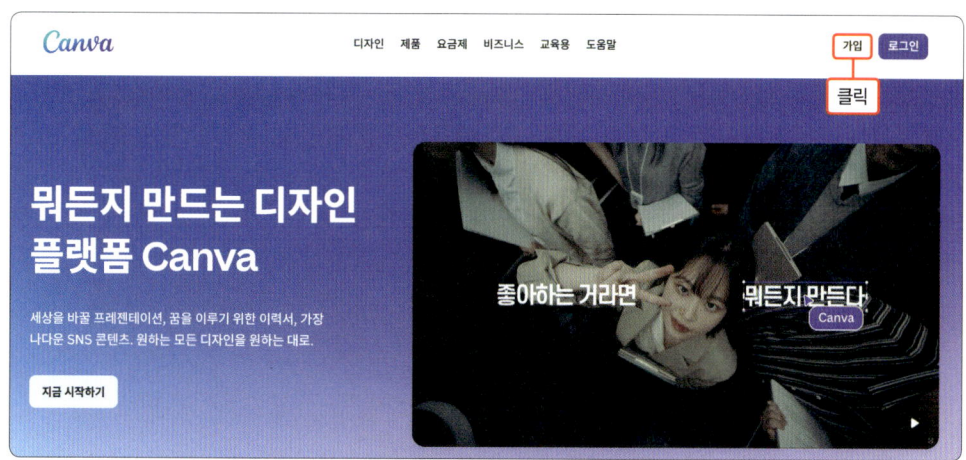

02 캔바의 이용 약관을 읽고 왼쪽의 체크 박스에 체크 표시하여 모두 동의한 후 [동의 및 계속하기] 버튼을 클릭하세요.

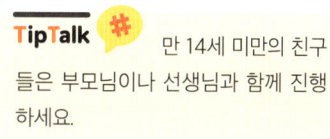
만 14세 미만의 친구들은 부모님이나 선생님과 함께 진행하세요.

03 회원 가입 방식을 결정하는 화면이 열리면 기존에 가입한 구글이나 페이스북 계정으로 간편하게 로그인할 수 있어요. 여기에서는 [이메일로 계속하기]를 선택할게요.

02 태블릿 PC나 스마트폰을 사용한다면 '캔바' 앱을 다운로드하세요. 아이폰이나 아이패드를 사용한다면 앱 스토어(App Store)에서, 그 외의 태블릿 PC나 스마트폰을 사용한다면 구글 플레이 스토어(Google Play Store)에서 '캔바' 또는 'Canva', 'CANVA'를 검색하고 앱을 설치하세요.

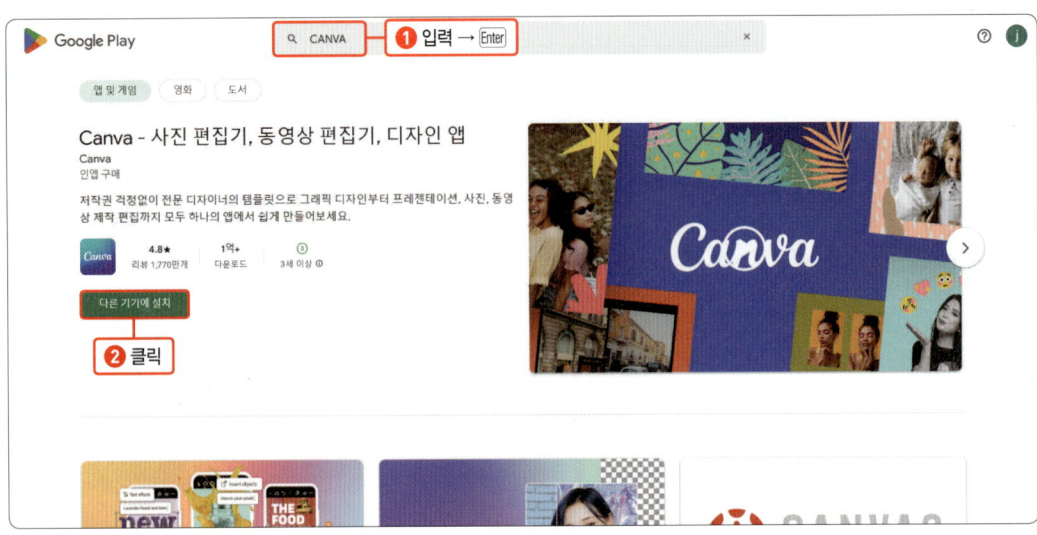

▲ 태블릿 PC로 구글 플레이 스토어에 접속하여 '캔바'를 검색한 화면

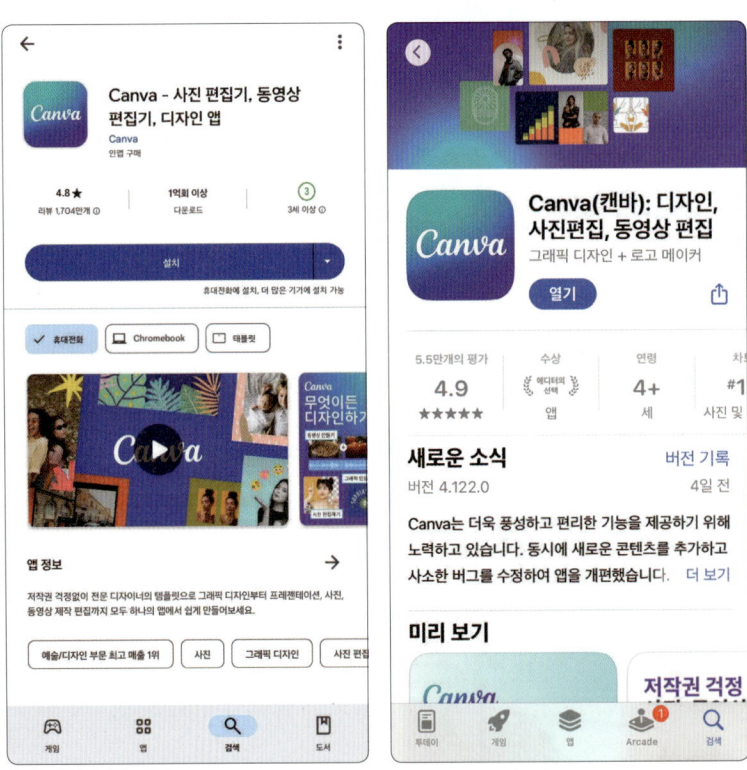

▲ 스마트폰으로 구글 플레이 스토어(왼쪽)와 앱 스토어(오른쪽)에 접속하여 '캔바'를 검색한 화면

캔바에 회원 가입하기

STEP 01 › 캔바를 이용하는 두 가지 방법 살펴보기

캔바를 이용하는 방법은 크게 두 가지인데요, 집에서 캔바를 이용할 때는 어떤 방법이 편할까요? 그리고 교실에서 수업 중에 이용할 때는 어떤 방법을 사용하는 게 좋을까요? 나의 상황에 맞는 방법이 무엇인지 잘 생각해 보세요.

01 컴퓨터나 노트북을 사용한다면 구글(www.google.com)에서 '캔바'를 검색하여 캔바 웹 사이트에 접속해요.

> **TipTalk** 주소 입력 창에 캔바 웹 사이트의 URL 주소인 'www.canva.com'을 입력하여 바로 접속해도 돼요.

강력한 비밀번호 만들기

캔바를 비롯해서 다양한 인터넷 웹 사이트에 회원으로 가입하려면 아이디(ID)와 패스워드(password)를 만들어야 해요. 패스워드는 흔히 '비밀번호'라고 부르는데요, 비밀번호는 이름 그대로 '비밀'이에요. 그러니까 <mark>다른 사람들이 알 수 없도록 어렵게 비밀번호를 만들어야 해요.</mark> 그렇다면 어떤 비밀번호가 안전하고 좋은 비밀번호일까요? 다음 내용을 잘 살펴보고 나만의 강력한 비밀번호를 만들어 보세요.

〉 강력한 비밀번호는 어떻게 만들어야 할까요? 〈

하나! 영어 대문자, 영어 소문자, 숫자, 특수 문자(!, @, #, $, %, ^, &, *), 이렇게 네 가지 문자를 조합해서 만들어야 해요.

둘! 최소 12글자 이상으로 만들어야 해요.

셋! 생일, 전화번호, 이름처럼 다른 사람이 추측할 수 있는 개인 정보는 제외하고 만들어야 해요.

넷! 너무 쉬운 단어로만 만들지 않아야 해요.

다섯! 가장 중요한 것! 다른 사람은 알기 어렵지만 나는 기억할 수 있도록 만들어야 해요.

〉 더 안전한 비밀번호 사용 팁 〈

하나! 다양한 사이트에서 같은 비밀번호를 사용하지 않아야 해요.

둘! 어떤 비밀번호를 만들어야 할지 고민된다면 비밀번호 생성기를 사용해도 좋아요.

셋! 정기적으로 비밀번호를 바꿔 주세요.

넷! 비밀번호를 다른 사람에게 절대 알려 주지 않아야 해요.

> 나의 소중한 개인 정보를 지킬 수 있도록 강력한 비밀번호를 만들고, 정기적으로 비밀번호를 바꾸는 습관을 길러야지!

캔바를 시작해요

자, 그러면 다양한 분야에 활용할 수 있는 캔바를 본격적으로 시작해 볼까요? 이번에는 캔바를 컴퓨터나 노트북에서 이용할지, 태블릿 PC나 스마트폰에서 이용할지를 선택한 후 캔바 계정을 만들고 로그인하는 방법까지 알아볼게요.

캔바는 웹 사이트에 접속하거나 '캔바' 앱을 설치하여 이용할 수 있는데요, 선택하는 방법에 따라 필요한 기기도 달라지겠지요? 웹 사이트에서 이용한다면 노트북이나 컴퓨터가 필요하고, 애플리케이션에서 이용한다면 태블릿 PC나 스마트폰이 필요해요.

28쪽의 설명을 참고하여 두 가지 방법 중 나에게 편한 방법을 선택하면 되는데요, 이 책에서는 공식 웹 사이트를 기준으로 설명할게요.

캔바 계정은 무엇인가요?

캔바를 이용하려면 회원에 가입해서 나만의 캔바 계정을 만들어야 해요. 계정은 캔바에서 사용하는 나의 이름이라고 생각하면 돼요.

- 캔바를 두 가지 방법으로 이용할 수 있어요.
- 캔바 계정을 만들 수 있어요.
- 캔바에 접속하여 로그인할 수 있어요.

잠깐만요 | 캔바의 버전별 차이점은 무엇인가요?

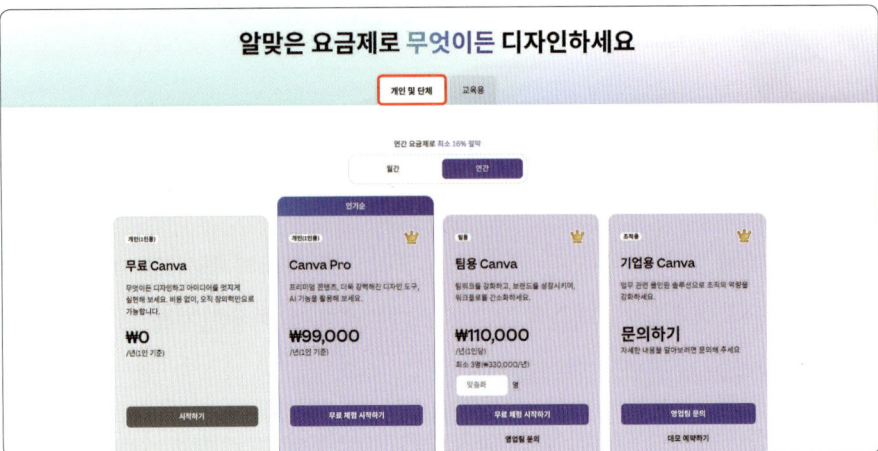

▲ 캔바의 요금제

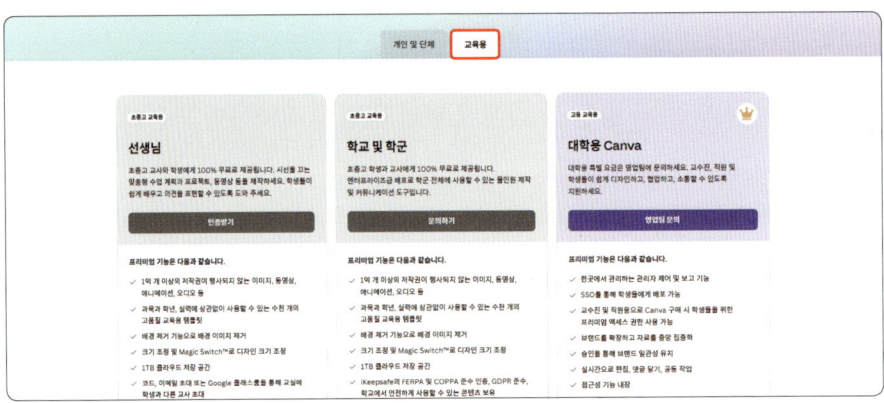

▲ 캔바의 교육용 버전

캔바에는 세 가지 버전이 있으니까 하나씩 살펴보고 나의 사용 목적에 맞는 요금제나 버전을 선택해 보세요.

① **무료 버전**: 누구나 사용할 수 있는 버전으로, 기본적인 템플릿과 이미지, 아이콘, 그래픽 요소 등을 제공해요. 무료 버전으로도 충분히 원하는 형태로 디자인할 수 있지만, 프리미엄 이미지와 아이콘 등의 요소를 사용할 수 없다는 단점이 있어요.

② **프로(PRO) 버전**: 좀 더 많은 기능과 요소를 사용할 수 있는 유료 버전이에요. 캔바가 제공하는 모든 프리미엄 템플릿과 이미지, 아이콘, 그래픽 요소뿐만 아니라 다양한 인공지능(AI) 기능까지 활용할 수 있어요. 그리고 공유 및 협업 기능을 자유롭게 활용할 수 있어서 자주 디자인 작업을 하거나 좀 더 전문적인 작업을 하고 싶을 때 추천해요.

③ **교육용 버전**: 학교 선생님과 학생이 무료로 사용할 수 있는 버전으로, 포스터와 발표 자료, 수업 계획서 등 교육용으로 특화된 템플릿을 이용할 수 있어요. 프로 버전에서 제공하는 기능을 대부분 이용할 수 있고, 선생님과 학생이 함께 디자인 작업도 할 수 있어서 편리해요. **이 책은 교육용 버전을 기준으로 설명하고 있어요.**

TipTalk 캔바 교육용 버전을 사용하려면 선생님께 교육용 계정을 신청해 달라고 부탁해야 해요. 선생님에게 초대 링크를 받아 가입하면 캔바의 유료 기능을 무료로 사용할 수 있어요. 자세한 방법은 QR 코드 동영상을 참고하세요.

캔바는 왜 배워야 하나요?

국어, 수학, 사회, 과학, 영어 등 공부해야 하는 과목도 많은데, 여기에 캔바까지 배울 필요가 있을까요? 이번에는 캔바를 배워야 하는 이유를 하나씩 알아볼게요.

캔바로 무엇을 할 수 있나요?

하나! 수행 평가 과제를 멋지게 꾸밀 수 있어요.

보기 좋은 자료가 내용도 잘 전달한다는 사실! 캔바로 발표 자료와 과제를 멋지게 만들어 전달력을 높여 보세요!

둘! 멋진 그림을 쉽고 빠르게 그릴 수 있어요.

복잡한 그림 도구를 사용하지 않고 캔바로 예쁜 포스터나 그림을 만들어 보세요!

셋! SNS에 올릴 콘텐츠를 만들 수 있어요.

인스타그램, 페이스북, 틱톡, 유튜브와 같은 SNS에 업로드할 그림이나 사진, 동영상 등의 콘텐츠를 캔바로 쉽고 간편하게 만들어 보세요!

캔바로 어떤 능력을 기를 수 있나요?

하나! 캔바를 익히는 과정에서 기본적인 컴퓨터 활용 능력을 높일 수 있어요.

둘! 나의 머릿속에 있는 아이디어를 캔바를 이용해 그림이나 디자인으로 표현하면서 상상력과 창의력을 키울 수 있어요.

셋! 캔바는 혼자서 사용할 수도 있고, 협업 기능을 이용하여 여럿이 함께 사용할 수도 있어요. 이렇게 친구들과 협력하여 작품을 만들면서 협동심을 기를 수 있어서 무척 유용해요.

〉 유튜브 섬네일 〈

사람들이 클릭하고 싶어 하는 유튜브의 섬네일도 캔바를 이용해서 간단히 만들 수 있어요. 캔바에서 제공하는 다양한 섬네일 템플릿을 활용하여 템플릿에 있는 사진을 내 사진으로 바꾸고 템플릿 속 문구도 원하는 문구로 바꾼다면 짧은 시간에 유튜브 섬네일을 보기 좋게 완성할 수 있어요.

〉 프레젠테이션 〈

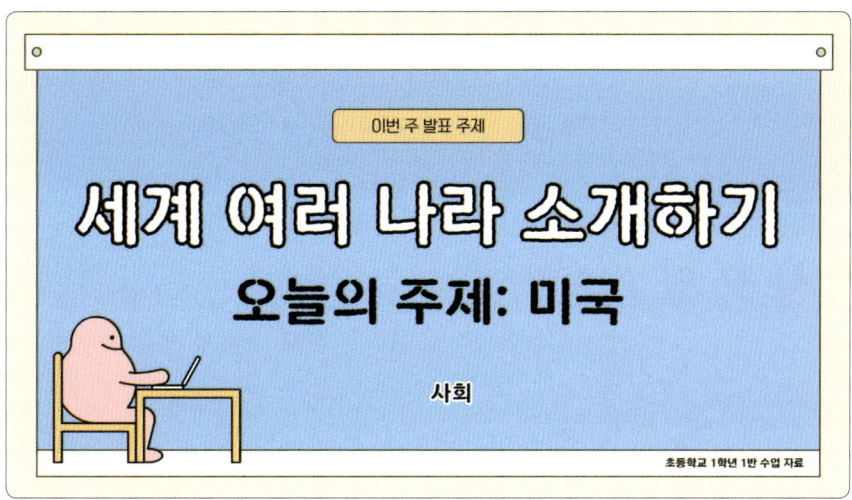

캔바의 '프레젠테이션' 템플릿을 이용하면 쉽고 빠르게 발표 자료를 만들 수 있어요. 보통은 파워포인트를 이용하여 발표 자료를 만들지요? 하지만 이제는 캔바로 발표 자료를 만들어 보세요. 그러면 시간과 에너지를 훨씬 아낄 수 있어요.

〉 동영상 〈

캔바를 이용하면 멈춰 있는 이미지뿐만 아니라 움직이는 동영상도 만들 수 있어요. 캔바를 이용해서 페이스북, 틱톡, 유튜브의 동영상, 인스타그램의 릴스를 간편하게 만들어 보세요. 이때 내가 찍은 영상을 직접 이용할 수도 있고, 캔바에서 제공하는 영상을 활용할 수도 있어요.

〉로고 〈

'로고'는 회사나 가게, 모임을 직관적으로 알려 주는 그림이나 모양이에요. 로고는 일반적으로 집단의 특성을 반영하고 있는데요, 이러한 로고도 캔바를 이용하면 쉽고 간단하게 만들 수 있어요. 우리 모둠이나 우리 반의 로고를 만드는 활동도 캔바를 이용하면 OK! 멋진 글과 간단한 이미지를 넣어 나만의 로고를 예쁘게 만들어 보세요.

〉포스터와 초대장 〈

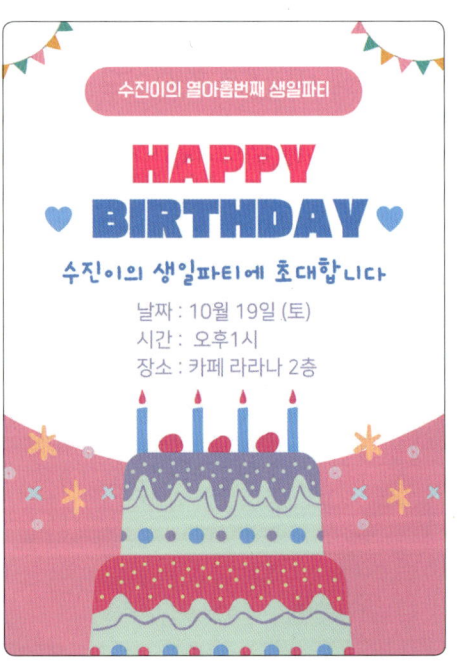

운동회, 학예회, 체험 학습, 수련회, 수학여행과 같은 다양한 학교 행사를 알리는 '포스터'도 캔바를 이용하면 쉽고 간단하게 만들 수 있어요. 색깔과 형식이 다양한 템플릿을 활용하여 전문가가 만든 것처럼 높은 품질의 포스터를 직접 만들 수 있답니다. 그뿐만 아니라 캔바를 이용해서 생일 파티, 학예회, 운동회의 '초대장'을 직접 만들 수도 있고, 원하는 이미지도 넣을 수 있어요. 쉽고, 빠르고, 예쁘게 초대장을 만들어 볼까요?

 ## 캔바로 무엇을 만들 수 있나요?

캔바를 이용하여 만들 수 있는 디자인 양식은 정말 다양해요. 특히 <mark>캔바는 '템플릿'을 제공하여 더 쉽고 빠르게 디자인할 수 있도록 도와줘요</mark>. 템플릿(template)이란, 미리 만들어 놓은 틀을 가리키는 말이에요. 예를 들어, 포스터를 만들 때 빈 종이로 시작한다면 글을 쓰고 그림을 그리는 데 시간이 오래 걸리겠지요? 그런데 어느 정도 그림과 글이 들어 있는 포스터 템플릿을 약간 수정하여 만든다면 시간을 훨씬 절약할 수 있어요. 자, 그러면 이번에는 캔바에서 제공하는 대표적인 디자인 양식을 소개할게요.

〉문서〈

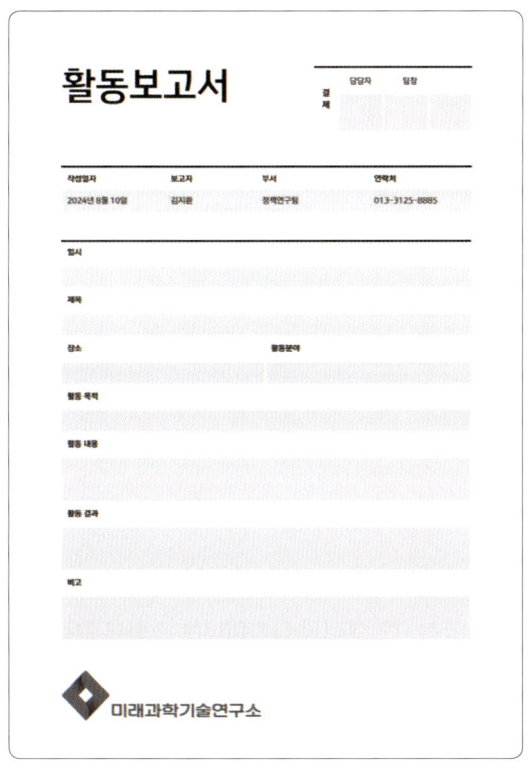

초등학교 3학년이나 4학년 국어 시간에 '절차와 결과를 보고하는 글'을 배우는데요, 이런 글을 쉽게 말해서 '보고서'라고 해요. 캔바에서 제공하는 '문서' 템플릿을 활용하면 보고서뿐만 아니라 나에게 필요한 문서의 종류를 골라 쉽고 빠르게 다양한 형식의 문서를 완성할 수 있어요.

그래픽 디자인이란 무엇인가요?

그래픽 디자인은 글자, 그림, 색상 등을 이용하여 특정 정보를 이해하기 쉽고 보기 좋게 표현하는 방법이에요. 우리가 일상생활에서 볼 수 있는 포스터, 티셔츠 속 그림, 책 표지, 웹 사이트 그림, 그리고 게임 속의 그림도 모두 그래픽 디자인이라고 할 수 있어요.

▲ 그래픽 디자인을 활용하여 만든 책 표지

> **TipTalk #** 책 표지를 만들 때도 그래픽 디자인이 필요해요. 디자이너는 독자의 눈에 잘 띄는 표지를 만들기 위해 다양한 글꼴과 그림을 사용해요.

이처럼 우리가 눈으로 보고, 읽고, 이해하는 주변의 많은 것이 그래픽 디자인을 통해 만든 작품이에요. 그렇다면 그래픽 디자이너는 어떤 일을 할까요? **그래픽 디자이너는 그림을 그리거나 글자를 예쁘게 꾸미고, 알맞은 색을 선택해서 사람들이 그 내용을 잘 이해하고 즐길 수 있도록 만드는 일**을 해요.

> 그래픽 디자인은 어려운 게 아니라 흔히 볼 수 있는 것이구나! 그럼 그래픽 디자인은 어른들만 할 수 있는 걸까? 아니면 초등학생들도 수업 시간과 방과 후 시간을 이용해 그래픽 디자인을 할 수 있을까?

캔바야, 안녕!

여러분은 '캔바(Canva)'라는 이름을 들어 본 적이 있나요? 화가들이 유화를 그릴 때 사용하는 캔버스(canvas)와 비슷한 이름이지요? 캔바는 웹을 기반으로 하는 그래픽 디자인 툴로, 다양한 템플릿을 이용하여 쉽고 간단하게 디자인 작업을 할 수 있어요. 미리캔버스나 망고보드 같은 비슷한 툴들도 있지만, 학교에서는 캔바를 가장 많이 사용하고 있답니다.

캔바는 그림뿐만 아니라 동영상, 포스터, 문서, 프레젠테이션, 사진, 다양한 종류의 홍보물, 심지어 SNS 게시물까지 만들 수 있어서 활용 분야가 매우 다양해요. 요즘은 학생들이 직접 콘텐츠를 제작하고 발표하는 수업이 많은데요, 이럴 때 캔바를 사용하면 정말 편리하겠죠?

지금부터 캔바에 대해 더 자세히 알아보고, 어떻게 사용하는지 배워볼 거예요. 친절하고 자세하게 설명할테니, 차근차근 따라 해 보세요!

\학생/ 수행 평가 과제를 멋지게 만들고 싶어요. 어떤 방법이 있을까요?

\선생님/ 커다란 종이에 직접 글씨를 쓰고 그림을 그려 수행 평가 과제를 할 수도 있지만, 디지털 도구를 활용하면 좀 더 멋진 결과물을 만들 수 있어요. 웹을 기반으로 하는 그래픽 디자인 툴인 캔바를 이용해서 수행 평가 과제를 만들어 보는 건 어떨까요?

학습 목표
- 디자인 툴 캔바를 이해할 수 있어요.
- 캔바로 만들 수 있는 다양한 디자인을 알 수 있어요.
- 디자인 툴 캔바가 필요한 이유를 이해할 수 있어요.

캔바는 대표적인 디자인 툴로,
쉽고 편리하게 디자인 창작물을 만들 수 있어요.
선생님의 친절한 설명과 함께
캔바의 기초를 탄탄히 다져 봅시다.

Canva

- WEEK 01 ··· 캔바야, 안녕!
- WEEK 02 ··· 캔바를 시작해요
- WEEK 03 ··· 캔바의 홈 화면을 살펴봐요
- WEEK 04 ··· 템플릿으로 캔바를 시작해요
- WEEK 05 ··· 스스로 캔바를 시작할 수 있어요
- WEEK 06 ··· 캔바의 편집 화면을 살펴봐요
- WEEK 07 ··· 캔바의 AI 기능을 이용해서 작업해요

첫째마당

준비!
캔바와 만나기

기적의 공부방에서 함께 공부해요!

길벗스쿨 공식 카페 '기적의 공부방'에 방문해 보세요. 책 기획 과정에 참여하는 것부터 꾸준한 학습 관리까지 엄마표 학습을 위한 다양한 노하우와 학습 자료를 제공합니다.

길벗스쿨 공식 카페

기적의 공부방 ▶ http://cafe.naver.com/gilbutschool

지금 가입하면 누릴 수 있는 3가지!

1

꾸준한 학습이 가능해요!

스케줄 관리를 통해 책 한 권을 끝낼 수 있는 **학습단**에 참여해 보세요!

도서 관련 **학습 자료**와 **선배 엄마들의 노하우**를 확인할 수 있어요!

궁금한 것이 있다면 **Q & A 서비스**를 통해 카페지기와 선배 엄마들의 답변을 들을 수 있어요!

2

책 기획 과정에 참여해요!

독자기획단을 통해 전문 편집자와 함께 아이템 선정부터 책의 목차, 책의 구성 등을 함께 만들어가요!

출간 전 도서를 체험해 보는 **베타테스트**를 통해 도서의 장/단점을 파악하여 더 나은 도서를 만드는 데 기여해요!

3

재미와 선물이 팡팡 터져요!

매일 새로운 주제로 엄마들과 **댓글 이야기**를 나누고 간식도 받아요!

매주 카페 **활동왕**을 선정하여 푸짐한 상품을 드려요!

사진 콘테스트 등 매번 색다른 **친목 이벤트**로 재미와 선물을 동시에 잡아요!

기적의 공부방은
엄마표 학습을 응원합니다!

베타테스터 학습 후기

우리가 먼저 따라 해 봤어요!

문혜윤
학교에서 캔바를 처음 사용해 보았을 때는 어려운 것이 많아 힘들었는데, 이 책을 읽으니 몰랐던 부분까지 자세히 알 수 있었어요. 특히 어려운 부분을 학생과 선생님의 대화로 이해하기 쉽게 풀어 준다는 점이 이 책의 장점이에요.

이유민
캔바에 대한 모든 것을 단계별로 자세히 설명하고 있어서 매우 유용했어요. 캔바를 잘 모르는 친구들도 디자인과 템플릿을 잘 활용할 수 있을 것 같아요. 컴퓨터에 익숙하지 않지만 예쁜 디자인을 만들고 싶은 친구들에게 이 책을 추천해요!

김주원
이 책은 캔바의 기능과 용어들을 쉽게 설명해 주어서 좋습니다. 그리고 캔바를 사용할 때 영어로 된 용어들이 많이 나오는데, 한글로 풀어서 잘 이해할 수 있게 설명해 주고, 쉬운 예로 한 번 더 짚어 주어서 많은 도움이 되었어요.

나태령
컴퓨터로 디자인하는 것은 처음인데, 책에 나오는 단계를 그대로 따라 했더니 디자인을 쉽게 만들 수 있었어요. 설명도 쉬웠고 그림도 많아서 이해하기 편했어요. 제가 만든 초대장으로 내년 생일 파티에 친구들을 초대할 거예요!

마예령
이 책을 읽으며 제가 직접 만든 디자인을 보고 친구들이 칭찬해 줘서 정말 뿌듯했어요. 마치 디자이너처럼 디자인을 쉽게 만들 수 있어서 편하고 재미있어요. 앞으로도 이 책을 두고두고 보면서 더 다양한 디자인을 만들어 보고 싶어요!

성승우
디자인이 어려워서 항상 친구들에게 부탁하곤 했는데, 이 책을 따라 하니 혼자서도 충분히 멋진 결과물을 만들 수 있었어요. 특히 'Tip Talk' 코너에서 알려 주는 꿀팁이 디자인을 더 돋보이게 만들어 주었어요. 이제는 오히려 친구들이 저에게 도움을 요청하기도 해요!

THANK YOU!

**《초등학생을 위한 캔바 무작정 따라하기》
베타테스터로 참여해 준 친구들 고마워요!**

산월초등학교
5학년 차현준
6학년 고유빈, 김준희, 김민혜, 김하영, 성승우, 정승일

광주교육대학교부설초등학교
5학년 김주원, 문혜윤, 이유민, 정은률, 정채윤

송정중앙초등학교
3학년 나태령, 마예령

베타테스팅은 도서가 출간되기 전 원고를 먼저 읽어 보고 오류나 개선 사항 등을 알려주는 활동을 말해요.

WEEK 17 자기 소개 프레젠테이션을 만들어요

- [개념 쑥↑ 이해 쏙!] 프레젠테이션 화면에 비율이 있나요? ······ 187
- [디지털 리터러시 UP] 잘 만든 프레젠테이션이란? ······ 188
- [무작정 따라하기] 자기 소개 프레젠테이션 자료 만들기 ······ 190
- [······ STEP 01] 기본 템플릿 고르기 ······ 190
- [······ STEP 02] 템플릿 수정하기 ······ 191
- [······ STEP 03] 프레젠테이션 파일 공유하기 ······ 195

WEEK 18 웹툰 작가가 되어 일상툰을 만들어요

- [개념 쑥↑ 이해 쏙!] 일상툰을 만들기 전에 알면 좋은 세 가지 포인트 ······ 197
- [디지털 리터러시 UP] 일상툰에 친구 이름을 그대로 써도 될까요? ······ 199
- [무작정 따라하기] 나만의 일상툰 만들기 ······ 200
- [······ STEP 01] 디자인 화면 비율 선택하기 ······ 200
- [······ STEP 02] 요소 추가하고 수정하기 ······ 201
- [······ STEP 03] 말풍선으로 대사 추가하기 ······ 203
- [······ STEP 04] 일상툰 공유하기 ······ 206

Canva AI AI 앱을 200% 활용해요

- [개념 쑥↑ 이해 쏙!] AI가 무엇인가요? ······ 211
- [무작정 따라하기] AI와 앱을 활용해 멋지게 디자인하기 ······ 212
- [······ STEP 01] 캔바에서 유용한 앱 살펴보기 ······ 212
- [······ STEP 02] 'Choppy Crop' 앱으로 사진 자르기 ······ 213
- [······ STEP 03] 그림을 만들어 주는 AI 앱 활용하기 ······ 217
- [······ STEP 04] 음악을 만들어 주는 AI 앱 활용하기 ······ 220

셋째 마당 — 캔바로 나만의 콘텐츠 만들기

WEEK 14 나만의 로고를 만들어요

[개념 쑥↑ 이해 쏙!]	로고에 무엇을 담을까요?	151
[무작정 따라하기]	나만의 로고 만들기	152
[····· STEP 01]	로고 템플릿 선택하기	152
[····· STEP 02]	템플릿 수정하기	153
[····· STEP 03]	내가 만든 로고를 이미지 파일로 공유하기	159
[디지털 리터러시 UP]	저작권은 왜 지켜야 할까요?	161

WEEK 15 나만의 영상 섬네일을 만들어요

[개념 쑥↑ 이해 쏙!]	섬네일 크기는 어떻게 설정해야 할까요?	165
[디지털 리터러시 UP]	섬네일에서 무엇을 강조해야 할까요?	166
[무작정 따라하기]	섬네일 만들기	168
[····· STEP 01]	기본 템플릿 선택하기	168
[····· STEP 02]	템플릿 수정하기	169
[····· STEP 03]	영상의 한 장면을 이용해 섬네일 만들기	173

WEEK 16 카드뉴스를 만들어요

[개념 쑥↑ 이해 쏙!]	보기 좋은 카드뉴스의 세 가지 포인트	177
[무작정 따라하기]	카드뉴스 만들기	178
[····· STEP 01]	기본 템플릿 고르기	178
[····· STEP 02]	템플릿 수정하기	179
[····· STEP 03]	내가 만든 카드뉴스를 이미지 파일로 공유하기	183
[디지털 리터러시 UP]	뉴스와 카드뉴스는 무엇이 다른가요?	185

WEEK 11 멀티미디어를 활용해서 효과적으로 발표해요

[무작정 따라하기] 내 디자인에 멀티미디어 첨부하기 · 115
[······ STEP 01] 사진 불러오기 · 115
[······ STEP 02] 사진 편집하기 · 117
[······ STEP 03] 프레임을 활용해 사진 모양 바꾸기 · 119
[······ STEP 04] 사진에 효과 주기 · 122
[······ STEP 05] 동영상 불러오기 · 123
[······ STEP 06] 동영상 편집하기 · 124
[······ STEP 07] 오디오 불러오기 · 128
[······ STEP 08] 오디오 편집하기 · 129

WEEK 12 직접 그림을 그려 나만의 디자인 요소를 만들어요

[무작정 따라하기] 내가 그린 그림으로 디자인하기 · 133
[······ STEP 01] 그리기 도구 살펴보기 — [Draw] 탭 · 133
[······ STEP 02] 내가 그린 그림의 색 바꾸기 · 137
[······ STEP 03] 내가 그린 그림의 크기 조정하고 복제하기 · · · · · · · · · · · · · · · 138

WEEK 13 내가 만든 결과물을 공유해요

[무작정 따라하기] 내 디자인 결과물 공유하기 · 141
[······ STEP 01] 공유 옵션 살펴보기 · 141
[······ STEP 02] 내 기기에 디자인 결과물 다운로드하기 · · · · · · · · · · · · · · · · · 144

둘째마당 캔바와 친해지기

WEEK 08 다양한 요소를 추가하고 수정해요

[개념 쏙↑ 이해 쏙!]	레이어의 개념 이해하기	83
[무작정 따라하기]	요소의 기능 익히기	84
[STEP 01]	요소 삽입하기	84
[STEP 02]	요소 편집하기	87
[STEP 03]	요소 잠그고 투명도 조정하기	92

WEEK 09 텍스트를 입력하고 수정해요

[무작정 따라하기]	텍스트의 기능 익히기	95
[STEP 01]	텍스트 삽입하기	95
[STEP 02]	텍스트 편집하기	97
[STEP 03]	텍스트에 효과 넣기	101
[STEP 04]	템플릿에 있는 텍스트 편집하기	102

WEEK 10 애니메이션과 효과를 넣어 주목도를 높여요

[개념 쏙↑ 이해 쏙!]	애니메이션은 언제 필요한가요?	107
[무작정 따라하기]	애니메이션을 이용해 청중의 주목 끌기	108
[STEP 01]	강조하고 싶은 요소에 애니메이션 효과 넣기	108
[STEP 02]	나만의 애니메이션 효과 만들기	109
[STEP 03]	페이지 전환 효과 넣기	111
[STEP 04]	요소에 링크 설정하기	112

[······ STEP 01] 원하는 템플릿 검색하기 ·· 42
[······ STEP 02] 템플릿 수정하기 ··· 44

WEEK 05 스스로 캔바를 시작할 수 있어요

[개념 쏙↑ 이해 쏙!] 디자인 양식 활용하기 ·· 51
[무작정 따라하기] 빈 화면에서 디자인 시작하기 ·· 52
[······ STEP 01] 디자인 양식 살펴보기 ··· 52
[······ STEP 02] 디자인 만들기 ··· 55

WEEK 06 캔바의 편집 화면을 살펴봐요

[개념 쏙↑ 이해 쏙!] 편집 화면 살펴보기 ·· 59
[무작정 따라하기] 사이드 패널 살펴보기 ·· 60
[······ STEP 01] [디자인] 탭 살펴보기 ··· 60
[······ STEP 02] [요소] 탭 살펴보기 ··· 61
[······ STEP 03] [텍스트] 탭 살펴보기 ··· 62
[······ STEP 04] [업로드 항목] 탭 살펴보기 ··· 64
[······ STEP 05] [Draw] 탭 살펴보기 ··· 66
[······ STEP 06] [프로젝트] 탭 살펴보기 ··· 67
[······ STEP 07] [앱] 탭 살펴보기 ··· 67

WEEK 07 캔바의 AI 기능을 이용해서 작업해요

[개념 쏙↑ 이해 쏙!] 생성형 AI는 무엇인가요? ·· 71
[무작정 따라하기] 캔바의 AI 기능 이용하기 ··· 72
[······ STEP 01] 캔바의 AI 기능 살펴보기 ·· 72
[······ STEP 02] 캔바 AI로 이미지의 배경 제거하기 ·· 74
[······ STEP 03] 매직 이레이저로 이미지의 특정 부분만 지우기 ······························· 76
[······ STEP 04] 매직 익스팬드로 이미지의 크기 확장하기 ··································· 78

목차

첫째마당 준비! 캔바와 만나기

WEEK 01 캔바야, 안녕!

- [개념 쏙↑ 이해 쏙!] 그래픽 디자인이란 무엇인가요? 19
- [개념 쏙↑ 이해 쏙!] 캔바로 무엇을 만들 수 있나요? 20
- [개념 쏙↑ 이해 쏙!] 캔바는 왜 배워야 하나요? 24

WEEK 02 캔바를 시작해요

- [개념 쏙↑ 이해 쏙!] 강력한 비밀번호 만들기 27
- [무작정 따라하기] 캔바에 회원 가입하기 28
- [······ STEP 01] 캔바를 이용하는 두 가지 방법 살펴보기 28
- [······ STEP 02] 캔바 계정 만들기 30

WEEK 03 캔바의 홈 화면을 살펴봐요

- [개념 쏙↑ 이해 쏙!] 레이아웃은 무엇인가요? 33
- [개념 쏙↑ 이해 쏙!] 캔바의 홈 화면 살펴보기 34
- [무작정 따라하기] 홈 화면의 기본 기능 살펴보기 35
- [······ STEP 01] 콘텐츠 검색하기 35
- [······ STEP 02] [템플릿] 탭의 추천 항목 살펴보기 36
- [······ STEP 03] 홈 화면의 최근 디자인 살펴보기 38

WEEK 04 템플릿으로 캔바를 시작해요

- [개념 쏙↑ 이해 쏙!] 템플릿을 잘 활용하려면 어떻게 해야 할까요? 41
- [무작정 따라하기] 템플릿으로 시작하기 42

디지털 리터러시 UP!

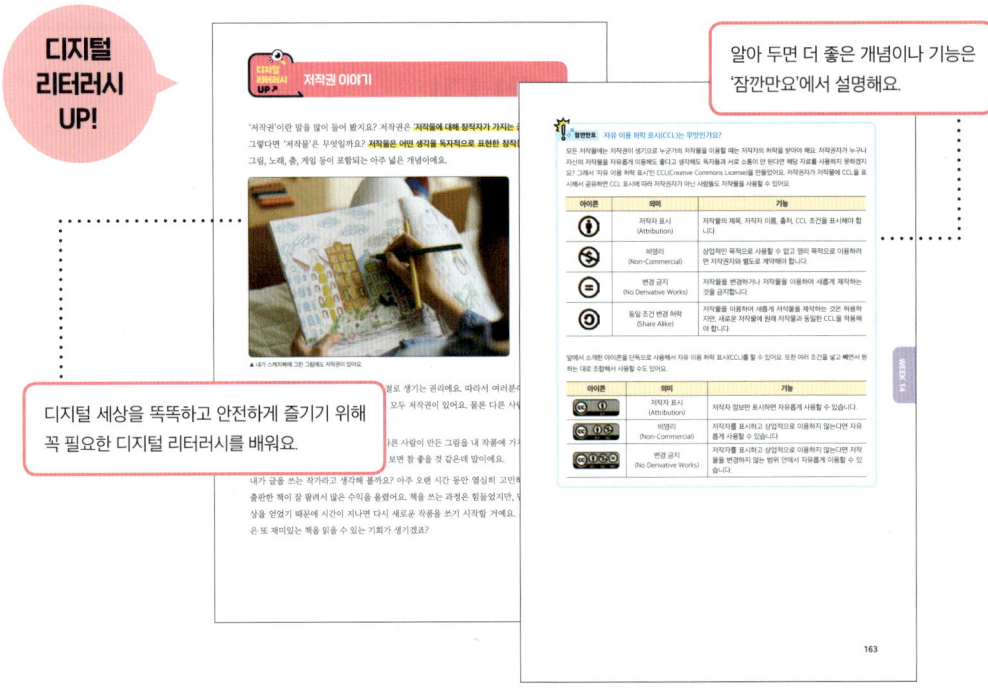

디지털 세상을 똑똑하고 안전하게 즐기기 위해 꼭 필요한 디지털 리터러시를 배워요.

알아 두면 더 좋은 개념이나 기능은 '잠깐만요'에서 설명해요.

무작정 따라하기

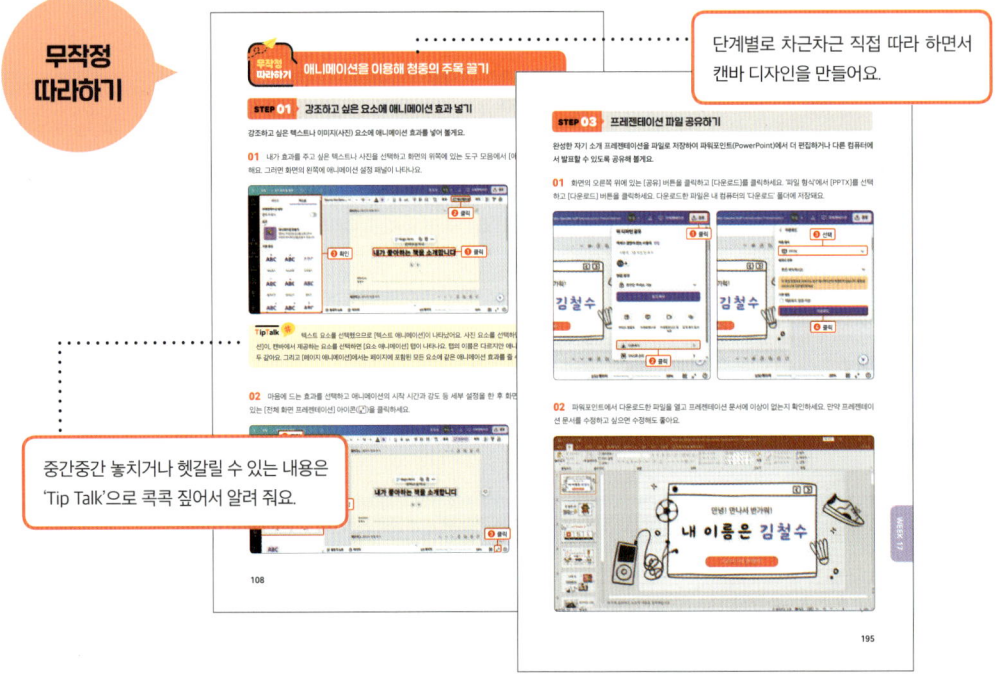

단계별로 차근차근 직접 따라 하면서 캔바 디자인을 만들어요.

중간중간 놓치거나 헷갈릴 수 있는 내용은 'Tip Talk'으로 콕콕 짚어서 알려 줘요.

한 눈에 펼쳐보는 학습 구성

이번 주에 배울 내용

학습 목표도 함께 살펴볼 수 있어요.

학생과 선생님의 대화를 통해 이번 주에 배울 내용을 이해해요.

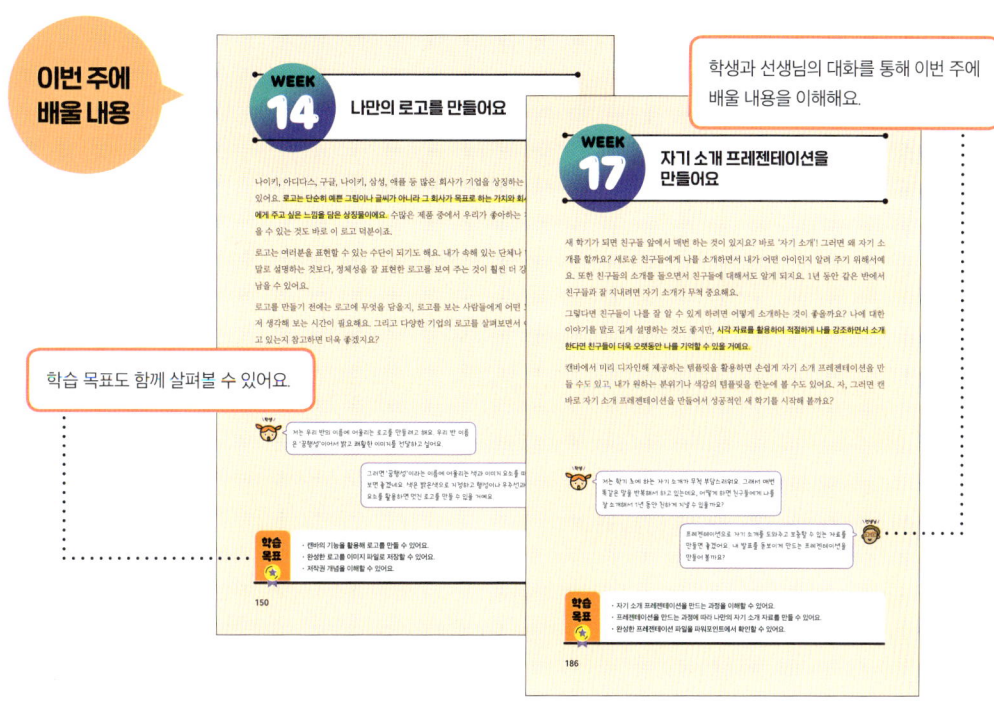

개념 쏙! 이해 쏙!

더 멋진 디자인을 만들기 위해 알아 두어야 하는 디자인 필수 개념을 소개해요.

초등학생의 눈높이에 딱 맞는 설명으로 쉽게 이해할 수 있어요.

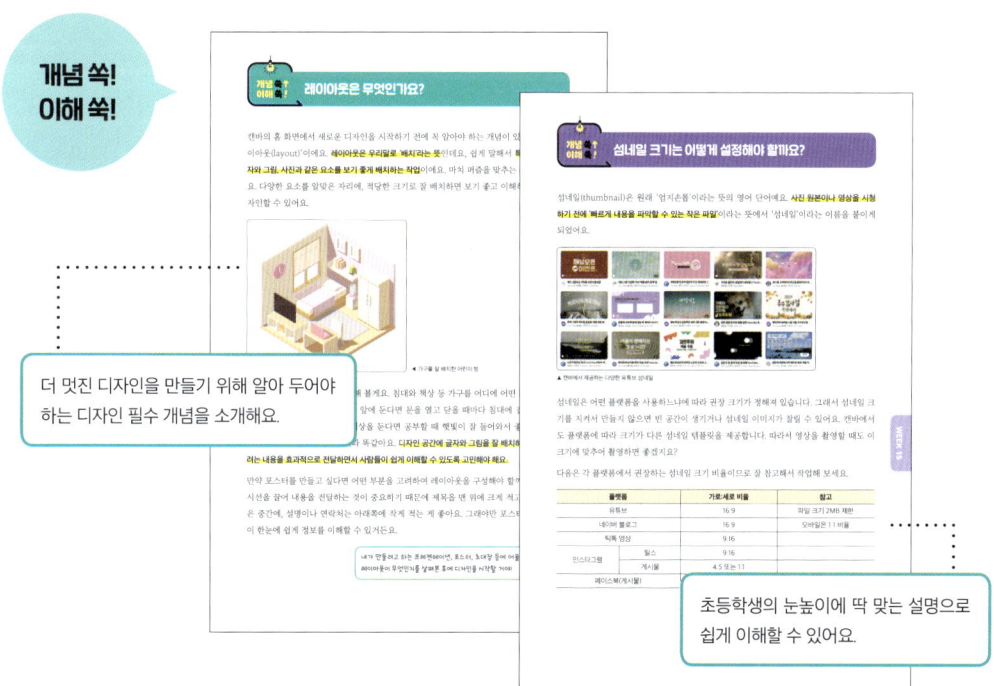

선생님을 위한 에듀테크 도움말

이 책은 초등학교 현장에서 활동하는 세 명의 교사가 학생들의 눈높이에 맞춰 집필했습니다. 캔바의 기본 기능부터 독창적인 디자인 작품을 만드는 과정까지 단계적으로 안내합니다. 에듀테크 활용을 위해 이 책을 구매한 선생님께서 즐겁고 알찬 수업을 만들 수 있도록 몇 가지 도움의 말씀을 드립니다.

좋은 환경을 마련하세요!

태블릿 PC를 사용한다면 안정적인 무선 네트워크 환경을 꼭 확인하세요. 특히 모든 학생이 동시에 접속해도 과부하가 걸리지 않는지 사전에 점검해야 합니다. 환경이 여의치 않다면 컴퓨터실을 활용하는 것도 좋은 방법입니다.

기다림과 협력을 가르치세요!

학생들의 에듀테크 기술 숙련도는 다양합니다. 잘 따라오는 학생이 다른 친구들을 도울 수 있도록 수업 초기에 '또래 교사'를 선정하는 것도 좋은 방법입니다. 또한 학생들에게 처음부터 많은 내용을 학습시키기보다 책의 구성에 따라 한 주에 하나의 개념을 익히도록 하세요.

작품 공유의 장을 마련해 주세요!

패들렛(Padlet)이나 띵커벨(ThinkerBell)과 같은 플랫폼을 활용해 학생들이 작품을 공유할 수 있는 공간을 마련해 주세요. 서로의 작품을 공유하고 피드백을 주고받는 과정은 단순한 기능 학습을 넘어 창의성과 자신감, 협업 능력을 키우는 데 큰 도움이 됩니다.

캔바의 교육용 계정을 활용하세요!

캔바는 교사와 학생을 위한 무료 프리미엄 기능을 제공합니다. 캔바의 교사 인증을 받으면 제작한 템플릿을 학생들에게 배포하거나 학생들의 작업 과정을 모니터링할 수 있습니다. 나이스에서 내려받은 재직증명서 PDF 파일과 이메일 계정만 있으면 손쉽게 교사 인증을 받을 수 있습니다.

이 책을 통해 학생들과 함께 새로운 도전과 성취의 기쁨을 나누시기를 바랍니다. 선생님의 열정과 창의적인 지도 아래, 학생들이 무한한 가능성을 펼칠 수 있을 것입니다. 즐겁고 의미 있는 수업 되시기를 응원합니다.

머리말

여러분은 '캔바'라는 도구를 알고 있나요? 캔바는 카드뉴스, 섬네일, 발표 자료 등 여러분이 상상하는 여러 디자인 창작물을 쉽고 재미있게 만들 수 있는 디자인 툴이에요. 사진, 도형, 글자를 원하는 대로 꾸밀 수 있어서 디자인을 처음 해 보는 친구들도 멋진 작품을 완성할 수 있어요.

선생님, 저 작년에 졸업한 김아영이에요. 6학년 때 선생님께서 알려주신 캔바를 중학교에서 수행 평가를 할 때마다 아주 잘 활용하고 있어요. 정말 감사해요!

정말 반가운 소식이네! 중학교에서도 캔바를 많이 사용하는 거야?

네! 국어, 수학, 사회, 도덕 시간에 잘 활용해요. 지난주에 캔바로 도수분포표를 만들어서 수행 평가에서 좋은 점수도 받았어요!

앞의 대화는 제가 실제로 제자와 주고받은 메시지입니다. 초등학교 때 배운 캔바 덕분에 중학교 수행 평가도 잘하고 있다니, 정말 대단하죠?

캔바를 사용하면 어떤 점이 좋을까요?

하나! 학교생활에 큰 도움이 돼요. 요즘 초등학교와 중학교에서는 발표 자료나 포스터, 보고서를 제출하는 수행 평가가 많아요. 이럴 때 캔바를 사용하면 쉽고 빠르게 완성도 높은 결과물을 만들 수 있어요.

둘! 복잡한 프로그램을 배울 필요 없이 몇 번의 클릭만으로 원하는 디자인을 만들 수 있어요. 템플릿과 그래픽 요소들이 준비되어 있어 누구나 쉽게 결과물을 완성할 수 있죠.

셋! 창의력을 마음껏 발휘할 수 있어요. 색을 바꾸고, 그림을 추가하고, 글자를 배치하면서 여러분만의 특별한 디자인을 만들어 보세요. 캔바와 함께라면 멋진 아이디어를 마음껏 표현할 수 있을 거예요.

이 책은 캔바를 처음 시작하는 친구들에게 도움이 되도록 구성했어요. 기본 기능부터 그림 그리기, 텍스트 추가하기, 애니메이션 넣기까지 다양한 사용법을 친절하게 알려줄게요. 차근차근 따라 하다 보면 어느새 여러분만의 멋진 디자인을 만들고 있을 거예요!

지은이 소개

 **박재찬**   초등학교 교사

캔바코리아 티처 캔버서더(Teacher Canvassador)이자 PBL과 에듀테크 활용 수업을 설계 및 운영, 지원하는 PBL PLANET의 대표입니다. 캔바를 활용해 다양한 학습 자료를 만들어 전국의 교사와 학부모에게 공유하고 있습니다. 국가 교육 과정 정책 추진 및 에듀테크 실증 분야에서 부총리 겸 교육부 장관 표창을, 에듀테크소프트랩 우수 실증 사례 공모전에서 우수상을 받았습니다. 《디지털 소양을 기르는 인공지능 수업디자인》, 《학생 참여수업, 배움을 디자인하다》 등 20여 권의 교육 관련 저서를 집필했습니다.

 **김은별**   초등학교 교사

학생들의 자발적인 학습을 이끌어내는 PBL과 에듀테크 활용 수업을 연구하고 설계하는 교사입니다. 학습자 중심 교과서 개발과 초등 문해력 AI 활용 지원 시스템 분야에서 부총리 겸 교육부 장관 표창을 받았으며, '2022 e-북드림 슬기로운 독서생활 챌린지' 공모전에서 전자책 활용 독서 수업으로 부총리 겸 교육부 장관상을 받았습니다. 2023년에는 캔바를 활용하여 교육부 연구학교 대표 수업 공개 및 사례 발표를 했으며 2024년 AI광주미래교육박람회에서는 AI 팩토리(미래교실) 초등 부문 대표로 수업을 실연했습니다. 《초등 블렌디드 프로젝트 수업》과 《누구나 쉽게 따라 할 수 있는 블렌디드 수업》을 집필했습니다.

 **심원지**   초등학교 교사

캔바를 비롯한 다양한 에듀테크를 활용한 프로젝트 수업 등 창의적인 수업을 설계하고 실천하는 교사입니다. 광주광역시 교육연구정보원에서 초등 인공지능 교육 및 에듀테크 전문가 과정 강사로 활동했으며, AI 미래 교육 현장지원단으로 에듀테크와 수업 혁신 등을 주제로 강의하고 있습니다. 개인 블로그를 통해 수업 아이디어와 실천 사례를 공유하며, 에듀테크 실증 및 현장적합성 사업에 참여하여 교육 공동체의 발전에 기여하고 있습니다.

초등학생을 위한 캔바 무작정 따라하기
The Cakewalk Series - CANVA Design for Elementary School Student

초판 발행 · 2024년 12월 25일
초판 2쇄 발행 · 2025년 10월 20일

지은이 · 박재찬, 김은별, 심원지
발행인 · 이종원
발행처 · ㈜도서출판 길벗
출판사 등록일 · 1990년 12월 24일
주소 · 서울시 마포구 월드컵로 10길 56(서교동)
대표 전화 · 02)332-0931 | **팩스** · 02)322-0586
홈페이지 · www.gilbut.co.kr | **이메일** · gilbut@gilbut.co.kr

기획 및 책임 편집 · 안수빈(puffer@gilbut.co.kr)
디자인 · 박상희 | **제작** · 이준호, 손일순, 이진혁
영업마케팅 · 전선하, 박민영, 서현정 | **유통혁신** · 한준희 | **영업관리** · 김명자 | **독자지원** · 윤정아

교정교열 · 안혜희 | **편집진행** · 김정미 | **CTP 출력 및 인쇄** · 교보피앤비 | **제본** · 신정문화사

- 잘못된 책은 구입한 서점에서 바꿔 드립니다.
- 이 책은 저작권법에 따라 보호받는 저작물이므로 무단전재와 무단복제를 금합니다.
  이 책의 전부 또는 일부를 이용하려면 반드시 사전에 저작권자와 (주)도서출판 길벗의 서면 동의를 받아야 합니다.

ⓒ 박재찬, 김은별, 심원지, 2024

ISBN 979-11-407-1211-3 73000
(길벗 도서코드 007206)

정가 20,000원

이 책은 2024년 9월 캔바 공식 웹 사이트를 기준으로 하고 있습니다.
웹 사이트의 업데이트로 일부 메뉴와 화면 구성이 변경될 수 있습니다.

독자의 1초를 아껴주는 정성 길벗출판사

㈜도서출판 길벗 · IT교육서, IT단행본, 경제경영서, 어학&실용서, 인문교양서, 자녀교육서 ▶ www.gilbut.co.kr
길벗스쿨 · 국어학습, 수학학습, 어린이교양, 주니어 어학학습, 학습단행본 ▶ www.gilbutschool.co.kr

페이스북 ▶ www.facebook.com/gilbutzigy
네이버 포스트 ▶ post.naver.com/gilbutzigy

혼자서도 척척!

초등학생을 위한

캔바
Canva

무작정 따라하기

초등학교 선생님 박재찬, 김은별, 심원지 지음

길벗